大都會文化
METROPOLITAN CULTURE

6種注意力‧13種觀察力‧23種記憶力‧28種思維力‧7種想像力

天才少年的5種能力

目 錄 ......

第 4 種能力：思維力　171

目 錄 ⋯⋯⋯

推薦序：天才少年的培養地圖

哲學博士　周旭

　　從浪漫主義時代提出「天才」的概念以來，「天才」已經深入整個社會的教育理念之中。儘管天才在很大的意義上意味著天縱之才，具有超乎常人的智力和個性，但是天才在嚴格意義上並非天生的這一理念已經爲大多數人所承認。因爲，一方面，具有良好稟賦的兒童最終成爲天才的比沒有成爲天才的人數要多得多；另一方面，並不具有優秀稟賦、卻透過良好教育而成爲一個領域中的天才，乃是正常的情況。因此，並不在於是否具有天生超乎尋常的資質，而在於後天對構成天才的智慧進行良好的開發和培養。

　　人們往往看到一個天才的成功，而無視天才的智慧的培養。天才的智慧並不單是一個智商的問題。智力測驗往往考察的是純粹的知識能力，而無法考察一個人的綜合素質。而一個智力超群的人除了在智商方面具有不凡的能力之外，還需要有綜合運用自己智力的能力。人的能力往往並不體現在純粹的計算和推理的智力之中，而體現在各式各樣的綜合素質之中，例如觀察力、注意力、記憶力、想像力等。實際上，單純以數學和邏輯訓練培養一個人的運算能力和推理能力並不能培養一個人高超的智力。智力的培養主要是綜合、全面的能力的培養，而不是成爲畸形發展的天才。

　　培養一個人的綜合能力要從小做起，從小就培養一個孩子對事物細緻入微的觀察能力，對一件事情的專注能力，對學習過的知識的記憶力、創造性的思維能力和非同尋常的想像力。而這些能力的培養不可能透過技能訓練那樣學習，只能靠一點一滴的開發和培養。因此，從這種教育學的原理出發，設計一套天才少年綜合能力開發的練習，逐漸培養起少年兒童的全面素質，就成了現

代教育理念的一個重要課題。因此，本書設計了大量有趣的練習，透過這些練習就可以培養一個天才少年成長所必須的各種素質。本書還有大量有效且針對性的輔導，以矯正練習中出現的各種差錯。可以說，這是一本非常有趣、有效、有理有據的培養天才少年的著作，對於望子成龍的家長和認真負責的教師，無疑是一本重要的參考書。

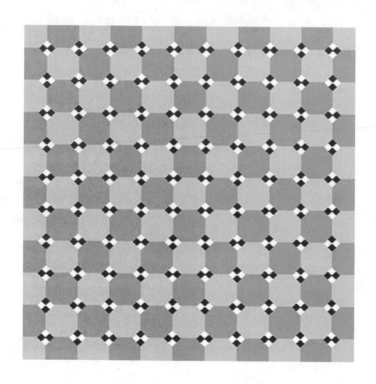

看看這些水平線平行、垂直線垂直嗎？

天才少年需要
5種能力

5 Faculties of Teenage Genius

智力超常並非偶然

你一定讀過《阿凡提的故事》吧？

有一天，阿凡提被請到清真寺去演講。走上講台，阿凡提就大聲地問聽眾：「你們知道我要說什麼嗎？」

「不知道！」台下的聽眾回答。

「跟不知道我要說什麼的人還有什麼可說的呢？」阿凡提邊說邊走下講台。

過了幾天，阿凡提又被請到清真寺演講。他站在講台上，大聲地問聽眾：「你們知道我要說什麼嗎？」

台下的聽眾想：上次我們說不知道，阿凡提就不願意演講，那麼這次我們說知道，他一定要不了花招吧？

於是，大家異口同聲地說：「知道！」

沒想到阿凡提卻說：「既然你們已經知道了，那我還說什麼呢？」

說完，阿凡提又走下講台。

過了幾天，阿凡提第三次被請到清真寺去演講。走上講台，阿凡提還是那句話：「你們知道我要說什麼嗎？」

台下的聽眾被弄糊塗了，他們不知道阿凡提的本意，於是大聲地答道：「我們一半的人知道，一半的人不知道。」

「好吧，就讓知道的人告訴不知道的人吧！」

說完，阿凡提又離開清真寺。

如何？是不是很羨慕阿凡提的智慧？雖然阿凡提是個虛構的人物，但是他卻是智慧的化身，智商極高。

到底智商是什麼呢？是不是學習成績？透過下面這個故事來說明。

一個11歲的小男孩，某天從學校帶回一個打擊父母的壞消息：由於他反應遲

鈍，在學校又調皮搗蛋，功課太差，學校要求他退學。

小男孩的母親接過學校的退學單一看，上面寫著：「把你留在班上，將是全班的不幸，而且會影響其他學生。」

小男孩的母親無法說服學校讓小男孩繼續上學，只好自己在家教他。沒想到，在學校反應遲鈍、功課差的小男孩，長大後卻成為世界著名的科學家，他就是阿爾伯特‧愛因斯坦。

讀完這個故事，你還認為智商就是學業成績嗎？當然不是！雖然智商可以概括智力，但是一個人的學習成績並不代表他的智商或智力。因為智力是指一個人進行心智活動的能力，智力架構應包括五個要素，即注意力、觀察力、記憶力、思維力和想像力。

●注意力──智力活動集中指向某一事物或問題的能力，決定智力活動的速度和質量。

●觀察力──有目的地去感知事物，發現新知識、理解新內容的能力，是原材料的輸入口。

●記憶力──對材料進行識記、保持與提取的能力，是智慧之母。

●想像力──對各種事物進行想像，在大腦中形成表象的能力，是智力的引擎。

●思維力──對問題進行分析、比較、處理、判斷、綜合的能力，是智力活動的核心。

智力架構的五項要素是相互制約、影響的。一個人智商高低，往往可以由這五種能力做綜合性的判斷。有些人觀察能力比較強，但是思維能力弱；有些人記憶能力強，但是想像能力弱。

智商高的人，有的是某方面特別突出，有的則是特別強化多方面的智力水準。例如，三國時的曹植七步成詩，思維力強；三國時的張松，「語傾三峽水，目視十行書」，記憶力強。而愛因斯坦在科學上的成就，不僅得益於其敏銳的觀察力，他還具備了獨特的創造性思維。很少有人五個方面實力均強。事實上，只要其中一項極為突出，就可以成為天才。

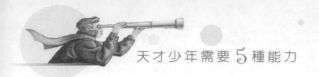

許多人認為，天才一定在年少時就已經顯現出來，意思就是如果一個孩子小時沒有被認為是天才，長大就不會是天才。然而，事實並非如此。以阿爾伯特·愛因斯坦為例，他到3歲還不會講話，在學校時因誦讀困難而學習吃力，最後更應功課差而被學校退學。畢卡索小時候也有學習障礙，上課時他的父親必須坐在身旁輔導。托馬斯·愛迪生雖然有很多重大的發明，但小時候的物理成績也只在及格邊緣。

實際上，天才並不一定會在年少時展現出來，這就是「大器晚成」的道理。智力是人人都有、潛藏在每個人內部的一種能力。如果你努力提升自己的能力，就算出生時智力只有70以下，未來的智力也會比生下來就有140而不努力訓練的人高。可見，智力高並非偶然，而是持續鍛鍊的結果。美國心理學家加登納認為，12歲以前的少年時代，智力水準發展速度較快，開發性較強，應該抓住機會積極訓練，強化這五個方面的能力，這是提高智力的必然之道。

測測你是不是天才

費曼是著名的理論物理學家。他創造的「費曼圖」大幅提升計算機的運算速度。他在24歲時獲得博士學位，28歲時擔任美國康乃爾大學教授，47歲時獲得諾貝爾物理學獎，是大家公認的天才。那麼，什麼樣的人是天才呢？

諾貝爾獎得主漢斯·貝特說：「天才有兩種：普通天才完成的偉大工作，人們覺得那項工作別人也能完成，只要花費足夠的心力即可。特殊天才完成的工作則是別人無法做到，而且難以想像。」貝特認為，費曼就是特殊天才。

猶太教育專家約瑟伯約曾說：「一棵樹在理想的生長條件下能長到30公尺高，表示這棵樹的『潛能』是30公尺。同樣的道理，如果一個少年按照理想狀態成長，能夠發展100度的能力，那麼，就可以說這個少年具備100度的『潛能』，而具有這種『潛能』的人就是天才。」

由此可知，智力是一種能力，而智商則是智力水準高低的數字表現。舉個例子，如果你現在10歲，但是在智力測驗中的表現與12歲的孩子一樣好，那麼，你的智力年齡就是12歲，即使你的實際年齡只有10歲。

智商的計算公式為：

智商（I.Q.）＝（智力年齡／生理年齡）×100

例如你的智力年齡是12，生理年齡是10，則智商＝（12÷10）×100＝120。

得知智商後，你就可以根據下列的表格列出智商與智力的關係，藉此判斷自己的智力發展水準。

智商與智力水平關係對照表

智　　商	智力水平
140以上	天才
120～140	很聰明
110～120	聰明
90～110	正常
80～90	偏遲鈍
70～80	遲鈍
70以下	低能

在一般的少年中，智商140以上稱為奇才，占人口0.5％；130～140為十分優秀，占人口3％；120～130為優秀，占人口7％。很多智商120左右的少年，因為能夠堅持超乎平常的嚴格訓練，所以成為真正的天才。反之，有些智商130～140的少年，因為缺乏相對的訓練和努力，長大後就變成平庸的人。

想要知道自己是否具有天才的潛能，可以先測試自己的智力水準。雖然智商測驗不一定準確，但是只要定期測驗，定期做智力題，就能不斷保持前進。測試一下吧，看看你是天才，還是……。

一、如果一個圓代表1，那麼，一個八邊形代表多少？

二、表格中最後一格應該填多少？

2	3	5	7	11	？

三、有一群羊，共900頭。其中有些是純白色，有些是純黑色，有些則是黑白相間。假設其中1/3的羊是純白色，那麼，是不是一定有300頭羊是純黑色的呢？

四、如果你家裡長時間沒人，卻要保證花盆裡的花能澆水而不枯萎，應該怎麼做呢？

五、你進入一間黑暗的廚房，裡面有蠟燭、瓦斯爐和煤油燈。你會先點燃什麼？

六、下列數字中最後一個數字應該填多少？

3	2	4	3	5	4	6	5	7	6	8	?

七、一隻蝸牛從井底向上爬，已知井深20呎，這隻蝸牛白天可以向上爬3呎，晚上又滑下2呎。請問，牠爬出井口需要多少天？

八、有12個顏色、大小相同的球，已知其中一顆球的重量比其他球稍重。請用一個沒有砝碼的天平，秤三次就把這個特殊的小球找出來。

九、某個籃球運動員，某天只穿內褲、戴手錶在球場上練習投籃。有人給他20顆雞蛋，這時，球場邊沒有任何可以用來裝雞蛋的東西，也找不到其他人幫忙。請問，運動員應該怎麼做才能帶走雞蛋？

十、某個貪財的教徒來到清真寺的尖塔下，他不知道阿凡提正在上面祈禱，就大聲問道：「真主呀，在您眼中，1000年有多長呢？」阿凡提假裝真主，用威嚴的聲音回答：「我的奴僕，那只有一秒鐘。」教徒又問：「真主呀，在您眼中，2000個銀幣有多少價值呢？」阿凡提回答：「我的奴僕，那不過等於一個銀幣。」於是，教徒懇求道：「那就請您恩賜我一個銀幣吧！」阿凡提不可能拿出那麼多錢，但又不能直接拒絕教徒的請求，請問，他應該如何回答？

十一、某個小男孩非常聰明，大家都很喜歡他。有一天，他正在空曠的廣場中央玩耍，一個大人拿著一根相當於一個人身高的竹竿和一顆蘋果走到小男孩面前，說道：「我把蘋果拴在竹竿的頂端，如果你在不放倒竹竿、不站到凳子上、不能折斷竹竿而能夠拿到這個蘋果，我就把蘋果送給你。」小男孩拿著竹竿思考了一會兒，然後跑向遠處。不久，他就順利地拿到蘋果。你知道他是怎麼拿到的嗎？

十二、仔細觀察下列幾個數字，請問，問號處應該填多少呢？

3	6	9	?
2	5	8	0
1	4	7	?

十三、某位考古學家在英國挖掘出一枚羅馬古幣，上面標明鑄造年代是「西元前44年」，並印有凱撒大帝的肖像。另一位考古學家斷定這枚古幣是贗品。請問，他是怎麼知道的？

十四、下列六個杯子中，前三個深色杯子裝滿水，後三個淺色杯子是空的。如果只能移動一個杯子，要怎麼做才能使裝水的杯子與空杯子間隔排列呢？

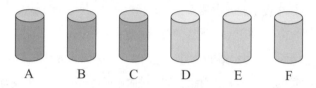

十五、如果五千、五百、五寫成5505，那麼十二千、十二百、十二，應該怎麼寫呢？

十六、桌子上有三張撲克牌，正面朝下排成一行。

已知：

（1）「黑桃」在「Q」的右邊。

（2）「梅花」在「方塊」的左邊。

（3）「J」在「K」的左邊。

（4）「黑桃」不在「K」的右邊。

請問：由左至右分別是什麼牌？

十七、請將1至9的九個數字填入九個方格內，使每一行、每一列及每一條對角線上的三個數字和都等於15？

十八、北極熊的主要食物是魚、野雁，或是其他能夠捉到的生物，但它卻不吃企鵝。這是為什麼？

十九、某襪子製造商居然將繡花圖案全部繡在襪子的底部。繡在腳底要給誰看呀！請問，是不是繡錯地方了？

二十、在某個社交舞會上，一個慈善家得意洋洋地告訴美國作家馬克·吐溫：「上週我根據困難度將50枚銀元施捨給10個窮人，他們得到的數目各不相同。」馬克·吐溫聽完哈哈大笑：「那是不可能的！」當場揭穿慈善家的偽善面目。請問，馬克·吐溫是如何知道的呢？

答案：

一、8。

二、13，因為它們都是質數。

三、不是，因為題目並沒有說明黑白條紋的羊有多少。

四、將一塊紗布帶的一端放進花盆，另一端放進水桶。水桶須高於花盆，那麼水就可以透過紗布慢慢滲到花盆裡。

五、點火。

六、7，因為每兩個數字可視為一組，每組的規律是前一個數字比後一個數字小1。

七、18天。因為前17天，蝸牛實際上每天只向上爬1呎，但是，18天後蝸牛已爬到井口，不再下滑。

八、第一次：在天平的兩側各放6個球，把較重側的6個挑出來。

第二次：在較重的6個中任意挑4個，天平一邊放兩個。這時會有兩種結果：一是天平兩邊一樣重，說明較重的球在剩下的兩個球中，則只要把剩餘的兩個球再秤一次，就可以知道哪一個球比較重。二是天平某一邊較重，則只要把較重側的兩個小球取出，再秤一次，就可以知道哪一個球比較重。

九、把籃球的氣洩掉，做成盆狀，就可以裝雞蛋了。

十、阿凡提說：「可以，但你要等一秒鐘。」

十一、來到水井邊,把竹竿的下端放入井中,就可以取下蘋果。

十二、仔細觀察可以發現,這其實是電話機的按鍵,所以答案是＃和＊。

十三、西元紀年始於耶穌誕生之後,古幣製造者根本不可能知道這種紀年法。因此,真正的西元前鑄造的錢幣,絕對不會以西元來標記年份。

十四、拿起杯子B,把B中的水倒入E中。

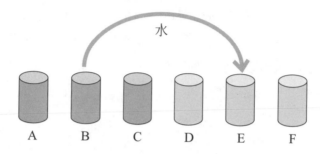

水

A　　B　　C　　D　　E　　F

十五、13212。

十六、由左至右分別是梅花Q、黑桃J、方塊K。根據已知(1)和已知(4),可以得知「黑桃」在「Q」的右邊、「K」的左邊,因此初步得出三張牌由左至右為Q、黑桃、K。接著,根據已知(2)和(3),得出三張牌由左至右為梅花Q、黑桃J和方塊K。

十七、

8	1	6
3	5	7
4	9	2

十八、北極熊在北極,企鵝在南極,北極熊當然吃不到企鵝。

十九、襪子商沒有繡錯,因為生產的是嬰兒的襪子,嬰兒只會爬行,所以繡花須繡在襪底。

二十、要讓10個人得到數目各不相同的銀元,至少要用(1+2+3+……+10＝55)個銀元,50個銀元無法讓10個人得到數目各不相同的銀元,因此,慈善家在說謊。

　　到目前為止，你對自己的智商水準滿意嗎？當然，智商並不是判定是否天才的唯一條件，因為有些天才兒童或許在智力測驗中沒有傑出的表現，但在某個方面卻具有特殊的才能，如音樂、繪畫等。因此，不要太在意智商測驗的結果，重要的是在答題的過程中，智力是否得到訓練和提升。

■ 視 覺 遊 戲 ■

12
A13C
14

ABC還是121314

天才少年的行動習慣

南非女作家戈迪默是諾貝爾文學獎得主。

戈迪默小時候的表現並不出色，但是，小戈迪默有一個最大的優點，就是當母親說故事時，她會安靜地趴在母親的腿上，認真聆聽。而且，戈迪默會針對母親講述的故事提出自己的看法，甚至在母親講完後，重新編改故事的結局。

母親發現這是小戈迪默與眾不同的地方。於是，她每天利用故事引導她，結果激發了小戈迪默的求知欲，使得她的在校成績逐漸變好。

戈迪默的理科成績不好，但是作文成績卻出奇的好，經常在比賽中獲獎。因此，她的母親就鼓勵戈迪默專心研究文學。

後來，戈迪默順利考入了大學，成為學校的優等生。

天才少年通常具有與其他人不同的行動習慣，主要展現以下的幾個特徵：

一、思維敏捷，思路流暢。

天才少年比一般人更容易掌握事物本質，抓住問題的關鍵，善於對事物進行分析、綜合、比較、歸納和推理。思考問題時的思維速度快，思路流暢。

二、記憶力強，學識廣博。

天才少年善於在理解的基礎上進行記憶，記憶速度快，記憶力好。他們通常具有基本的知識、經驗和技巧，並且能夠運用這些知識、經驗和技巧來解決問題。

三、想像力活躍，富創造力。

天才少年通常都喜歡異想天開，喜歡幻想。他們在思考問題時，能夠打破框架，想出與眾不同的解決方法。

四、感知敏銳，觀察細微。

天才少年的感覺器官特別敏銳，辨析能力強。觀察能力與福爾摩斯探長媲美，能發現別人無法發現的細節問題，並對細小的問題進行辨析和分析。

五、興趣廣泛，求知欲強。

天才少年的性格各不相同，但他們求知欲旺盛，對事物有強烈的好奇心，凡事喜歡問為什麼，經常問一些老師或父母難以回答或認為「怪異」的問題。對於心中的困惑，喜歡透過閱讀書籍來解決。

六、注意力集中，專注性強。

天才少年的注意力既廣且集中，尤其是針對感興趣的事物，可以長時間集中注意力。他們做事專注，自我控制能力強，可以排除干擾，專注於某事。

七、自信心強，意志堅強。

天才少年信心十足，不達目的不罷休。他們會決定走自己的路，不怕別人議論，勇往直前，具有堅強的意志。

根據上述的幾個特徵，對照自己的行動習慣，看看是否吻合。如果你同時具備上述多項特徵，而非其中一、兩項，那麼，你就是一個不同於一般孩子的天才少年，具有「超乎常人」的潛質。如果你只具有一、兩項特徵，表示你還需要努力才能成為天才少年。

美國人類潛能開發專家葛蘭‧道門醫生認為：每個正常的嬰兒在出生時都是具有如莎士比亞、莫札特、愛迪生、愛因斯坦等一般潛能的天才，關鍵是後天能否開發這種潛能。他認為：「聰明和愚笨都是環境的產物。」美國的心理學家塞德茲博士也認為，只要教育得宜，人人都可以成為天才。

總之，要想成為天才少年，要先學會注意周遭的事物，觀察並記住周遭事物的特徵，例如，思考為什麼麥當勞多半開在熱鬧的路邊。只有注意事物，才能觀察深入，發現事物存在的問題。只有注意，才能記住周遭事物的特徵。

其次，你應該學會歸納看到的事物，例如上衣、褲子、背心和毛衣的共通點是什麼？顯而易見，它們的共通點都是能穿的。

再者，你要學會比較，透過比較找出事物的對立面，例如快和慢、上和下、好和壞等。

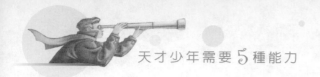

最後，你要學會想像，透過聯想加想像產生創造力。你能想像未來會變得如何嗎？你能根據想像去實現美好的未來嗎？這非常重要。

切記，當你注意、觀察到的事物特徵越多，就越善於思考和想像，越可能成為天才。「天才就是百分之一的才能加上百分之九十九的努力。」告訴自己，我是天才，從今天開始，我要像天才一樣注意、像天才一樣觀察、像天才一樣記憶、像天才一樣思考、像天才一樣想像。這種積極的心態是你邁向天才的第一步。

當然，要達到天才的水準，更需要採取積極的行動。只知道成為天才是可能的，並不能使你成為天才，必須付諸行動。你對自己有信心嗎？如果你大聲且自信地回答：「有！」那麼你可以接著往下看了。

第1種能力

注意力

注意力

第 1 種能力

■ 趣味閱讀 ■

有一天，愛因斯坦帶著女兒克拉拉·愛因斯坦出門。

在公車上，擁擠的人潮使愛因斯坦的眼鏡不慎碰落。高度近視的愛因斯坦什麼都看不見，他彎下腰在地上摸索尋找。他剛想請女兒協助，已經有位小女孩把眼鏡遞到他的手中。

「謝謝妳，妳真可愛。妳叫什麼名字啊？」愛因斯坦一邊戴眼鏡，一邊和藹地問道。

「爸爸，我是克拉拉呀！」小女孩不禁莞爾。

「啊？」愛因斯坦難為情地低下頭。

每個人的心理活動總是和注意力聯繫在一起。欣賞美麗的花朵時，你會先注意到它；聆聽優美的音樂時，你會先注意到它；背誦重要的資料時，你還是要先注意到它。我們注意地觀察一件事物、思考一個問題時，都有注意的主導作用。如果沒有注意，觀察和思維等認識活動就無法正常進行。愛因斯坦就是因為把注意力放在感激小女孩上，才沒看清楚她就是自己的女兒。

由此可知，注意力是人對一定事物指向和集中的能力，它在各種認識活動中具有重要的主導作用。「注意聽」是聽覺對聲音的指向和集中；「注意看」是視覺對觀察的事物的指向和集中；「注意想」是思維活動對相關問題的指向和集中。不管做什麼事，只有保持注意，聚精會神才能事半功倍。

注意有四種品性，即注意的廣度、注意的穩定性、注意的分散和注意的轉移。這四種品性是衡量一個人注意力集中與否的標準。

注意的廣度就是注意的範圍，它是指人們對於注意的事物在瞬間清楚地察覺或認識到對象的數量。根據研究指出，在一秒鐘內，一般人可以注意到4～6個相互間沒有關聯的字母，5～7個相互間沒有關聯的數字，3～4個相互間沒有關聯的幾何圖形。

　　注意的穩定性，指的是一個人在一定時間內，穩定地把注意力集中於某特定對象與活動的能力。例如，當你在看漫畫時，可以連續一小時集中注意力，不在意其他人的干擾。這就表示看漫畫時，你的注意穩定性高。一般而言，只要目的明確，對活動的重要性有所認識，注意的穩定性就會更好。當然，這需要相當好的自我控制力。事實上，具有良好的學習習慣、善於克制並約束自己的人，比散漫而不懂得自制的人更容易保持穩定的注意。

　　注意的分散，指的是在進行多種活動時，把注意力平均分散於各活動中。例如一邊看書一邊記錄書中的經典佳句，或者一邊準備餐點一邊聽新聞。

　　注意的轉移，指的是主動、有目的地將注意從一個對象或活動移到另一個對象或活動。例如，在看完電影後，開始做數學習題。如果你能夠迅速把注意力從電影轉到解題中，表示你的注意轉移性高。

　　每個少年的注意品質不同，有些人的注意廣度好，有些人的注意穩定性好，有些人則是注意分發或注意轉移好，其間的差距因人而異。良好的注意品質，既要求能夠持久地穩定注意，也要求主動地迅速轉移注意。

■ 測 一 測 ■

　　你的注意力集中嗎？根據實驗證明，學習成績好的學生與學習成績差的學生，最明顯的差異之一就是注意力的好壞。功課好的學生，能夠集中注意聽講、閱讀、獨立思考問題。他們在學習時很少受到外界干擾，即使老師的課講得很枯燥，他們也能自我約束，有意識地控制自己的注意力。許多功課差的同學正好相反，他們的注意力渙散，無法全神貫注地聽講，時而摳耳朵、挖鼻孔、抓頭皮，時而與同學交頭接耳。雖然坐在教室裡聽課，思緒卻早已飛到教室外。尤有甚者，在上課時打起了瞌睡。這樣當然無法提高成績了。

　　事實上，少年時期的注意力是學習的基礎，也是學習能力的一個重要環節。請如實回答下列的測試題，每道題目須在三秒鐘內回答。

　　一、你記得父母的生日嗎？

二、你是否在馬路上撿到過鑰匙或錢等物品？

三、你在家裡是否能很快就找到需要的東西？

四、當你穿越馬路時，是否仔細觀察路況？

五、你的朋友是否經常捉弄你？

六、你記得兩天前看過的電視情節嗎？

七、當有人干擾你讀書、看電視或打斷你正在做的事情時，你是否很生氣？

八、你是否在做一件事情的同時，經常會聽不進周遭人的話？

九、當有人在馬路上突然叫你時，你是否會受到驚嚇？

十、坐公車時，你是否會因為專心與他人交談而坐過站？

評分標準：

答「是」得1分，答「否」不記分。0～3分，表示注意力不夠集中；3～6分，表示注意集中性普通；7分以上，表示注意力集中。

你的注意力集中嗎？注意力集中者，請繼續保持下去。注意力不夠集中者，也不必難過，因為注意力不集中是許多少年的通病。重要的不是注意力好壞，而是你是否意識到問題的嚴重性。只要知道問題，加強訓練即可。一般而言，注意力不集中主要有三種類型：

一、無法高度集中型

當你集中注意力，但是外界環境吵鬧時，你的注意力就會分散。即使不斷告訴自己：「不要分心，集中注意力！」也沒什麼效果。這表示你的注意力相對而言是集中的，只是無法做到高度集中。只要進行強化注意力的訓練即可。

二、不願集中型

如果你是個聰明的學生，具有良好的記憶力、理解力，反應也很快，老師說一遍就能了解，但當老師為其他學生重複講解時，你就會沒有耐心聽講。這表示你主觀上不願意集中注意力。若是這種情況，則一定要戒除不願集中注意聽講的壞習慣，否則可能很難再集中注意力了。

三、無法集中型

　　如果你從小就好動，注意力容易分散，無法統整外界的資訊，也無法對外界的各種刺激做出正確的判斷，那麼你的注意力屬於無法集中型。這時，建議尋求專家的協助，利用專業的訓練強化注意力。

　　總之，當你發現自己的注意力不夠集中時，一定要仔細分析自己的注意力是屬於哪種類型，才能對症下藥。

■ 視 覺 遊 戲 ■

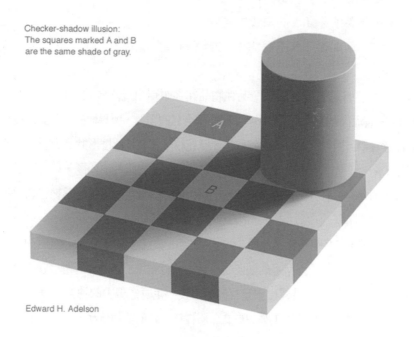

Checker-shadow illusion:
The squares marked A and B
are the same shade of gray.

Edward H. Adelson

A方塊和B方塊的顏色是一樣的

你知道吃的是什麼嗎？——有意注意法

愛因斯坦25歲生日當天，他的朋友知道他早就想品嘗美味的魚子醬，於是送他魚子醬當成生日禮物。

愛因斯坦一邊吃一邊興致勃勃地與朋友談論白熾燈。正當討論到最熱烈的時候，魚子醬端上桌了。愛因斯坦一邊講燈絲的材料，一邊把魚子醬送進了嘴裡。

吃完後，朋友問愛因斯坦：「你知道你現在吃的是什麼嗎？」

「是什麼呢？」愛因斯坦問道。

「就是魚子醬呀！」朋友回答。

「啊，原來這是魚子醬啊！」愛因斯坦驚喜道。

你曾經有過這種經驗嗎？某件物品在你眼前出現許多次，你卻「視而不見」。其實原因很簡單，因為那些事物不符合你的需要，所以你的大腦認為沒有必要注意它們。例如，用餐時的碗盤是什麼花紋？花瓶是什麼形狀？天花板是什麼花紋？陽台上放了哪些東西？你可能無法立刻回答出這些小問題，但這不是因為你笨，而是你沒有去注意這些東西。上例中的愛因斯坦，就是因為把注意力完全集中在討論問題上，所以才不知道自己吃的是魚子醬。

由此可見，不管要注意什麼，你都要主動先去注意。只有「有意注意」，才會真正注意到。如果愛因斯坦的朋友之前告訴他這是魚子醬，愛因斯坦就會有目的地去注意魚子醬了。這種由預定目的，需要一定意志努力的注意，就是有意注意。它是注意的一種積極主動的形式，服從於一定的活動任務，並受人的意識自覺調節和支配。

除了一些知識經驗、能力等基本條件外，任何成功的活動還需要一種「精神上」的準備和堅持到底的毅力。不論從事何種活動，不論你多喜歡某種活動，

你都會經常遇到一些不感興趣卻必須要做的事情。這時，你必須做一定的努力，迫使自己把注意力集中到這些活動上。只有有意去注意這些事物，才能獲得你想要的東西。

要提升自己的有意注意，可從下列幾個方面著手。

一、提升自己對某種活動的興趣。

興趣是引起注意的關鍵。沒有興趣的注意是枯燥的，沒有效果的。例如上課時，必須注意聽老師所教授的內容。這時，你可以隨時告誡自己聽老師講課的重要性，努力找出老師講課有趣的地方，提高聽課的興趣，注意就會比較主動和集中。而當老師講課乏味，很難吸引人時，你可以從聽課的目的性等方面去衡量。例如，告訴自己聽完這堂課，下次考試就能考出好成績，或是告訴自己，如果今天能認真聽完這堂無聊的課，表示自己的控制能力很強。這些都可以成為聽課的興趣。

二、有計畫地組織自己的活動。

有計畫地組織自己的活動，就是要使自己所做的一切活動都服從於當前的任務和目標，這種努力非常重要。當你多次成功地組織活動後，就會發現，自我控制能力越來越強，也越來越容易掌握組織能力，當然就能強化有意注意。

三、排除多餘的干擾。

做任何事，都可能會遇到不必要的干擾。這時，如果把注意保持在活動任務所要求的事情上，就必須採取一些行動來消除或減少外界刺激物的影響。例如移走分散注意的物品、將學習的環境打掃乾淨、確保充足的燈光、降低干擾聲音的強度等。干擾的事物越少，注意力就越集中。

■ 練 一 練 ■

一、端坐在椅子上，閉上眼睛，注意聲音。仔細聽聽看四周有什麼聲音？這些聲音是從哪裡發出來的？這些聲音有什麼特點？每天堅持五分鐘，你會發現自己的注意力提高很多。

二、小遊戲：有效與無效。

與父母或同學一起做個有趣的遊戲。遊戲規則如下：

一個人發出命令，其他人做動作。

右手為有效命令，左手為無效命令。

當發命令者舉起右手並說出命令時，其他人跟著做。

當發命令者舉起左手並說出命令時，其他人可做任何動作，但不能做命令者要求做的動作。

這個遊戲可以讓參與遊戲者的大腦適當地放鬆，更快地融入角色中，可有效地鍛鍊有意注意。

■ 你 知 道 嗎 ？ ■

健康的身體是集中注意的首要條件。身體狀況不佳的人，很難有效地集中注意力。因此，保證良好的身體狀況，須注意腦營養、睡眠和疲勞等三方面的問題。總之，要避免心理疲勞，保證足夠的睡眠和營養。

為什麼他們都會出錯？——
無意注意法

一次，40名世界著名的心理學家正聚集在德國的某個村莊裡開會。忽然，一個村民大叫地衝進會場。接著，一個光頭、穿著黑色短衫的黑人手持短槍追進來，兩個人在場內進行生死搏鬥。

心理學家們個個嚇得目瞪口呆。

一聲槍響後，農民和黑人就一起跑了出去。

這個場面只延續了20秒，到底是怎麼回事？大家都覺得奇怪。主持人說：「大家不要慌，這只是一個心理實驗，請各位將自己看到的盡可能詳細地記錄下來。」

等到回收所有人的記錄後發現，心理學家們在回憶這個事件時，發生了嚴重的錯誤。

在這40名心理學家中，只有4個人記得黑人是光頭，其餘的人甚至不記得黑人穿著短衫的顏色。大部分人的錯誤在20％到50％之間，只有一人回憶中的錯誤少於20％。

在課堂上，當一個陌生人推門而入時，你是否會不自覺地抬頭去看看來者何人？在回家的路上，當你看到一群人圍在一起，你是否會不由自主地想查探究竟是怎麼回事？對了，這就是無意注意。無意注意是指沒有目的的注意，這種注意往往由某些新奇、強烈、富變化的刺激引起的。上述的實驗就是一個無意注意測試的實驗。無意注意能夠測試出一個人的注意力。

你一定看過偵探福爾摩斯的故事吧？為什麼福爾摩斯經常能夠在別人忽略的蛛絲馬跡中找到案件的關鍵線索呢？這是因為他對事物具有極強的注意力與觀察力，能夠發現別人忽略的細節。許多一般人看來平常的事物，在福爾摩斯眼中卻是新異的。這種無意注意能力是其他人無法相比的。

【名人名言】心不在焉，視而不見。聽而不聞，食而不知其味。——中國思想家孔子

那麼，哪些事物比較容易引起我們的無意注意呢？這些事物主要有下列特點：

一、相對強烈的刺激。

例如強烈的光線、巨大的聲響、濃郁的氣味等，這些事物具有相對強烈的刺激，容易立刻引起人們的注意。

相對強度指的是一種刺激與其他刺激互相比較的力量。例如在安靜的課堂上，很小的腳步聲也能引起無意注意，而在很喧鬧的餐廳，這種腳步聲就不會有任何作用。

二、突然發生變化的刺激。

當周遭的環境和事物突然發生變化時，你一定會有感覺。例如老師在上課時突然閉嘴，你一定會好奇地注意老師發生什麼事。或者你正在家裡午睡時，門口突然響起鞭炮聲，你的注意力就會被鞭炮聲所吸引。突然發生的變化出乎人意料之外，注意力就會優先注意到它。

三、不斷變化的刺激。

事物不斷變化會引起人的生理回應，例如商場的霓虹燈閃爍，特別容易引起行人的無意注意。這是因為閃爍的霓虹燈刺激了視覺神經。

想要強化無意注意力，平時就要留心觀察新奇事物。每天上學時，多看看路上的事物，回家時，再仔細觀察與早上看到的有什麼區別。其間的差異可能就來自於你的注意點不同，注意的方向也不一樣。早上剛起床時，空氣清新，心情愉悅，看到的事物會偏積極向上；傍晚，由於歸心似箭，自然會無心觀察周遭的事物，而無法發現事物美麗的一面。

■ 練 一 練 ■

平時隨手翻閱報紙、雜誌和圖書，在這種隨意翻閱的過程中，可以愉快地獲得一些有用的知識，提高自己的無意注意力。

■ 你 知 道 嗎？■

　　腦營養主要來源於鈣、鎂、谷氨酸等物質。鈣含量較高的食物包括雞蛋、杏仁、核桃、起司和豆製品等；鎂含量較高的食物包括全麥麵包、巧克力、青菜等；谷氨酸含量較高的食物則包括鮮奶、肝臟等。

■ 視 覺 遊 戲 ■

三張臉

讓字句浮凸出來！——
重點注意法

梁啟超是中國近代一位大學問家。

他經常對學生說：「如果想要學會讀書，就要讀書讀到能將書中的字句浮凸出來為止。」

書中的字句怎麼會浮起來呢？

其中一個學生聽了很納悶。多年後，這位學生在廣博地閱讀各種書籍後終於明白：使書中的字句浮凸出來指的是，在讀書過程中，要針對閱讀訊息給予不同程度的注意力。

對於不重要的字句瀏覽過去即可，但要特別重視重要的關鍵字句，甚至做到在讀某一篇文章時，能立刻注意到關鍵字句，就像這些字句是有別於其他字句而浮凸在書本上似的。

你是否發現，在聽老師授課的過程中，每個同學課後複述的內容都不一樣，筆記的內容也不盡相同。其實，這是因為每個同學注意的重點不同，對老師教授的內容有不同的感知。重點注意法就是在知覺一個事物時，注意重點。

重點注意能夠讓你掌握某個事物的重心和關鍵。當然，如何選取重點非常重要，不同人對重點的認知也不同。例如，有一天，某位外國使者看見林肯在擦自己的靴子，吃驚地問道：「總統先生，您真偉大！您經常擦自己的靴子嗎？」林肯回答：「沒錯，那麼你是擦誰的靴子呢？」使者說話的重點應該是林肯身為總統怎麼還親自擦鞋，但是林肯卻把重點放在自己的鞋子上，反問「你擦誰的鞋子呢？」這就說明兩人的認知重點不同。

當然，這只是笑話，表現出林肯總統的幽默。不過，如果你想學會掌握重點，就要經常練習重點注意法。

在學習過程中，不管是聽課或做什麼事情，都要動腦分析、綜合和比較，透

過思考區別所學內容的重點和非重點、本質和現象。

在日常生活中，對於父母所說的話可以有重點地去感知，然後把自己理解的意思告訴父母，看看自己的理解與父母所要表達的重點是否相符，爲什麼會出現偏差。這可以在不知不覺中強化重點注意力。

重點注意也可以從閱讀做起，這是最常用的方法，也最能訓練對關鍵字句的集中注意力。

首先，確定閱讀範圍。其次，閱讀時把注意力放在最重要和最關鍵的部分，對這些部分給予最集中的注意，同時在旁邊寫上「注意」或「特別注意」等字眼提醒自己，也可以用畫線或做記號表示。

然後，你可以請父母或老師講述這段內容的重點，看看自己是否有掌握到關鍵字句。如果沒有，則要和他們討論哪裡不符合、爲什麼會出現這種情況、下次應該怎麼做等。

反覆訓練，就能輕而易舉地找到事物的重點了。

■ 練 一 練 ■

閱讀下文，畫出你認識的重點，然後請教父母或老師。

侯耀文的「包袱」

侯耀文對相聲藝術下過苦工，說、學、逗、唱樣樣精通，這在新一代相聲演員中不多見。在相聲界，一些年輕同行知道耀文的相聲底子紮實，遇到難題就向他請教。侯耀文總是熱心協助，有問必答，有時甚至熱心得讓人不好意思。例如有一次籌備春節晚會時，侯耀文、石富寬的《買猴新篇》沒有通過審核，籌備委員會請他們準備新的主題，此時距離晚會只有一個星期。吃晚飯時大家聚在一起，只見侯耀文和石富寬都愁眉苦臉。這時同桌的黃宏跟我談起他們的《秧歌情》中的一個包袱——

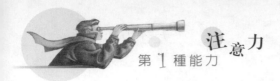
妻子：「你說，你跟國家主席兩人誰大？」

村長：「職務不分大小，都是爲民眾服務。當然，從行政上來說他比我大四級，主席、省長、縣長、我，中間的都不算……。」

黃宏覺得這個包袱在設計上有問題，但一時想不出具體的問題。我說恐怕要把「中間的都不算」這句話刪去，因爲這是一句「擋包袱」（妨礙觀眾大笑）的話。耀文一聽立刻振奮精神，他還說應該強調「大四級」，加上一句「我們四個人是這麼排的」之類的話。他還請黃宏晚上去他房間：「我幫你修改看看，咱非把這包袱給解決掉！」我說：「你自己那活兒還不知道在哪兒呢，還幫人家歸置活兒呢！」耀文說：「不是，我看他們這包袱就差這麼一點兒，我替他們著急呀！」

選自《笑忘書——梁左作品選》梁左著

■ 你 知 道 嗎 ？ ■

一般而言，7～12歲的人，睡眠時間應該是10～11個小時；12～17歲的人，應該是9～10小時。這樣睡眠才算充足。

印度獵人的遊戲——
一目十行法

在印度，有的部落打獵時喜歡玩如下的遊戲：

兩個或幾個人參加比賽，先觀察某種物體一段時間，然後，每個人把看到的東西告訴裁判。盡量說出這些事物的細節。誰說出的事物及事物的細節越詳細就算勝利。

這個遊戲的目的是什麼呢？原來，是為了訓練獵人的注意廣度。事實上，早在1830年，心理學家漢彌爾頓就做了一個實驗。他在地上撒了一把石頭，發現人們很難在一瞬間同時看到六個以上的石頭。如果把石頭兩個、三個或五個組成一堆，人們能同時看到的堆數和單個的數目一樣多。這種能在特定時間內注意到很多對象的注意方法就是一目十行法。

一般而言，正常人的視野寬度為3至7.5公分，例如下列那句話，正常人與經過訓練的人看的時候是不一樣的。

正常人：

正 常 人 的 視 野 寬 度 為 3 至 7 . 5 公分。（3至4秒）

訓練人：

訓練人的 視 野 寬 度 為 3 至 7 . 5 公分。（1至2秒）

沒有經過訓練的正常人在注意事物時，很難做到一目十行的廣度。再者，一個人把注意力集中於某方面時，注意廣度也會下降。

某天深夜，著名的地質學家李四光正在辦公室寫論文，突然，他發現面前站著一個小女孩。

李四光停下動作，看見小女孩瞪著自己，他覺得奇怪，和藹地問道：「小丫頭，這麼晚了還不回家，不怕媽媽擔心嗎？」

　　小女孩卻大聲叫道：「爸爸，媽媽等你好久了！」

　　李四光才恍然大悟，原來小女孩就是自己的女兒。他不由得笑出聲來，連忙說道：「這就回家，這就回家！」

　　由於李四光注意力高度集中，所以他無法同時注意到其他事物。由此可見，注意廣度和注意集中度有時很難統一。

　　訓練注意廣度，應該在平時有意識地進行。例如，走進一家便利商店時，先看看櫥窗裡的東西，盡量多記，然後再描述自己看到的東西。可以與父母、同學一起進行，讓他們協助核對你是否注意到很多事物。你也可以拿起一件物品，如文具盒，先仔細地看一分鐘，然後閉上眼睛，描述它的特徵。如果某些細節不是很清楚，就再看一次。越具體越好，如位置、大小、顏色，直到鉅細靡遺為止。只要有意識地練習，很快就能夠學會一目十行法。

■ 練 一 練 ■

　　一、在一張有25個小方格的表中，將1～25的數字打亂順序，填寫在裡面。

21	12	7	1	20
6	15	17	10	18
19	4	8	25	13
16	2	22	3	5
9	14	11	23	24

　　然後，請你以最快的速度從表格中按順序找出1至25，一邊讀一邊指出來，同時要計時。

　　研究發現：正常成年人看一張圖表的時間約為25～30秒，有些人則可以縮短到十幾秒。

　　可以多做幾張相同的訓練表，每天練習一次，很快就可以強化注意力。

二、與同學或父母做如下的練習：

找一些小石頭或玻璃球放在盒子裡，一個人迅速打開盒子讓另一個人看兩秒，然後迅速蓋上蓋子，讓看的人說出盒內小石頭或玻璃球的個數。

兩人交換進行，可以不斷變換盒子裡的小石頭或玻璃球個數。

■ 你知道嗎？■

每個人都要學會紓解自己的疲勞。休息很重要，須養成早睡早起的習慣，擁有充分的睡眠和營養，才能增強注意力，提高白天的學習效率。

■ 視覺遊戲 ■

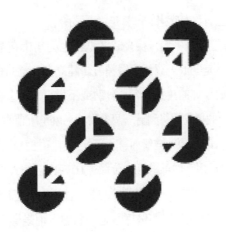

看正方形

原來我已經吃過飯了！——
一心一意法

牛頓是個偉大的科學家。他善於觀察與思考。

牛頓一生中的絕大部分時間是在實驗室度過的。每次做實驗，牛頓總是通宵達旦，注意力集中，有時一連幾個星期都在實驗室工作，不分晝夜，直到實驗做完為止。

有一天，他請一個朋友吃飯。朋友來了，牛頓還在實驗室工作。朋友等了很久，飢腸轆轆，卻還不見牛頓從實驗室裡出來，於是就自己到廚房煮雞肉吃。

一會兒，牛頓走出實驗室。他看到碗裡有很多雞骨頭，驚訝地說：「啊，原來我已經吃過飯了！」於是，又回到實驗室繼續工作。

牛頓竟然忘記自己有沒有吃過飯，真是太匪夷所思了！

想一想，你是否可以像牛頓一樣長時間把注意力集中在某一事物或活動中呢？牛頓的這種方法就是一心一意法。這種方法建立在注意的穩定性之上，時間越長，穩定性越高。如果你的注意力容易分散或不穩定，在上課或寫作業時注意力無法集中，不斷從一個事物轉移到另一個事物上，就是所謂的「分心」。

注意力分散是正常的現象。一般而言，年紀越小，注意穩定性越低。研究發現，7～10歲的人，注意穩定性可維持20分鐘，10～12歲的人約為25分鐘，12歲以上的人則可維持30分鐘。當然，經過訓練的人，注意力穩定時間可以更長。

為什麼人的注意力無法長時間保持固定的狀態，而是間歇性地增強或減弱呢？這其實是一種生理現象，我們把這種週期性變化稱為注意的起伏現象。例如，你可以把手錶放在離自己固定距離的地方，讓自己能隱約聽到錶的滴答聲。這時，你會發現有時聽得到，有時又聽不到，或者覺得錶的聲音時強、時弱。這就是注意的起伏現象。

要訓練注意的穩定性，首先要鍛鍊自己的意志力。人對某事物的持續注意，主要來自堅定的意志力。意志堅定的人，不管發生什麼事，都會全心全意地做事。

其次，要學會抵抗外界的各種干擾。當外界有干擾時，許多人會停下正在做的事，把注意轉向干擾物上，這樣當然無法集中注意力。一旦遇到這種情況，就要告誡自己不受外界擾亂，專心做正在做的事情。

另外，要注意學習活動多樣化。多樣化的學習活動，最能保持注意的穩定性，提高注意效率，讓人精力充沛，不易感到厭倦。例如結合看、讀、寫，交替進行，就能在大腦皮層上形成較強的興奮中心，從而有效地維持自己的注意。

■ 練 一 練 ■

一、在自己的房間裡，花五秒鐘仔細地注意觀察你種的花，然後閉上眼睛，努力回憶花的特徵。如果還是不知道，就睜開眼睛再看一次。反覆幾次，直到閉上眼睛就能清晰地回憶出花的形象為止。最後，要保持腦海中花的形象，不思考其他任何東西，堅持五分鐘。

二、找個人一起玩下列的遊戲。

打開錄音機，仔細聽相關內容（最好是講話的聲音而非音樂），然後不斷調低音量，直到剛好能聽到為止。接著，集中注意力，仔細聆聽錄音機的聲音。約三分鐘後，分別複述聽到的內容。誰聽到的內容比較完整，表示其注意力較集中。

■ 你 知 道 嗎 ? ■

集中注意力需要適當的環境。一、安靜，無噪音；二、光線適量，桌子不靠窗，避免強光照射，防止傷害眼睛，引起疲勞；三、物品擺放整齊，避免不必要的干擾。

梅蘭芳為什麼看鴿子飛翔？——
視力引導法

　　小時候的梅蘭芳眼皮下垂，兩眼無神，而且學唱戲時總唱不好，不是忘詞，就是唱錯腔。他的第一位啓蒙老師一氣之下，不再教他。

　　梅蘭芳大受打擊。爲了治好自己的眼睛，想出一個好辦法。

　　他每天把家裡的鴿子放出去，當鴿子在天空飛翔時，梅蘭芳就用一杆頂端拴紅綢子的長竹竿，指揮鴿子起飛。如果要鴿子下降，他就把綢子換成綠色的。

　　有趣的是，鴿子喜歡相互串飛，如果自家的鴿子訓練不夠，很可能被別人的鴿子拐走。因此，梅蘭芳須手舉高竿，不斷搖動，對鴿子發出信號，同時還要仰頭抬眼，注視高空中的鴿群，努力分辨出裡面是否混入別家的鴿子。

　　經過一段時間，梅蘭芳的眼皮不再下垂，眼神也不再呆滯，注意力更容易集中。後來，梅蘭芳發奮學戲，創立梅派，成爲中國一代國劇宗師，名列四大名旦之首。

　　你還記不記得，小時候拍照注意力不集中、東張西望時，媽媽就會說：「來，寶貝，看媽媽這邊！」當你朝母親的方向看去，發現她正在對你眨眼或微笑，你的眼睛就會不由自主地看著她，注意力也集中了。這其實就是在吸引你的視線，集中你的注意力。

　　據說，德國偉大的哲學家康德，每次坐在書房裡思考問題時，他的眼睛會穿過窗戶看向屋簷上方，一邊注視風車杆尖端，一邊思考問題。他認爲，眼睛注視某一定點時，視野會侷限在一個小範圍裡，就可以減少視野裡的干擾物，注意力自然不容易被分散。這種運用特定視力引導工具幫助自己集中注意力的方法，就是視力引導法。

　　視力引導法經常被用來訓練人的注意力。例如射箭的人必須集中注意力，對
準目標在最關鍵的時候射箭。如果注意力稍不集中，就無法射中目標。因此，以
前練習射箭的人，往往會將一個中空的小銅錢掛在遠處，經常遠遠注視它，努力
分辨銅幣的空心。練到一定的時候，當他們能夠輕鬆地射中銅印的空心時，再練
習注視高空中的飛鳥，分辨鳥頭和身體及其他部位。長期持續這種視力訓練，可
以提高射箭的命中率。

　　你也可以運用特定的工具來引導自己的視力，幫助自己集中注意力。例如看
書時拿支筆，看到重點的地方就畫線，你的眼睛就會不自覺地跟著筆尖走，這樣
不僅能夠增加閱讀速度，而且可以幫助你糾正看書過程中注意力分散的不良習
慣。想問題時，眼睛只看牆上的某一點、桌上的文具盒等單一事物，然後注視這
個對象，不要轉移注意力，這些都是運用視力引導法的例子。

■ 練 一 練 ■

　　一、找一個鬧鐘，聽它的滴答聲，並伴隨著鬧鐘的聲音，在心中默念「滴
答、滴答、滴答……」。第1天念10次，第2天念15次，第3天念20次，第4天念25
次，第5天念30次。每天做8次，5～6天為一個週期。這種訓練能夠幫助你提高注
意力，如果能堅持幾個週期，效果更明顯。

　　二、「圈字遊戲」

　　請把5後面第二個數字全部畫圈。

35915693698245236502366525362260236950 0

29541335877896431255796831254975512356 5

45687985425484855678457845784585478744

55122342422124956327562148963258963147 0

75858289070917096087475651562956154565 6

78794346321616462074185296359624689712 2

13215216521322132486897456354120520620 6

024895375684502189745123034658778965412

387807871729875787419986763543021512934

258965412301894531269870258930545105789

048657173279870907081728904217890135406

546879887892702346598727602485976278732

596760988763543251724327098765436789087

741849057695849284649221248749214159282

488457295752648984095969628599258559365

945641236346647596969524452596300255263

■ 你 知 道 嗎 ? ■

　　要學會自我控制。有位專家說：「專心本身並沒有什麼奧妙，只是控制注意力而已。」當你發現自己的注意力無法集中時，努力控制自己，集中注意力於某件事情上。

樂樂的毛病——
形象控制法

樂樂有一個毛病，就是經常以為自己是被注意的焦點。

有一天，樂樂穿了一件新衣服，她以為眾人都在注視自己，心裡老想著這件事。這天正好是期中考試成績揭曉的日子，拿到考卷，樂樂一看，才發現自己竟然只考78分。

樂樂的成績平均都在90分以上，這次是怎麼了？

她小心翼翼地把試卷塞進抽屜裡，卻覺得同學老是以一種異樣的眼光看著自己。同學們聚在一起時，她就以為他們在議論自己，輕視自己。

上課鈴響，老師叫樂樂回答問題。若是平時，樂樂即使緊張，還是能夠答得出來，但是今天她卻覺得全班同學都在注意自己，她害怕答錯被人恥笑，越想越害怕，結果竟然一句話都說不出來。

當別人誇讚你時，你是否會心情特別好？當你被批評時，是否又會感到失落而沮喪？這都是正常的心理表現，但是這種心理表現都會影響你對自己形象的感知，從而影響到你的注意力。形象控制法就是，透過建立自己的積極樂觀、充滿自信而又具有能力的新形象，使自己集中注意力到需要注意的事物上。這種方法是一個日本學者提出的。

上例中的樂樂，她以為眾人在注意自己，因此過分把注意力集中在自己身上，無法開展自己的思維。其實這只是她自己的猜測，每個人都有自己的事，想法也不同，他們不可能有那麼多時間注意你。就像你自己經常把注意力指向自己一樣，可能其他人也習慣注意自己，他們甚至沒有多餘的時間看你。即使其他人都注意你也沒有什麼可怕的，你可以透過形象控制法調整自己。

那麼，應該如何控制自己的形象呢？

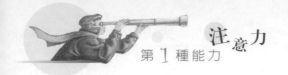
第一步，確立目標。

首先，確立自己的目標，例如考上大學、成為科學家等。將目標寫出來，貼在明顯的地方，不斷提醒自己。確立目標可以讓你經常意識到自己要努力的方向，並鼓勵自己實現這些目標，例如「我的目標是成為科學家，現在開始就要多接觸科學知識」，把這個目標貼在房裡，每天晚上睡覺前認真看幾遍，可以堅定你的信心。

第二步，放鬆身心。

讓自己的大腦平靜下來，不要老是想著自己，不要老是把注意力放在自己身上。想像自己舒暢的心情，並對自己的心情做個積極的評價，例如「今天的心情真好，注意力一定也不錯」，這種正面的想法有助於集中注意力。

第三步，想像過往的美好經驗。

想像自己曾經有過的良好形象或好事。例如「有一次，我上課時注意力很集中，結果隨堂測驗考了98分」、「媽媽說完故事，我正確地複述出來，結果媽媽誇讚我的記性真好」等，想像因集中注意力而得到的好事，能夠幫助你對注意對象產生興趣，建立自信。

第四步，想像未來可能發生的好事。

想像一下，如果自己注意力集中會有什麼好結果，這會讓你努力集中注意力。例如「只要認真聽課，一定能拿到好成績」、「只要集中注意力，就能提高智力水準」等，在這種正面的想像中，大腦會興奮，就會積極主動地集中注意力。

第五步，想像該如何控制自己。

想像怎麼做才能達到預期的目標。例如你的目標是成為科學家，但是科學家不只需要廣博的科學知識，還需要極強的注意力和觀察力，這樣才能專心研究科學現象。因此，你就必須積極訓練自己的注意力和觀察力，多觀察日常生活中的人事物。如果現在沒目標，不妨想點別的事，轉移注意力。有位專家說：「不想自己的方法是，想其他的事情。你必須尋找一種代替物。找到代替物後，就可輕易地戒掉想自己的毛病。」

■ 練 一 練 ■

　　有的人坐在禮堂的講台上，看到台下擠滿了人，可能會覺得大家在注意自己，越想越不自在，甚至緊張到忘了演講稿。克服緊張最有效的方法是轉移注意力。在這種情況下，請你想像運用形象控制法集中注意力。

■ 你 知 道 嗎 ？ ■

　　相信自己，才能集中注意力。當注意力不集中時，更不能分心，要對自己有信心，鼓勵自己「獨立完成作業是很有成就感的事」、「今天精神很好」、「今天的學習效率很高」等，這樣可以有效地集中注意力。

被冤枉的鄰座——
一心二用法

有一次，英國某位參議院議員須在重要的會議上發言，但是時間有限制，所以他事先請鄰座的議員在他講了5分鐘提醒他。

這位議員滔滔不絕地講了5分鐘後，鄰座的議員就用臂膀推他，暗示他時間到了。

然而，這位議員沒有回應。鄰座的議員見他沒回應，就更用力地頂他，但還是沒有得到回應。鄰座議員只好被迫用針紮他，這位議員被刺得幾乎要流血了，但是他仍然沒有反應。

約15分鐘後，議員自覺講太久，終於停了下來。當他坐下時，生氣地對鄰座議員說：「你怎麼不提醒我？」

可憐的鄰座議員，不知提醒了他多少次呢！

你是否發現，成績好的同學往往可以一邊聽老師講課，一邊把講授的內容全部記下來。也有的人可以一邊聽講，一邊做題目。這其實就是「一心二用」。所謂一心二用，就是指同時進行兩種或兩種以上的活動，注意力指向兩個或兩個以上的對象。

法國心理學家布朗就能夠一心二用。他能夠一邊向聽眾朗誦詩，一邊寫另一首詩，而等詩朗誦完，詩也寫完了。他還能一邊朗誦詩，一邊進行著複雜的乘法演算，等詩朗誦完，演算結果也出來了。

不過，並非人人都能一心二用，大部分的人還是無法做到。上例這位議員就是因為過分把注意力放在發言上，結果忘記發言的時間。很多父母也會經常告誡孩子不要一心二用。這主要是強調注意的集中性和穩定性。

其實，適度的一心二用非常重要。例如一邊聽講一邊記筆記，只聽不記或只記不聽都不行。那麼，要怎樣一心二用呢？

老師講課時注意聽，聽講時快速地思考，聽到重點或補充教科書上沒有的資料時就簡要地記錄，幫助課後複習和理解。將注意力分散於聽、想、記上，以理解內容為重點，兼顧各方面。

要特別注意的是，一心二用時，同時進行的活動不能太複雜，必須是簡單的。例如上例中的布朗進行的都是他熟悉的事。如果兩件事或兩項活動都很困難，就不適合一心二用，否則會弄巧成拙。注意的集中性和注意的分散性在一定程度上是對立的。以上課為例，聽講是主導，記錄比較不費工夫，這樣才能分散注意力。

■ 練 一 練 ■

小遊戲：兩不誤。

和同學一起一邊聽故事，一邊進行加法運算，請另一人做裁判，檢查計算錯誤的情況，再把聽到的故事複述一遍，看誰記得的細節多。

■ 你 知 道 嗎？ ■

想集中注意力，就要規定期限。只要明確限定學習的範圍，就更容易集中注意力。

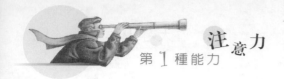

【名人名言】耐心是一切聰明才智的基礎。——古希臘哲學家柏拉圖

兩隻羊腿吧！—— 注意轉移法

卡文迪許是英國著名的科學家，他發現水的組成，揭開化學反應之謎。

有一天，卡文迪許請四個朋友吃飯。僕人問他要做什麼菜餚，當時卡文迪許正坐在房間裡，兩眼盯著天花板思考問題，聽到僕人問他，卡文迪許想了一下，說：「一隻羊腿吧。」

僕人覺得一隻羊腿做菜太單調，就問卡文迪許是否再加點什麼。當時，卡文迪許正專注地思考問題，聽到僕人問他，就不加思索順口回答：「那就兩隻羊腿吧！」

卡文迪許把注意力放在僕人的第一個問題上，沒考慮到僕人的意思不是菜少，而是菜太單調。這其實就是注意轉移的問題。人的注意通常只有一個過程，當注意一個事物時，迅速轉換注意另一個事物就會出現困難。卡文迪許就是沒有瞬間把注意力轉移到僕人的第二個問題上。

你是否有這樣的經歷：剛上了一節有趣的國文課，下一節是數學課，老師已經在課堂上講課了，但是你的注意力似乎還停留在國文老師所講的故事中而無法回到數學課上。這表示你的注意轉移性還不夠好。

與注意分散不一樣的是，轉移注意的好壞在於轉移的速度。年紀越小，轉移注意的速度越慢；年紀越大，轉移注意的速度越快。不能快速轉換注意，不代表注意力不好，而是代表注意轉移不夠靈活，只要平時多訓練即可。

那麼，應該如何訓練注意轉移性呢？

集中注意力在某個事物上。例如上國文課時，專注上課；上數學課時，努力把注意力從國文課拉過來；上體育課時，注意力放在體育課上，努力跟著老師做各種動作。

反覆練習注意轉換。例如躺在床上時，閉上眼睛，想像英文字母A的樣子，就像放電影一樣，讓A字出現在你的腦海中。切記，一定要清楚想像出A字，然後像擦黑板一樣，把A從想像中擦去。接著，想像B，然後把B擦去，再想像C……。重複相同的練習，每次想像十個字母。這種方法有助於提升注意轉移性。

■ 練 一 練 ■

小遊戲：看誰算得快！

隨便寫兩個數字，一個在上面，一個在下面。例如2和7。

第一種寫法：把它們加起來，兩數之和寫在上面數字的旁邊，並把原來上面的那個數寫在下面數字的旁邊。反覆進行。當兩數之和大於10時，則記錄個位數。

$$2\ 9\ 1\ 0\ 1\ 1\ 2\ 3$$
$$7\ 2\ 9\ 1\ 0\ 1\ 1\ 2$$

第二種寫法：數字相減。兩數之差寫在下面數字的旁邊，並把原來下面的數字寫在上面數字的旁邊。反覆相同的動作。

$$2\ 7\ 5\ 2\ 3\ 1\ 2\ 1$$
$$7\ 5\ 2\ 3\ 1\ 2\ 1\ 1$$

與另一個人一起玩，一個人先發出指令：「用第一種寫法！」30秒後再說：「用第二種寫法！」指令一發出，寫的人就在當前位置畫一條線，迅速轉換到另一種寫法。這樣不斷進行。

最初練習可以每次只做三分鐘，每週做2～3次，觀察錯誤是否減少。3週後增加到5分鐘，每週3～4次。

■ 你 知 道 嗎 ？ ■

保持心態平和是集中注意力的好方法。心情起伏較大時，很難集中注意力。心情平靜，才能集中注意力於當前的活動和學習中。

第2種能力

觀察力

5 Faculties of Teenage Genius

■ 趣味閱讀 ■

我沒看見他！

一個阿拉伯人在沙漠裡與騎駱駝的同伴失散了，他找了整整一天也沒找到。傍晚，他遇到一個貝都因人。

「請問，您見過我的同伴和他的駱駝嗎？」阿拉伯人禮貌地詢問貝都因人。

「你的同伴是不是有點胖，而且是跛子？」貝都因人問。「他手裡是不是拿著一根棍子？他的駱駝只有一隻眼、馱著棗子，對嗎？」

「對、對，這就是我的同伴和他的駱駝。你是何時看見的？他往哪個方向走？」阿拉伯人興奮地說道。

貝都因人回答說：「我沒看見他。」

阿拉伯人生氣地說：「你剛才明明詳細地說出我的同伴和駱駝的樣子，現在怎麼又說沒有見過呢？」

「我確實沒見過他。」貝都因人平靜地說，「不過，我還知道，他在這棵棕櫚樹下休息許久，三個小時前向敘利亞方向走去了。」

「你既然沒見過他，怎麼知道這些事情呢？」阿拉伯人困惑地問。

「我是從他的腳印看出來的。你看這個人的腳印：左腳印比右腳印大且深，表示走過這裡的人是個跛子。再比一比他和我的腳印就會發現，他的腳印比我深，表示他比我胖。你看，駱駝只吃它身體右邊的草，表示駱駝只有一隻眼睛，只看到路的一邊。你看地上這些螞蟻都聚在一起，難道沒看清牠們都在吸吮棗汁嗎？」

「那你怎麼確定他是三個小時前離開這裡的呢？」

貝都因人解釋：「你看棕櫚樹的影子。在這樣的大熱天，你總不會認為一個人會坐在太陽下吧！因此，可以確定，你的同伴曾經在樹

陰下休息過。而且可以推算出，陰影從他躺下的地方移到現在我們站的地方，需要三個小時左右。」

聽完貝都因人的話，阿拉伯人急忙朝敘利亞方向去找，果然找到他的同伴。事實證明，貝都因人說的都是對的。

看了上面這個故事，你是不是很佩服貝都因人敏銳的觀察力呢？

羅丹告誡學生：「觀察吧，除了觀察還是觀察！」那麼，到底什麼是觀察呢？

觀察是一種有目的、有計畫、有步驟的知覺。它是透過眼睛看、耳朵聽、鼻子聞、嘴巴嘗、手摸等有目的去認識周遭事物的心理過程。其中，視覺具有重要的作用，90%的外界訊息是透過視覺這個管道進入人腦的。什麼是觀察力呢？觀察力就是指人的大腦透過感覺器官進行有意識、有計畫、有目的的知覺活動來捕捉事物中典型、具本質性的外部特徵的能力。

翻開名人傳記可以發現，人類史上，尤其是科學發展史上的成功人物，多半具備優良的觀察力。

偉大的物理學家牛頓，從孩提時代開始就喜歡仔細觀察各種事物，企圖透過現象看本質。有一次，他在狂風中衝出門外，一會兒順風前進，一會兒逆風行走，目的就是要實地觀察順風與逆風的速度差。

義大利科學家伽利略，從觀察教堂裡的吊燈搖曳開始，經過實驗研究，結果發現鐘擺的定時定律。

英國發明家瓦特，從煮沸的水頂動壺蓋的現象，歸納出蒸汽機的基本原理，引起一場深刻的資本主義工業革命。

偉大的生物學家、進化論的創始人達爾文，從小就熱衷於觀察動植物，他曾注意過花的不同顏色，並試圖用不同顏色的水去澆花以開出不同的花朵。他曾到南美觀察動植物的生長習慣，經過數年的累積和二十年觀察日記，終於完成《物種起源》。達爾文說：「我既沒有突出的理解力，也沒有過人的機警，只是在察覺稍縱即逝的事物，並對其進行精細觀察的能力上，比一般人優越。」

第 2 種能力 觀察力

中國明代名醫李時珍，年幼時就愛觀察各種花卉、藥草的生長過程，查看它們如何抽條、長葉、開花，花草，每一處細微變化都逃不過他的眼睛。這種細膩的觀察和記錄，使他得以糾正古代藥草書中的諸多錯誤，寫出流芳百世的《本草綱目》。

可見，人的智力活動是從觀察開始的，觀察是智力活動的門戶。觀察力強的人，能從一般人認為是司空見慣的事件中發現奇蹟。觀察力弱的人，即使進入寶山，也可能空手而返。蘋果落地，火爐上的水壺蓋被水蒸氣掀開，雖然是常見的現象，但牛頓和瓦特卻因此分別發現和發明萬有引力定律和蒸汽機。

商品在資本主義社會裡是最常見、最普通的現象，是資本主義的經濟細胞，是每個人整天接觸的東西，但馬克思卻以敏銳的眼光發現剩餘價值學說，揭露資本主義剝削的祕密，構成「馬克思經濟理論的基石」。雖然這些偉大的發現和發明並不簡單，但是觀察力強的確是他們成功的重要元素。

當然，每個人的觀察力水準是不一樣的。即使是善於觀察事物的詩人、作家也不例外。阿·托爾斯泰在《論文學》中曾經講述高爾基、安德列耶夫和蒲寧三位文豪比賽觀察力的故事。

有一天，高爾基、安德列耶夫和蒲寧三人在義大利餐館看見一個人，他們決定分別觀察此人三分鐘，並各自做出結論。高爾基的結論是，那人臉色蒼白，穿灰色西裝，還有細長而發紅的手。安德列耶夫什麼特徵也沒掌握住，成績最差。蒲寧的觀察力則十分驚人，在同樣的三分鐘裡，不僅抓住那個人所有特點，還根據這些特點斷定那人是騙子，後來向餐館老闆打聽，果然如他所言。

由此可見，觀察力強的人不僅能迅速捕捉訊息，還能迅速做出判斷，發現事物的本質。國外某位科學家說：「觀察力強的人，步行兩公里所看到的事物，比一個粗枝大葉、走馬看花的人，乘火車旅行兩千公里所看到的東西多。」

如果想多方吸收知識，發展自己的智力，就必須訓練觀察力。正如俄國偉大的生理學家巴甫洛夫在其實驗室建築物上刻著的字句：「觀察、觀察、再觀察。」越是有意識地去觀察，觀察得越仔細，就越能隨時發現問題，就越想釐清所發現的問題，智力水準自然會在不知不覺中提升。

■ 測 一 測 ■

　　你會注意到一些被人們忽視的東西嗎？很多人容易注意到新奇、刺激的東西，例如家門口停了一輛高級的轎車，一定會注意到。但是每天看到的東西呢？多半視若無睹。現在就來測試一下吧！

　　1、媽媽的頭髮是什麼顏色？

　　2、爸爸的單車或汽車是什麼牌子？

　　3、同桌的人比你高或矮？

　　4、媽媽有戴結婚戒指嗎？

　　5、你家洗衣機容量多少？

　　6、你家客廳掛了幾張畫？

　　7、你最喜歡的書是由什麼出版社出版的？

　　8、你家的牙膏是什麼牌子？

　　9、你的臥室是正方形的嗎？

　　10、媽媽經常買的麵包是什麼牌子的？

　　11、爸爸每天回家後做的第一件事是什麼？

　　12、你家種了幾盆花草？

　　13、你家陽台是封閉或開放的？

　　14、你的朋友當中誰最胖？

　　15、媽媽最常穿的衣服是什麼顏色？

　　16、看右圖回答問題。

在這幅圖中，你看到什麼？是一個慈祥的老人嗎？不錯！但是，請你再仔細看看，你會發現其實還有許多頭像在裡面呢！試著把每個頭像都找出來。總共有9個頭像在裡面，看看你能找出幾個。

以上各題，前15題每題1分，第16題為9分，總分24分。如果你的得分超過10分，恭喜你，你是一個超級觀察家，任何東西都別想從你的眼前溜走。得分在8至16分，觀察力也不錯。得分在8分以下，表示需要好好地鍛鍊觀察力。

即使觀察力欠佳也不必氣餒，只要掌握強化觀察力的方法就可以了。那麼，應該如何培養觀察力呢？

第一，要有明確的觀察目標。

只要有明確的觀察目標，就會比較主動、積極地去觀察。例如烏龜如何翻成四腳朝天。確立目標，你就會仔細觀察烏龜的動作了。在確定目標時，可以分解觀察的步驟。這樣可以避免知覺的偶然性和自發性，提高觀察的積極主動性。

第二，觀察成功與否，賴於一定的知識、經驗和技能。俗話說：「誰知道的最多，誰就看的最多。」一位富有學識的考古學家，能夠在一片殘缺不全的烏龜殼（甲骨）上，發現不少重要而有趣的訊息，而門外漢卻一無所得。因此，平常多學習並累積知識是觀察的前提。

第三，觀察應該有次序、有系統地進行，才能看到事物各個部分之間的聯繫，避免遺漏某些重要的特徵。

第四，注意細節。作家喬治‧桑說：「自然研究的所有秘密，都隱藏在學習如何使用人的眼睛裡。」觀察時必須主動去感知周遭的事物。觀察力強，意味著你能看到別人看不到的；別人看得到的，你能比他們看得更深入、更透徹；別人從一個角度去看，你能從多個角度去看。

第五，讓更多感覺器官參與認識事物的活動。如此一來，不僅可以獲得事物各方面的感性知識，也可以加深印象。

第六，觀察時須做記錄。這不僅對於收集和整理所觀察到的事實有益，也是促進準確觀察的方法。

李時珍在做什麼？——
直接觀察法

　　明朝明世宗年間，湖北省某個村子裡的一棵大樹上多了草棚。每天，總有一個書生模樣的青年，躲在草棚裡，凝神觀察樹下的動靜。他到底有什麼目的呢？

　　這天，青年又躲在樹上的草棚裡，聚精會神地往樹下看。

　　樹下，有隻穿山甲正用前爪抓著土堆。不久，土堆被抓開，成千上萬隻螞蟻嚇得四處亂竄。但見穿山甲伸出細長的舌頭輕輕一舔，舌頭上便粘滿密密麻麻的螞蟻。穿山甲舌頭一縮，立刻將螞蟻全吞下肚。接著，它再次伸出舌頭。

　　「我知道了，我知道了！」青年興奮地大聲叫喊。

　　他「知道了」什麼？

　　原來這個青年就是李時珍，他研讀南北朝陶弘景所寫的一篇關於穿山甲如何吃螞蟻的文章。陶弘景說穿山甲能水陸兩棲，白天爬上岸來，張開鱗甲裝死，引誘螞蟻進入甲內，再閉上鱗甲，潛入水中，然後開甲讓螞蟻浮出，吞食。

　　為了驗證陶弘景的說法是否正確，李時珍親自上山觀察。在樵夫、獵人的協助下，李時珍捉到一隻穿山甲。從穿山甲的胃裡剖出一升左右的螞蟻，證實穿山甲確實如陶弘景所言是吃螞蟻的。不過，從觀察中，他發現穿山甲吃螞蟻時，是扒開螞蟻的巢穴舐食，而非引誘螞蟻入甲再下水吞食。

　　李時珍肯定了陶弘景對的地方，糾正了其錯誤之處。李時珍的實事求是精神，讓他在35歲時就完成著名的《本草綱目》。

　　觀察必須透過人的各種器官進行，例如用眼睛看才知道月亮是圓或缺，用手

接觸才知道溫度高低，用耳朵聽才知道聲音大小，用鼻子聞才知道花是香或臭，用舌頭嘗才知道蘋果是甜或酸。直接觀察就是指，利用感官觀察並記錄發生的事或人的行為。李時珍親自上山觀察，就是一種直接觀察法。

　　直接觀察的優點是感官能夠對被觀察的事物進行直接觀察。例如手伸到水裡就可以知道水的冷熱度。不過，直接觀察還是會受到人的感官的侷限。就像人的眼睛只能分辨5至100U左右的點，耳朵只能聽到200至2000赫茲頻率範圍而具有一定音響的聲波。

　　儘管直接觀察有一定的限度，但直接觀察還是最常用，也是最能反映一個人觀察能力的方法。那麼，應該如何強化直接觀察呢？

　　首先，加強觀察的目的性，也就是說，觀察之前要有明確的目的。

　　例如，在觀察汽車模型時，可以將觀察目的訂為釐清內燃機如何使汽油在汽缸裡燃燒，使熱能轉化為機械能而不斷運轉。確立觀察目的，就可以根據內燃機的工作原理進行觀察。

　　其次，要仔細觀察可能的範圍。為什麼汽車需要四個輪子？為什麼不是三個或五個輪子呢？多方面聯想，有助於在直接觀察中得到詳細的資料。

　　再者，要學習比較觀察。例如在觀察汽車模型時，與飛機模型比較兩者有哪些相似之處及相異之處。

　　總之，直接觀察就是盡量運用各個感官仔細觀察。

■ 練 一 練 ■

　　小實驗：騙人的雙手。

　　請準備三盆水，一盆溫度較高，一盆溫度較低，一盆溫度適中。

　　左手放進溫度較高的盆裡，右手放進溫度較低的盆裡。

　　三十秒後，兩隻手同時放進溫度適中的那盆水中，這時，你會發現左手感覺到的溫度稍低，右手感覺到的溫度稍高。

　　為什麼會這樣呢？

為什麼他們的病情不一樣？——
比較觀察法

張仲景是東漢時期的名醫。

有一天，兩個淋雨的人來找張仲景看病。他們都說自己的症狀是頭痛、發燒、咳嗽、鼻子不通。張仲景一聽就知道這些都是感冒的症狀。張仲景爲兩名病患把脈。

第一名病患的脈搏不快不慢，輕輕一按就摸到脈搏，手腕上還有不少汗水。

第二名病患的脈搏則稍有不同，雖然都很容易摸到，但是跳得比較快，脈管堅強有力。

根據過去的經驗，張仲景想，既然兩人都是感冒，病情病因也差不多，於是同樣開給他們每人一帖麻黃湯，藥量也一樣。

第二天，第一名病患吃完藥出了一身汗，病況好轉。張仲景囑咐他再吃一帖藥，再發點汗就會痊癒。第二名病患吃完藥也出了一身汗，但是病情卻加重。

張仲景覺得奇怪，仔細回憶前一天看診的情況，結果發現兩人的病情其實有所不同，不應該採取相同的治療法。

於是，他立刻爲第二名病患換藥。病患吃完藥後，很快就康復了。

後來，張仲景把感冒受寒的病症分成六類八型。此後，醫生治療感冒傷寒，只要根據病患的症狀，找出屬於哪一種類型再對症下藥，就可以治癒疾病。張仲景因此而被尊稱爲「醫聖」。

你注意過兩個或兩個以上事物的相似性嗎？例如香蕉和桌子有什麼相似處？仔細觀察就可以發現，它們之間存在許多相似性。例如它們都來源於植物。

你注意過兩個或兩個以上事物的相異性嗎？例如橘子和檸檬都是黃色、圓形的水果，但檸檬是酸的，橘子卻是甜的。這就是事物的相異性。這種對兩個或兩個以上的事物進行對照比較的觀察方法，就是比較觀察法。

做化學實驗時，老師總會拿一張白板作為背景來襯托試管中溶液的顏色。這也是運用對比進行觀察的典型例子。因為把觀察對象置於較大的背景前，能提高觀察效果。

「有比較才能鑑別。」一般而言，人們能夠強烈地感知到與背景差異很大的事物，例如萬綠叢中一點紅。因為它與其他客觀事物有一種明顯的差別，容易被觀察和識別。當我們在比較中鑑別出這個事物與其他事物的差異點和共同點時，就可以瞭解到這個事物的特殊屬性和一般屬性。

比較觀察的關鍵是要認真觀察和研究觀察對象，抓住兩種或各種事物的觀察點，分析兩者之間的異同。

例如，美國某研究機構的科研人員，選擇情緒好壞與癌症發病率的關係為研究課題，他們精心設計對比實驗。首先，他們將癌細胞注入老鼠體內，將這些老鼠分成三個對照組，分別放入三個不同的籠子內。第一個籠中，老鼠不斷受到脈波電擊，這種電擊不會傷害老鼠的肌體，卻會使老鼠不時處於恐懼和沮喪中；第二個籠中，老鼠也受到同樣的電擊，不過這種電擊可由老鼠自己觸動開關棍而停止；第三個籠中，老鼠不受電擊。

實驗結果發現：第一組老鼠因癌症發病而死亡的比例比另外兩組高一倍；第二組略小於第三組。因為第一組老鼠的惡劣情緒使它們的免疫系統受到抑制，所以癌症發病率最高；第二組有戰勝苦難的經歷，這種情緒增強了老鼠的免疫能力。由此可見，情緒好壞與癌症發病率有一定的關係。

在這種實驗研究的基礎上，研究者提出改進癌症病患情緒環境的新構想，也有人聲稱發明出新的「情緒療法」。

比較觀察法的關鍵是比較，比較什麼呢？比較的觀察點就是相似性和相異性。兩個事物有什麼相似之處或相異之處，只要釐清這兩個問題，就可以掌握兩事物的特性。

■ 練 一 練 ■

一、每當我們觀看一場扣人心弦的比賽時，經常可以看到運動員個個汗流浹背卻依然精神抖擻，但比賽結束回到休息室時，卻個個癱軟。到底要如何消除運動員的疲勞呢？方法很多，其中最簡單的就是洗澡，然後大睡一場。有其他方法嗎？有人想從開發中藥新品種方面突破，例如用人參、麥冬、五味子等配製出「生脈散」。這種藥劑究竟能否消除疲勞、增進體能？這就有賴於發明者進行對比實驗。如果你是當事人，會怎麼做實驗呢？

二、請你觀察一下鏡子和衣服之間的相似性、圓形和球形的相異性，以及報紙和書籍的相異性。

■ 視 覺 遊 戲 ■

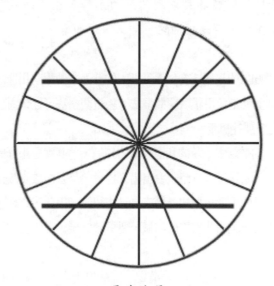

是直線嗎？

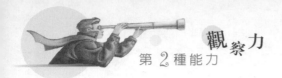

蛇會吃青蛙嗎？——
驗證觀察法

　　某些地方流傳蛇會把青蛙吸進嘴裡吃掉，事實真相如何呢？吉林省永吉縣口前鎮某生物小組的學生，針對這個情況進行驗證觀察。

　　他們捕捉青蛙和蛇，在不讓兩種動物受驚嚇的情況下將牠們放在一起，仔細進行觀察研究。

　　結果發現，蛇機警地向青蛙靠近，在相距一呎左右，停住不動，但是蛇吐出了舌頭。青蛙像是發現什麼似的，緊盯著蛇的舌頭。當蛇再次伸出舌頭時，青蛙立刻撲向蛇。這時，蛇張大嘴巴，把青蛙叼在嘴裡。

　　原來，青蛙的眼睛善於看到閃動的東西，蛇不斷晃動舌頭讓青蛙誤以為是蟲子在飛，於是撲向蛇，卻上了蛇的當。

　　學習是一種知識的累積。當你懷疑別人的話而主動觀察相關的事物和驗證相關的問題時，其實就是運用了驗證觀察法。驗證觀察法可以鞏固已學過的理論知識，同時學到更多課外知識。

　　很多人完全相信課本上說的和老師講的知識，這其實是不好的觀念。首先，老師和課本並不一定正確，有時也會出錯。再者，學習知識應該抱持著懷疑的態度，然後透過自己的思考，把知識變成自己的知識。因此，當你在吸收知識時，不要輕易相信別人所說的或書本的知識，要勇於懷疑，提出自己的想法，並勇敢地去驗證。

　　例如課本以白菜、蘿蔔為代表植物，歸納出十字花科植物的主要特徵。這時，你可以觀察花椰菜、芥菜、芥藍、油菜等其他十字花科植物的花和果實，驗證十字花科的主要特徵。接著，根據驗證結果，去識別更多十字花科植物。

多質疑、驗證，就能夠學到課本上學不到的知識，增強觀察能力。

■ 練 一 練 ■

光合作用需要光，如何鑑別呢？

將兩片葉子分別置於有光和陰涼的地方。一段時間後，在經過光照的葉子上滴一些碘酒，這時，葉子會變成藍色。這是因為葉子上有光合作用的產物——澱粉。同時，在沒有經過光照的葉子上也滴一些碘酒，這時，葉子的顏色保持不變。結果到底是不是這樣呢？做實驗觀察一下就可以知道了。

■ 視 覺 遊 戲 ■

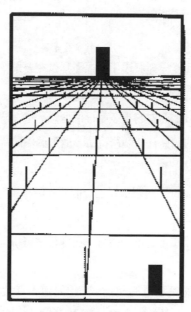

兩個黑塊一樣長嗎？

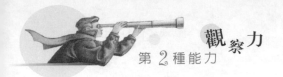
福樓拜的寫作經驗──
特徵觀察法

　　契訶夫年輕的時候曾經向歐洲大文豪福樓拜請教寫作經驗。但是，令契訶夫遺憾的是，福樓拜並沒有告訴他什麼特別寫作經驗，只是要求契訶夫走過每一個大門時，仔細觀察每一個守門人，並將其記錄下來。

　　契訶夫以為福樓拜要求他把每個守門人的特點都記下來。後來，在與福樓拜的交談中才發現，自己誤會了福樓拜的意思。

　　福樓拜說：「我要你觀察每一個守門人，不是要你找出這個守門人和其他守門人的不同，他的面貌、他的眼神、他的動作都是他獨有的。我要你記錄每一個守門人，是要讓別人能從所有守門人中迅速找出他來。」

　　其實，聰明的你可能已經發現了，福樓拜是在要求契訶夫在對同類事物進行觀察時，掌握其個體特徵，這種方法就是特徵觀察法。

　　在實際觀察中，我們面對的更多是一個個體，這一個體除了具有同類事物的類別特徵外，更重要的是具有其個體特徵，而這個個體特徵是與其他事物區分開來的特徵。

　　楊曉輝老師曾經就特徵觀察法寫過一個有趣的故事《辛巴學觀察》，故事如下：

　　獅子王穆法沙非常重視兒子的教育，在他學會寫拼音後，就送他去犀鳥沙祖家學寫作文。

　　沙祖老師讓辛巴描寫自己的父親。辛巴寫道：「我的爸爸有一個大大的腦袋，腦袋上有兩個炯炯有神的大眼睛，眼睛下是一個濕答答的鼻子，鼻子下是一張會吼叫的大嘴。他有四條腿，一條尾巴。」

沙祖老師看完，說：「第一次寫成這樣已經不錯了，再來寫寫你的母親吧！」

辛巴寫道：「我的媽媽有一顆大大的腦袋，腦袋上有一對炯炯有神的大眼睛，眼睛下是一個濕答答的……。」

沙祖老師搖搖頭，指著同學娜娜問：「她長得是什麼樣子？」

辛巴不假思索，張口就說：「娜娜長著一顆大腦袋，腦袋上有一對炯炯有神……。」

娜娜笑得東倒西歪。「辛巴，你好可笑，每個人都寫得一樣。哈哈哈！」

辛巴氣得撲向娜娜，大吼：「你敢嘲笑本王子！難道我寫錯了嗎？」兩隻小獅子頓時打了起來。

沙祖老師嘆口氣，搖頭晃腦地說：「現在現場直播小獅子打架。其中一隻長著一顆大腦袋，腦袋上面有一雙炯炯有神的……，另一隻也是長著一顆大腦袋，腦袋上面……。」

辛巴停止打鬧，問老師：「老師，您真是越來越囉嗦了。請講清楚一點，哪隻小獅子是我？」

老師反問：「難道我說的不對嗎？」

辛巴說：「不是不對。不過……，可是……。」

娜娜搶著說：「老師，您和辛巴一樣，描寫人物外貌很全面，但就是沒抓住特點，讓人搞不清您說的是誰。」

沙祖笑著說：「娜娜說對了，辛巴明白了嗎？」

辛巴紅著臉說：「我明白了。可是，所有的獅子都長著四條腿、一個腦袋。腦袋上都長著眼睛、鼻子和嘴巴。要怎麼區別他們呢？」

沙祖老師笑著說：「要想把人物外貌描寫得生動，讓人一看就知道寫的是誰，就要學會在觀察人物時，抓住他的特點。」

娜娜跳起來叫道：「我知道，我知道。就是要寫一個人和別人不一樣的地方。例如刀疤叔叔，就要提到他額頭上的傷痕和眼睛裡陰沈沈的目光，而沒有必要說大腦袋、四條腿什麼的。」

沙祖老師高興地說：「完全正確。那麼要怎麼做才能抓住事物的特點呢？大

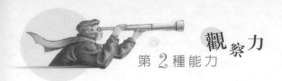

家要多留心觀察。辛巴，你懂了嗎？」

辛巴歪著腦袋想了想，笑瞇瞇地對大家說：「我有一個謎語，猜一人物，請大家猜一猜。」

沙祖老師說：「好，請大家猜看看他是不是抓住了人物的特點。」

辛巴模仿著老師的樣子，搖頭晃腦地說：「嘴巴大，身體小，高興起來尾巴搖。這隻鳥，愛叨嘮，一天到晚嘎嘎叫，懂得知識真不少……。」

不等他說完，沙祖老師就跳起來嘎嘎叫：「竟然把我說得這麼糟，看我不教訓你……。」

看到這裡，你應該已經知道，觀察事物一定要抓住事物的特徵，才能深入、具體地分析事物。例如，觀察烏龜的主要特徵是什麼？烏龜的特徵不在於眼睛、尾巴、腳等，而在於牠的背殼，這是烏龜有別於其他爬行類動物的特徵。

那麼，什麼是特點呢？簡單說，就是某事物區別於其他事物的特點。沒有特點的事物是不存在的，達文西說過，在一千顆雞蛋中，很難找到兩顆完全相同的雞蛋。抓住事物的特點，就是抓住事物最主要和本質的地方。例如觀察沸騰現象，其主要特徵就是液體表面和液體內部同時汽化。

如何在觀察中抓住特點？這要根據觀察的對象進行具體分析。大致可分成下列幾類：

物，可以抓住其外形、顏色、架構、功能的特點來觀察。

景，可以抓住其形態、顏色、聲音、季節的特點來觀察。

人，可以抓住其外貌、動作、神態、性格、品性等特點來觀察。

事件，可以抓住它發生的原因、事情經過、各階段特點來觀察。

要想抓住事情的特點，就要在觀察的同時多動腦。在分析中找特點，在與其他事物比較中找特點。

■ 練 一 練 ■

一、觀察你的鉛筆，它是用什麼做的？豎起來時是什麼形狀？切面是什麼形

狀？爲什麼鉛筆通常是六邊形？

　　二、仔細觀察你的媽媽，然後把觀察的結果告訴爸爸和奶奶，請他們回答你描述的是誰。從他們的回答就可以看出，你對媽媽的特徵觀察是否仔細。

■ 視 覺 遊 戲 ■

三個架子還是四個架子

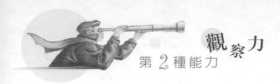

膽大心細——
細節觀察法

有位英國醫學院的教授，在上課的第一天對他的學生說：「當醫生，最重要的是膽大心細！」

說完，他將一隻手指伸進桌子上一個盛滿尿液的杯子裡，接著再把手指放進自己的口中吮吸。學生們驚異地看著教授，沒想到，教授隨後將那個杯子遞給一個學生，讓每個學生照著他的做法做。

學生們忍著噁心，像教授一樣把手指伸進尿液中，然後塞進嘴裡。

教授看著學生的狼狽樣很得意，最後他微笑地說：「哈哈，你們每個人都夠大膽。」

一會兒，教授神色凝重地說：「只可惜你們心不夠細，沒注意到我探入尿杯的是食指，放進嘴裡的卻是中指啊！」

你看過大偵探福爾摩斯的破案故事嗎？福爾摩斯是作家柯南·道爾筆下的主角，他是個學識淵博、觀察力敏銳的人。不管是多離奇、古怪的案件，經過福爾摩斯的偵察和分析，總是能夠發現蛛絲馬跡，真相大白。

有一次，福爾摩斯與他的助手華生同時鑑識一塊剛拿到的懷錶。華生只注意到懷錶的指針、刻度的設計和型式，找不到線索。而福爾摩斯憑藉手中的放大鏡，看到錶殼背面的兩個字母、四個數字和鑰匙孔周遭佈滿上千條錯亂的劃痕。經過縝密的思考，福爾摩斯認為：那兩個字母表示主人的姓氏；四個數字是倫敦當鋪的當票號碼，表示懷錶的主人窮困潦倒。而鑰匙孔周遭佈滿上千條錯亂的劃痕，說明懷錶主人在把鑰匙插進孔去幫錶上弦時，手腕總是在顫抖，代表這個人多半是嗜酒成性的醉漢。

福爾摩斯在破案過程中，沒有顧及這只懷錶的新舊程度和價值，而是緊緊抓

住與案件本質有聯繫的細節，深入觀察。

仔細想一想，你是否經常會注意老師的眼神？是否會經常注意同學的細小動作？這種從小地方著眼的方法，就是細節觀察法。細節觀察法通常能夠發現別人忽略的問題。

例如在考試前5天，某位英語老師在黑板上寫滿字；有動詞、詞組、句子和語法。班上共有60個同學，他們每週在這裡上課六天。考試一結束，大家都發現考試題目全部出自5天前寫在黑板上的資料。結果，全班只有兩名學生運用銳敏的觀察力，得到高分。而另外58人則如老師所料，成績與學期平均學習情況差不多。

細節觀察必須從小地方著手，平時觀察事物就要多注意細節。例如某警局招考偵察員，主考官告訴大家名單在另一棟房子裡的某本書中，夾在267和268頁之間。所有人都跑出去找名單，只有一人沒動，結果他被錄取了。為什麼呢？因為267與268頁是一張紙的正反兩頁，根本夾不住東西。

如果你平時注意觀察事物的細節，相信你的思維能力無形中就會得到提升，自然可以輕而易舉地做出判斷。

■ 練 一 練 ■

這是美國智力題專家奇爾出的觀察力測試題，許多成年人不知從何入手，而一些聰明的少年卻輕而易舉地解開難題。你是不是這個聰明的少年呢？圖中有輛公共汽車，有A和B兩個公車站。問：公車現在是要駛往A車站或B車站？

答案：駛往A方向。因為公車的車門通常在車頭的右側。

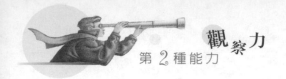

被冤枉的顏回——
客觀觀察法

　　有一天，孔子帶著他的徒弟們周遊列國，在一個國家裡餓了很多天，好不容易要到一點米，就讓顏回煮成飯給大家吃。

　　飯剛做好時，孔子發現顏回悄悄地抓了一把飯往嘴裡塞。

　　孔子很不高興，大聲訓斥顏回：「大家都餓，你怎麼可以自己先吃呢？」

　　顏回委屈地說：「我剛才打開鍋蓋時，看見飯裡有一個很髒的東西，我怕這個髒東西被別人吃掉，所以我就先把這個髒米飯吃掉了。」

　　孔子不禁為自己不細心而感慨。

　　你聽過鄰居疑斧的故事嗎？

　　從前有個人不小心遺失了一把斧頭，找了很久都沒找到。他想，一定是鄰居偷了他的斧頭。於是，他偷偷觀察鄰居的表情、動作，越來越覺得鄰居的一舉一動都像是偷了自己的斧頭。他鬱悶地想：「我早就料到他不懷好心，果然不出所料。」

　　第二天，他上山砍柴，卻發現斧頭就在樹旁，才想起昨天砍柴時忘記把斧頭帶回家。回家後，他又觀察鄰居的表情、動作。這時，再怎麼看，都覺得鄰居不像是會偷他的斧頭的人了。

　　為什麼會出現這種情況呢？這是因為這個人在觀察的時候已經帶有自己的主觀想法了，這種想法左右了他的眼睛，讓他產生了錯覺。客觀觀察法就是在觀察時不停留於事物的現象層面，堅持客觀原則，結合現象加以分析後才下結論的觀察方法。事物的現象與其本質並不總是吻合。例如你看到太陽從東方升起、在西方落下，就認為太陽是繞地球旋轉。但事實正好相反，應該是地球繞太陽旋轉。為了證明地球繞太陽旋轉的真理，伽利略和布魯諾付出了沈重的代價。

誠如毛澤東所說的：「沒有調查就沒有發言權。」要對某個事物下結論，就要對它進行觀察和調查，否則就不該輕易下結論。

昔日，中外地質權威認為中國沒有第四紀冰川。然而，著名地質學家李四光卻主張，我們不應該相信這些所謂權威的論斷，應該透過自己的觀察來證明。於是，他深入太行山東麓沙河縣一帶，深入研究這一帶的大石頭，根據客觀事實斷定，華北地區曾經發生過冰川。

我們在進行觀察時，很難按照事物的本來面目客觀地看待它，通常會受到自己的經驗、環境左右，根據自身的經驗和習慣來判斷，改變事物的真相。

有一位印象派畫家，為了反映人生苦難，畫了一幅在痛苦中掙扎的人。某天，他的兩個好朋友同時來到他家，他把這幅畫拿給他們看。

當醫生的朋友說，這幅畫絕妙地反映絕症病患的苦痛。另一位數學家朋友卻認為，這幅畫反映了他做不出數學題時的絕望情景。

同樣是觀察畫，年僅八歲的岳柱就能客觀地觀察。

元朝大畫家何澄根據劉義慶《世說新語》中記載的故事繪製了一幅《陶母剪髮圖》。畫中表現的是：晉國有一位叫陶侃的貧困青年，某天，朋友陸逵登門拜訪。因為沒有錢買酒招待，陶侃的母親在倉促之間，就把她的頭髮剪下來賣錢換酒。

這幅畫被年僅八歲的岳柱看到，岳柱毫不客氣地指出畫中不合理的地方：陶侃的母親手上戴著金手鐲，卻要剪下頭髮去換取酒食，這根本不合情理。因為金飾很值錢，可以用它去換酒，何必匆忙剪頭髮去換酒招待客人呢？

岳柱只是個孩子，在觀察畫時思維沒有受到《陶母剪髮圖》所宣揚的魏晉名士風度的侷限，而是根據自己對生活、對事物的直觀認識，找出不合情理的地方。這種客觀觀察的精神值得讚揚。

由此可見，客觀觀察法要求在觀察事物時千萬不要戴上有色眼睛，這樣，在觀察和認識事物時才不會有盲點。就像手電筒一樣，只照出一個光柱和一個圓圈，光線沒有照到的地方就被忽略了。正確的做法是要實事求是，根據觀察的結果判斷事物的性質。

【名人名言】前輩謂學貴有疑。小疑則小進，大疑則大進；疑者覺悟之機也。一番覺悟，一番長進。——明代思想家陳獻章

■ 練 一 練 ■

一、仔細觀察下列兩條線，哪一條線較長？

二、德國植物學家格貝里的一位朋友是畫家。有一天，畫家請這位植物學家到自己的工作室來看一幅新作《陷於罪惡》，並徵詢意見。格貝里仔細看了很久，突然說道：「蘋果畫得不對！」

「怎麼不對？」畫家覺得很奇怪，連聲問道：「為什麼不對？」

請你想一想，到底哪裡有問題呢？

答案：

一、兩條線段一樣長。

二、格貝里回答：「畫中夏娃給亞當的那個蘋果的品種是80年前才培育出來的。」格貝里的觀察力真敏銳，一眼就看出問題所在。

達文西畫雞蛋——
多角度觀察法

達文西是義大利文藝復興時期的偉大畫家。他的名畫《蒙娜麗莎》的迷人微笑，以及《最後的晚餐》中耶穌和眾門徒微妙的心理，給人難忘的印象。

達文西小時候就很喜歡畫畫，於是父親送他到歐洲的藝術中心佛羅倫斯，拜著名的畫家、雕塑家維羅奇歐為師。

維羅奇歐是個非常嚴格的老師，上課第一天，他要達文西畫蛋。讓他橫著畫、豎著畫，正面畫、反面畫。

達文西畫了一天就厭倦了，但是老師卻一直要他畫蛋，畫了一天又一天。

達文西想：畫蛋有什麼技巧呢？於是提出疑問。

維羅奇歐回答：「要成為一個偉大的畫家，就要有紮實的基本功。畫蛋就是鍛鍊基本功。你看，1000個蛋裡，不會有2個一樣的蛋。同一個蛋，從不同的角度看，它的形態也不一樣。透過畫蛋，能夠提升觀察力，發現每個蛋之間的微小差別，有助於鍛鍊手眼的協調，做到得心應手。」

達文西聽完覺得很有道理，從此更加認真地學習畫蛋，天天對著蛋畫，努力將各種繪畫技巧融於其中。

三年後，達文西的手彷彿有自我意識，想畫什麼就畫什麼，畫什麼就像什麼。

「橫看成嶺側成峰，遠近高低皆不同。」多角度觀察法，就是對觀察對象從不同的視角或角度進行觀察的方法。事物有很多特性，不同角度看到的事物都不一樣。例如在老師眼裡，你是個用功的好學生；在媽媽眼裡，你是個懂事的好孩

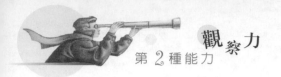

子；在弟弟眼裡，你就是一個勇敢、好強的哥哥。由於這些人從不同的角度評價你，所以你的形象就非常豐富。

傳說宋代畫家文與可，為了畫好竹子，頂著炎熱的驕陽，全神貫注地盯著一根竹子，臉曬得通紅，衣服被汗水濕透，但他好像沒有知覺一樣，仍然仔細觀察竹子在太陽下的情景。不知何時烏雲蓋住山頭，狂風大作，文與可並不打算離開，反而撩起袍襟，迎著咆哮的狂風，攀登到山頂，繼續觀察狂風吹亂的竹林。突然一聲雷鳴，頃刻大雨如注，竹葉上晶瑩的水珠又吸引了他。他不顧雨急路滑，跑向竹林，認真觀察帶水珠的竹子。經過多角度的觀察，文與可終於徹底瞭解竹子，並畫出最出眾、最富特點的竹子。

多角度觀察，對於思考問題、寫文章都很重要。如古詩《江雪》：「千山鳥飛絕，萬徑人蹤滅。孤舟蓑笠翁，獨釣寒江雪。」運用的也是多角度觀察法。

學會從多角度觀察同一個問題，有助於全面分析一個問題。例如許多老師習慣於用學生在考試時的分數評價該學生，這其實是片面的，而應該根據該學生的成績、表現、態度、品行等給予正確的評價。

多角度觀察法可以近看，可以遠眺，可以仰視，也可以平視，可以做到點面結合，全面瞭解事物或現象。例如觀察長城時，近看像城樓，遠眺像巨龍，俯視像蜿蜒的道路。只有全面觀察長城，對長城才會有全面性的瞭解。

多角度觀察也可以是辯證地看待事物的兩個方面。例如動態和靜態。以下有一則有趣的故事。

「動」與「靜」是一對冤家，見面總愛吵架。有一天，「靜」對「動」說：「你怎麼老是跟著我？讓我獨處一會兒不行嗎？」「動」回答：「那怎麼行，沒有我，別人怎麼認出你來？」「靜」不服氣地說：「你舉例說來聽聽。」「動」說：「古人筆下有這麼兩句詩：『蟬噪林愈靜，鳥鳴山更幽。』如果不寫『蟬噪』、『鳥鳴』的動態，怎能知道『林靜山更幽』呢？還有……。」「好了，好了。這麼說，我們是形影不離呀！」事實正是如此，動靜是結合的，在觀察事物時，一定要堅持辯證地觀察。

■ 練 一 練 ■

小遊戲：這個世界是什麼顏色的呢？

先戴上紅色的眼鏡來看，你會發現，眼前頓時充滿紅色的東西：紅色的臉、紅色的天空、紅色的海洋……。

再戴上藍色的眼鏡來看，眼前的東西全都變成了藍色。

如果再換成黑色的眼鏡，那麼，眼前就是一片黑色了。

這說明什麼呢？

■ 視 覺 遊 戲 ■

女孩還是老婦

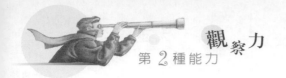

牛頓為什麼在風中行走？——
分析觀察法

　　小時候的牛頓，不僅喜歡觀察事物，還很喜歡研究事物的本質。某天夜晚，牛頓仰望天空，看著閃爍的星星，心想：為什麼星星、月亮能掛在天空呢？克卜勒說，星星、月亮都在天空轉動著，那它們為什麼不相撞呢？

　　這時，刮起了大風，狂風旋捲著沙石，人們都躲進了屋裡。牛頓卻衝出屋外，像瘋子似的頂著大風，獨自在街上行走。一會兒隨風前進，一會兒逆風而行。

　　牛頓的頭髮被大風吹得亂七八糟，渾身被雨淋得濕透。他到底想做什麼？

　　原來，牛頓很想知道究竟有多麼大的風力才能把東西吹跑？他要實地觀察順風與逆風的速度差，到底有著何種本質的差別。

　　你是否經常觀察母親的音容笑貌、言談舉止，並透過這些現象發掘她內心的想法？其實這就是分析觀察法，它是對「是什麼」進行「為什麼」的回答，或對「有什麼不同」進行「為什麼不同」的分析。例如為什麼下雨後會出現彩虹？

　　觀察事物不分析，得到的結果也會不確實。分析觀察法需要借助一定的思維，不僅要細心觀察，找出其特點、規律和本質的外在表現，還要對觀察中的問題進行分析，找出關聯性。

　　例如牛頓觀察蘋果落地，發現物體間具有相互吸引力，因而歸納出萬有引力定律。阿基米德浸在浴盆裡洗澡，發現浮力與排水量的關係，因而歸納出阿基米德定律。因此，學生在觀察各種現象時，須研究其本質，探索其規律。

　　科學家都擅長在觀察中分析，其實只要多留心，多提出問題，你也可以善用分析觀察法。

　　焦滌非在小學三年級時，有一天，跟父親來到鐵路邊。平時很愛觀察的焦滌非，發現鐵軌是一節節連接在一起，而且兩節鐵軌連接處都有縫。他想，為什麼不用一根長長的鐵軌，卻在連接處留下一道細縫呢？於是，他問父親，父親答道：「因為鋼鐵會熱脹冷縮，如果用一根長長的鐵軌或接頭處不留縫隙，那麼鐵軌在炎熱的夏天就會膨脹變形，導致火車出軌。」焦滌非聽完仍疑惑不解。父親只好說：「如果你不信，可以自己測量看看。」在父母的支援和協助下，他透過觀察測量發現，溫度的變化有一定的規律，氣溫每下降11℃，間隙就增大一公釐。經過近一年觀察，他做了詳細的觀察記錄，同時寫出鐵軌熱脹冷縮的觀察報告，結果獲得全國徵文比賽優秀獎。更重要的是，透過這一年的觀測，他不僅掌握了中學階段的物理知識，而且增加觀察和自然科學實驗的興趣。

　　由此可知，平常在觀察時要多分析，多問為什麼，然後根據為什麼再去觀察，這樣才可以得到你想要的答案。

■ 練 一 練 ■

一、讀故事，答問題。

　　王戎是西晉大將軍，年幼時就很聰明，喜歡觀察和思考。

　　有一天，王戎和一群朋友到郊外遊玩，當時正是李子成熟的季節。王戎和朋友們走了很久，累得口乾舌燥，突然，朋友們看到不遠處的路邊有一棵高碩的李樹，於是爭先恐後地奔向前去。李樹高大，枝頭掛滿紫色的大李子。一群人來到樹下，各憑本事，有的爬樹摘李子，有的用石塊打枝頭的李子。只有王戎一個人坐在路邊休息，大家覺得很奇怪，問道：「你不想吃李子嗎？」王戎微笑道：「我當然想吃，但這棵樹結的李子是苦的。」

　　眾人不相信他的話，費了很大的力氣，終於有一個人摘到李子，他高興地大咬一口，連忙吐出：「哇，好苦啊！」其他人陸續吃到苦李子，大喊上當。大家圍著王戎問：「你也是第一次來，怎麼會知道

這棵樹上的李子是苦的呢？」

你認為王戎是怎麼知道的呢？

二、據報導，某工程師到內蒙古奈曼旗出差時，發現那裡有個山村與眾不同：全屯男女老少個個明眸皓齒，尤其是婦女，顏面紅潤細嫩，白皙如玉。統計年齡，更有驚人之處，人均壽命高達83.14歲，比當時全國人均壽命68歲足長14、15歲，許多人四代同堂，連家畜家禽也從未發生過瘟疫。請分析一下，是什麼原因造成這個長壽村呢？

參考答案：

一、王戎回答：「樹長在路邊，天天有人從這裡經過，如果李子是甜的，早就被人摘光了。」朋友這才恍然大悟，敬佩王戎的巧智。由此可知，王戎在觀察時加入了分析，是個善於觀察的人。

■ 視 覺 遊 戲 ■

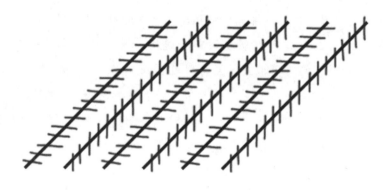

它們是直線嗎？

為什麼鹿角是熱的呢？——
質疑觀察法

　　有一天，英國科學家漢特去公園看鹿，發現每頭鹿都有漂亮的鹿角，漢特對鹿角產生興趣。他摸摸鹿角，發現鹿角是熱的。為什麼鹿角是熱的呢？漢特很好奇，仔細觀察了一下，發現鹿角裡佈滿血管。

　　他想，如果將鹿角的側外頸動脈綁住一段時間，結果會怎樣呢？

　　於是，他回家做實驗。把一個鹿角的側外頸動脈綁住後，發現鹿角頓時變冷，在一段時間內不再生長。

　　幾天後，鹿角又變暖了。漢特發現並不是繫帶鬆脫，而是附近的血管擴張了，輸送充足的血液。因此，漢特發現了側支循環及其擴張的可能性。

　　在這個發現的指引下，出現外科學上的漢特氏手術法。

　　質疑觀察法就是從某一觀察的現象、線索中的疑問之處著手，進行探索性的觀察、分析，找出問題的原因，發現解決問題的辦法。例如瓦特有一天看到水開時把水壺蓋子頂開掉到地上，他想，蓋子為什麼會被衝開？是什麼把它衝開？它究竟有多大的衝力？根據這些問題，進一步觀察、分析和實驗，終於瓦特發明了世界上第一台蒸汽機。

　　質疑觀察法與分析觀察法的不同是，分析觀察法是一邊觀察一邊分析，努力全面細緻地觀察事物的各個方面；而質疑觀察法則是先產生問題，再去觀察，然後在觀察中解決問題。

　　對事物產生疑惑，須根據疑惑仔細觀察，在觀察的基礎上繼續思考，這樣就能發現事物的真相。看到不一樣的事物就要問為什麼，要追根究柢。例如伽利略發現燈的擺動似乎存在著某種規律時，他就做實驗，仔細記錄實驗的數據。在實驗當中，伽利略發現，雖然兩根繩索起點不同，但來回擺動的時間和次數卻相

同。於是，他運用數學公式，給予精準的表述，提出了著名的「鐘擺等時性原理」。

■ 練 一 練 ■

某廠酸洗車間的工人25年間無人罹患癌症，而其他車間和周遭工廠卻是癌症的高發區和多發區。根據這個現象，你是否會存疑？

這其實是一個真實的故事，是中國科技工作者苟文彬遇到的事，他在查閱資料時得知這個現象時，提出質疑：「同一車間25年無癌症患者，這難道只是偶然的現象嗎？」於是，苟文彬對此展開深入的調查和觀察。結果，苟文彬發現車間的酸洗液裡有一種名為「烷基苯磺酸鈉」的物質。在經過烘乾程序時，這種物質把烘乾器上的金屬腐蝕後又融進酸洗液中，當它滴在輸送帶上受到高達數百度的溫度照射時，由各種元素合成的腐蝕物就發出一定量的電磁波，這就是該車間工人身體強健的根本原因。

接著，苟文彬展開「電磁輻射生物學」的研究。經過四年的努力，終於發明出具有消炎、止痛、改善微循環、促進新陳代謝、增強免疫力和自我調節機能等多種功效的「特定電磁波TDD治療儀」。由於治療效果顯著，還在南斯拉夫國際博覽會上被人稱為「神燈」，並獲得博覽會金獎。

光速究竟是多少？——
定量觀察法

你知道光的速度嗎？光一秒鐘能夠跑多遠呢？

對於光的速度，許多科學家運用各種方法進行測量。

1607年，伽利略做了一個光速的實驗。當時，他叫甲乙兩個人在夜間各帶一支手電筒，分立於兩座山頂上，甲先取下燈罩對乙發信號，乙在看到信號後，立即取下燈罩，對甲發出信號。伽利略根據兩山的距離和光往返的時間來計算光速。由於當時的技術條件有所限制，測得的光速並不精確。

1849年，法國科學家斐索用一個旋轉的齒輪測量光走過某一給定距離的時間，齒輪以一定的速度運動並讓光透過齒間。斐索測得的光速為313000公里／秒。

後來，法國科學家傅科用一面旋轉的鏡子測定光速。他讓鏡子以一定的速度轉動，使它在光線發出並從一面靜止鏡子反射回來這段時間內，正好旋轉一周。

隨著科技的發展，人們不斷地改進實驗裝置和技術，直到1932年用旋轉稜鏡測得光速為299774±2公里／秒。

1960年代，出現雷射器，光速的測定更加精確。1972年測定的光速值為299792公里／秒，與目前國際計量委員會承認的光速299792458±1.2公尺／秒已經非常接近了。

伽利略、斐索和傅科等科學家用來測定光速的實驗都是一種定量實驗。定量實驗是為了深入瞭解事物和現象的性質，揭露各因素之間的數量關係，確定某些因素的數值而進行的實驗。

定量實驗經常會用到。例如，對於求解的問題或設計的方案，一定要注意到

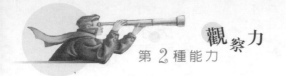
它的數量。要有基本的數量分析，都需要運用定量實驗。

運用定量實驗法，首先要明確它與定性實驗的關聯。

一般而言，定性實驗是定量實驗的基礎，只有先確定某些因素是否存在，不同因素之間是否有關聯，才能進一步安排定量實驗。同時，也只有透過定性實驗瞭解和掌握試樣的定性組成及其大約含量，才能正確地選用定量分析的方法。

例如，人們發現臭氧雖然與氧氣是同種元素組成的物質，但性質卻大不相同。臭氧比氧氣重，有特殊氣味。在雷雨時，閃電使部分氧氣轉變為臭氧，大氣中存在低濃度的臭氧，使雷雨後的空氣格外清新。臭氧有極強的除臭、殺菌、防霉效能。

生活中聞到的刺鼻氣味，如硫化合物的臭蛋味、醛類化合物的刺激性氣味、胺類化合物的血腥味等，與臭氧發生反應後的最終產物都沒有異味，沒有毒性，不存在二次污染的可能。基於這種發現，有人提出開發電冰箱電子滅菌除臭器的構想。透過定性實驗，可以解決利用臭氧能否殺菌除臭的問題。但在下列問題上，則必須依靠定量實驗。

電子線路能產生多高臭氧濃度？針對不同的消毒物品，應提供多少臭氧濃度？平均殺菌率約多少？能在多少時間內消滅電冰箱中危害人類的細菌和病毒？

如果不解決上述問題，開發設計的電冰箱滅菌除臭器無法成為顧客青睞的商品。

其次，定量實驗的突出特點是測試或測量。因此，你還必須掌握或瞭解相關量的測試或測量的方法。例如如何測量速度、溫度、高度及濃度等。只有真正掌握了測量的方法，定量觀察才可以進行。

■ 練 一 練 ■

如果有人想發明一種用於存放蔬菜、水果等食品的電子保鮮器，那麼除了設計出電路原理圖外，還應透過定量實驗解決哪些技術問題呢？

波義耳的發現——
奇異觀察法

一日早晨，化學家波義耳如往常到實驗室巡視。花匠走進他的書房，在房間的角落擺一籃美麗的深紫色紫羅蘭。波義耳隨手拿起一束紫羅蘭，一邊觀賞一邊走向實驗室。紫羅蘭豔麗的色彩和撲鼻的芬芳讓人心曠神怡，波義耳心情特別舒暢。

「威廉，有什麼新情況嗎？」波義耳剛走進實驗室就詢問年輕的助手。

「昨天晚上運來兩大瓶鹽酸。」助手向波義耳報告。

「我想看看這種酸，請從燒瓶裡倒出一點來。」

波義耳說著把紫羅蘭放在桌上，幫威廉倒鹽酸。鹽酸揮發出刺鼻的氣體，像白煙一樣從瓶口湧出，倒進燒瓶裡的淡黃色液體也在冒白煙。

「威廉，這鹽酸好極了。」波義耳高興地說，他從桌上拿起那束花，準備回書房。這時，他突然發現紫羅蘭上冒出輕煙。原來鹽酸的飛沫濺到花朵上了。他立刻把花放進水盆中清洗。令人驚訝的是，紫羅蘭變紅了。

這個偶然的奇異現象引起波義耳的興趣。他走回書房，把放滿鮮花的籃子拿到實驗室，對威廉說：「取幾個杯子，每種酸都倒一點。」

助手按照波義耳的吩咐，一個杯子倒進一種酸，然後在每個杯子裡放進一朵花。波義耳坐在椅子上觀察。深紫色的花朵逐漸變色，先是淡紅，最後完全變成紅色。

「威廉，看清楚了嗎？不只是鹽酸，其他各種酸，都能使紫羅蘭由紫變紅。」波義耳興奮地說：「這太重要了！要判別一種溶液是不是酸，只要把紫羅蘭的花瓣放進溶液就可以判斷了。」

「可惜紫羅蘭不是一年四季都開花。」威廉帶著惋惜的口氣說。

「你學會動腦筋了。爲了方便鑑別溶液的酸性和鹼性，我們該怎麼做呢？」波義耳對助手提出新的問題。

不久，他們研製出一種用石蕊浸泡過的指示紙，很方便地就能分辨出什麼是酸什麼是鹼。這對化學研究工作而言，具有重要的意義。

你是否會對事物的特點產生興趣，進而仔細觀察並找出原因？事實上，發現周遭事物的特點，並對此進行深入觀察就是奇異觀察法。這種觀察法在科學實驗中經常用到。

洞察奇異作爲發明創造方法之一，其內涵在於分析思考偶然發現的效應奇異現象，並以此爲基礎去創造前所未有的新技術或新產品。運用此法從事發明創造，要注意哪些要點呢？

首先，在觀察中要有好奇心。

當代著名物理學家李政道博士說：「好奇心很重要，研究科學離不開好奇。道理很簡單，只有好奇才能提出問題，解決問題。可怕的是提不出問題，邁不出第一步。」

確實如此，一個人對各種事物的好奇心越強烈，就越具有探索的目光。如果一個人對周遭的事物都視若無睹，就不可能發現新事物。正如愛迪生所說：「誰喪失了好奇心，誰就喪失了基本的創造力。」

其次，要培養洞察力。

善於洞察，才會有新的發現，才會捕捉到發明創造的契機。所謂善於洞察，就是要善於用敏銳的眼光去看，用科學的思維去想，不斷地將「觀」與「察」有機結合起來。

再者，就是要學會分析。

發現問題後，要善於對問題進行分析，找出問題的原因和規律等。在自然界中，經常會出現由於某種作用產生的效果或反應，如電磁效應、光電效應、磁場效應、溫室效應、臭氧層效應等。這些潛在的、未被發現的重要事實和發展趨

勢，總是要透過其現象突顯出來。如果你會分析其與常規效應不同的奇異現象，就有可能發現鮮為人知的知識。

■ 想 一 想 ■

據報載，英國某獵人舉槍射擊一隻雉雞，槍彈明明擊中雉雞，牠卻大搖大擺地從獵人眼皮底下飛走，留下的只是幾根雞毛！雷丁大學的科研人員聽到這新奇趣聞後，產生了高度的興趣，高價買下那幾根雞毛，展開新的研究。想想看，他們究竟想發明創造什麼？

■ 視 覺 遊 戲 ■

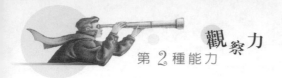
空氣有什麼特性？——
多感官觀察法

有一位老師，為了講解空氣的特性，請學生準備塑膠袋和橡皮筋。他叫學生用塑膠袋把空氣裝起來，然後用橡皮筋綁住袋口。

老師說：「為了深入瞭解空氣的特性，我們可以看一看、聞一聞、摸一摸、嘗一嘗、聽一聽，借助我們身上的五種感官來觀察空氣，同時把觀察結果記錄下來。」

學生們興致盎然，紛紛拿出塑膠袋和橡皮筋開始行動。有的在按袋子，有的湊近袋口使勁地聞。不時有學生大聲喊道：

「空氣是無色的！」

「空氣是透明的！」

「空氣是無味的！」

「空氣是無形的！」

就這樣，透過多感官觀察，學生們很快就掌握了空氣的特性。

多感官觀察就是借助人的各種感官去觀察事物的一種方法。人的感官一般有視覺、聽覺、嗅覺、味覺和觸覺。觀察時，用眼睛看，用手摸，用鼻子聞，用舌頭嘗，這都將有助於對事物進行全面的瞭解，訓練觀察的全面性，同時也會加深該事物在頭腦中的印象。

有這樣一個寓言：

有一天，人身上的五種器官相互爭吵起來。

「眼睛」瞪得圓圓地說：「沒有我，你們什麼也看不見！」

「耳朵」不服氣地說：「少了我，你們什麼也聽不見！」

「鼻子」哼了一聲：「要是沒有我，你們能聞到花的芳香嗎？」

「舌頭」伸得長長地說：「如果不是我，你們能嘗到美味佳餚？」

「身體」在一旁發起抖來。「眼睛」好奇地問：「你怎麼啦？」

「身體」說：「聽你們這樣爭吵，我渾身冷颼颼的，不知你們想過沒有，要是我們互不相讓，各自離散，那我們還有什麼存在的價值呢？」

因此，對於生活當中的各種事物，你都要學會運用自己的各種感官去觀察，發動你的眼、耳、口、鼻、手，盡力地去感覺事物，找到事物的各種特性。當然，這種觀察要注意安全。例如李時珍在觀察時，經常運用自己的多感官，結果就造成誤食有毒草藥的狀況。

■ 練 一 練 ■

一、觀察日出

請運用自己的各種感官去觀察日出，並把日出的場景用自己的語言描述出來，或者用相機把壯麗的日出場景拍攝下來或畫下來，各種形式都可以。

二、觀察蘿蔔

你應該看過蘿蔔吧，請你到市場上買各種蘿蔔，例如白蘿蔔、胡蘿蔔、圓蘿蔔、長蘿蔔等，回到家中，先仔細觀察各種蘿蔔的形狀和顏色，然後用手去摸。觀察每種蘿蔔有什麼特點，仔細地聞聞各種蘿蔔的氣味，嘗嘗每種蘿蔔的滋味。透過你的感官，各種蘿蔔的特性你就都掌握了。

達爾文的記事本——
觀察日記法

　　達爾文從小就對動植物很感興趣，喜歡觀察動植物。年幼的達爾文出於對觀察的興趣，已經對自己蒐集的標本做了一些簡單的記錄，有的還附簡單的插圖。有一天，舅舅看了達爾文的摘記後，對他說：

　　「只做摘記是不夠的，你要把自己當成畫家，但不是用顏色和線條，而是用文字。當你描述一種花、一種蝴蝶、一種苔蘚時，必須讓別人能夠根據你的描述立刻辨認出來。想要做好科學研究，就必須進一步提升文字表達能力，像莎士比亞一樣用文字描繪世界、敘述歷史、打動人心。」

　　聽了舅舅的話，達爾文特別準備了一本記事本，認真地記錄每次觀察的結果，並加入了自己的想法。20年後，達爾文根據多年來的觀察記錄，提出了《進化論》，成為世界著名的生物學家。

　　將觀察結果記錄下來，不僅是對觀察的總結，也是鞏固知識、累積知識的一種好方法。隨著觀察素材的不斷累積和豐富，簡單的隨感式摘記就顯得過於簡單，而必須寫觀察日記來總結觀察結果。

　　觀察日記法就是在觀察過程中記錄觀察的結果，並加入自己的分析。例如，中國古代地理學家徐霞客，年輕時走遍中國的名山大川，仔細觀察和考察，晚年就把自己的觀察日記整理出來，留下著名的科學著作《徐霞客遊記》。

　　觀察累積就是指把觀察到的現象和結果記錄下來，養成累積觀察資料的好習慣。它不但能透過對材料的系統化，提升觀察分析思考力，還能透過累積習慣的培養，形成良好的觀察自覺性，同時豐富想像和思維。許多科學家都非常重視撰寫觀察日記。

　　德國生理學家和實驗心理學家普賴爾，對自己的孩子從出生到3歲每天進行系

統觀察，有時也進行一些實驗性的觀察，最後他把這些觀察記錄整理成一部有名的著作《兒童心理》，於1882年出版，被公認為第一部科學的、系統的兒童心理學著作。

觀察日記可長可短，字數不定，形式自由。

例如，觀察養蠶可做觀察日記。某年某月某日，小蠶破殼而出。某月某日，第一次蛻皮。某月某日，第二次蛻皮。某月蠶身由黑變白。某月某日，蠶身由白變亮。某月某日，開始吐絲結繭。某日繭成。某日繭破蛾出。某日雌雄蛾子交配。某日產卵。此時，如果翻開日記，就會發現自己擁有了第一手資料。

■ 練 一 練 ■

準備一本記事本，記錄每次觀察的內容和結果。每個月整理一次，寫一篇觀察總結。

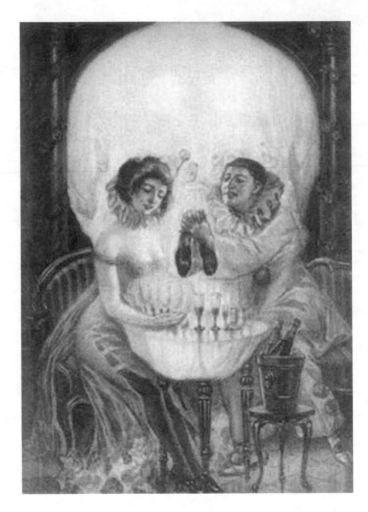

情侶還是魔鬼？

第3種能力
記憶力

■ 趣 味 閱 讀 ■

燕子的記憶

　　一百多年前，在美國加利福尼亞南部一個名叫聖胡安‧卡比斯特萊諾的小城鎮，有一個令人驚奇的奇觀。每年三月十九日，前一年冬天從這裡南飛九千公里多到阿根廷避寒的燕子總會準時飛回來。這一現象引起了人們的極大興趣。每年這一天，總會有許多旅遊者、科研人員等來觀看這個奇觀。

　　1983年3月19日，天還沒亮，小鎮的廣場上已經擠滿了人，人們耐心地等待著燕子的歸來。果然，不遠處傳來一陣聲音，這聲音越來越近。成千上萬燕子鋪天蓋地地飛抵了聖胡安‧卡比斯特萊諾。這時，古老的教堂響起了鐘聲，人們競相歡呼。

　　你的大腦透過運用一定的標準，對你留意到的新事物進行歸檔，然後將其存入你的記憶裡。這非常有趣，是嗎？

　　你曾經遊歷過許多處名勝古蹟吧？你曾經看過校園小說吧？你曾經聽過許多流行歌曲吧？你曾經思考過許多疑難問題吧？你曾經體驗過喜怒哀樂吧？雖然有些事已經過去了，但是有時候它們會浮現在你的腦海裡。大腦這種對經驗的再現，就是記憶。

　　記憶是指人的大腦對經驗過的事物進行貯存和再現的能力，通俗地說，就是把某東西記住，在某個時候想再次知道的時候就想起來。就好像你把某件東西放在抽屜裡，需要的時候再取出來一樣。

　　許多著名的人物都有著非凡的記憶力。

　　著名的橋樑專家茅以升可以背出圓周率小數點後面百位精確的數字。

　　著名植物學家吳征鎰在十年動亂中，在缺乏資料和標本的情況下，全憑記憶

力完成了近70萬字的兩部著作。

拿破崙對於當時法國海岸所設置大砲的種類與位置,都能正確記憶,並且能輕而易舉地指出部下報告中的錯誤。他甚至對各郵政驛站的距離也清楚記得,比當時法國的郵政大臣還厲害。

亞歷山大是馬其頓國王,他在33歲之前,就已經征服了大片土地,建立了橫跨亞歐非三大洲的大國。亞歷山大的記憶力也非常好,亞歷山大的老師就是有名的思想家亞里斯多德。他對記憶力非常重視,他用各種方法教亞歷山大增強記憶力。

事實上,一個人的記憶潛力是非常大的。據美國科學家研究,如果你始終好學不倦,你的大腦所能儲存的各種知識,將相當於美國國會圖書館藏書的50倍。而美國國會的藏書有一千多萬冊。你可以想像一下,你的大腦能夠裝下多少知識呀!

由此可見,人腦就像是一個圖書館,你學習的、記憶的東西都會保存在這個圖書館內。你需要用的時候,就可以從圖書館借出來。但是,如果圖書館的書庫中根本就沒有進過那本書,怎麼可能借給你呢?記憶是過去經驗在人腦中的反映。首先你要去記,才可能在腦海中記住。

人的記憶能力並不是先天遺傳的,主要是靠後天的鍛鍊。

1991年,在倫敦舉行的第一次世界記憶大賽上,34歲的英國人奧布奈恩用機械記憶和圖像記憶的方法奪得了冠軍,他只用了2分29秒便記住了一副撲克牌的順序。他說:「我的記性並不好,至今汽車鑰匙找不到的事情仍時而發生,只不過我在強記撲克牌的順序方面進行了努力的鍛鍊罷了。」

二十世紀的美國心理學家胡德華斯教授也做過這樣一個實驗:

他選了一群具有同等記憶力的人,將他們分成兩組,一組讓他們接受記憶方法的訓練;另一組則沒有讓他們接受記憶方法訓練。經過一段時間後,胡德華斯教授讓兩組人員記同樣的內容。結果,接受記憶方法訓練那組成員的成績明顯要好於沒有接受記憶方法訓練那組。

由此可見,記憶力是靠鍛鍊出來的,正確的記憶方法可以提升記憶效果。也

第 3 種能力 記憶力

許你有過這樣的經歷，當你在背誦課文時精神非常好，注意力非常集中，背起來也特別輕鬆，而且記憶的時間也很長。可見，記憶力是以注意為基礎的。如果在記憶過程中注意力高度集中，發現事物的規律，掌握科學的記憶方法，那麼你的記憶力也可以很強。

■ 測 一 測 ■

你有沒有這樣的經歷：

在考試之前，明明做好充足的準備，但是當你走進考場的時候，腦子突然就像電腦當機一樣，什麼也想不起來。而當你走出考場的時候，卻發現這些題目對你來說其實都很簡單。

這時候，你肯定希望自己具有過目不忘的記憶神功，能夠迅速從大腦中找到自己想要的東西。當然，要想具有過目不忘的記憶神功，你首先要瞭解自己的記憶類型，然後再針對自己的記憶類型去鍛鍊自己的記憶力。

我們先來測測你的記憶類型吧！請認真做下列記憶測試題。

一、仔細看下圖中的物品約3分鐘，盡力記住它們，然後蓋上圖片，回想物品的名稱，並寫下來，不用考慮物品的順序。等所有能夠想起的物品名稱寫完後，翻開圖片進行對照，並計算自己的成績。答對一個記一分。

這道題目在測試你的視覺記憶，其中，16～20分為優秀；13～15分為良好；10～12分為一般。

二、請一位同學以中等的速度朗讀下面20個詞語，每念一個停頓10秒鐘，然後你馬上記下聽到的詞語。只朗讀一遍，答對一個記一分。

上網	優秀	閣樓	生氣	幸福	新聞	閱讀	歸納	回答	藍天
聽覺	成績	蘋果	訓練	學校	和氣	任務	聯想	下雨	創造

這道題目在測試你的聽覺記憶，其中，16～20分為優秀；13～15分為良好；10～12分為一般。

三、請別人幫忙隨機寫下20個詞語，然後請你以中等速度大聲朗讀3遍，讀完後把自己讀過的這20個詞語寫下來。答對一個記一分。

這道題目在測試你的朗讀記憶，其中，16～20分為優秀；13～15分為良好；10～12分為一般。

四、下表中是三組測試用的數字，三組數字的位數是一樣的。請一位同學幫助閱讀數字，先讀第一組第一行，然後停頓1秒鐘，再讀第二組第一行，再停頓1秒鐘，最後讀第三組第一行，再停頓1秒鐘。每次停頓時，你需要複述聽到的數字，只有並列三組數字的複述都正確才可得分，並轉入下面一行的測試。

789	837	362
1532	2857	4578
28456	27576	86379
185487	987148	578291
0987578	1947603	0946184
85631153	86763992	74655926
828359674	793764830	478998658
4643178998	2857654993	2547510942
93651523068	97667823236	98874469197
560977164238	567832465745	084265897218

怎麼樣？經過以上的測試，你有沒有對自己的記憶力及其類型有一定的瞭解？總之，這對於你提升記憶力是有很大的幫助的。

【名人名言】應當用不斷的複習來防止遺忘，而不是等到記憶以後再重新去記。——俄國教育家烏申斯基

怎樣提升自己的記憶力呢？

第一，培養對記憶內容的興趣。

興趣是學習的老師。居禮夫人說：「科學研究本身就包含著美，其本身給人的愉快就是報酬，所以我在我的工作中尋得了快樂。」這說明，不管這門課有多深奧，只要你認真深入地學習了這門課程，善於發現其中的樂趣，你就會對這門課程產生極大的興趣，學習這門課也會變得很輕鬆，記憶也就不再成為負擔。

第二，遵循記憶規律。

記憶有自身的規律，這是由遺忘規律所決定的。專門研究記憶的心理學家艾賓浩斯做過一個著名的實驗。實驗的結果是：熟記13個無意義的音節後，僅過一個小時，就遺忘了7個；兩天後，又遺忘了不到1個；六天後，雖然遺忘還在進行，但是速度更慢了，只會遺忘不到半個。可見，當記憶過程一結束，遺忘就開始了。遺忘的速度是先快後慢，記憶剛結束，在短時間內就會遺忘很多，越往後則遺忘越少。

第三，利用一切事物輔助記憶。

記憶有時候需要借助其他事物的幫助，例如，有些人習慣邊寫邊記，有些人習慣邊聽邊記，這都是借用了其他輔助物，這種記憶方式的好處是容易讓記憶產生興奮，刺激大腦，在腦中留下深刻的印象。

第四，持之以恆。

許多有超強記憶力的人，都有持之以恆的強記知識的習慣。馬克思喜歡背詩歌。他從少年時代起，堅持用一種自己不太熟悉的外語去背誦詩歌，日久天長，他的記憶力也越來越強。列夫‧托爾斯泰也有驚人的記憶力，別人問他原因，他說：「背誦是記憶力的體操。」原來，列夫‧托爾斯泰每天早晨都要強記一些單字或其他內容的知識，就是這種持之以恆的記憶習慣，使他的記憶力越來越好。

第五，在最佳的環境中記憶。

環境也是促進記憶的一個重要因素。例如，節奏緩慢、變化少的音樂能夠幫助記憶；記憶時，光照不要太暗，但也不能太亮，要柔和適中；房間內東西的擺放要整齊，雜亂無章容易干擾視線，影響記憶等。

當你做好了以上幾項工作，你的記憶就不會那麼費勁了。

■ 視 覺 遊 戲 ■

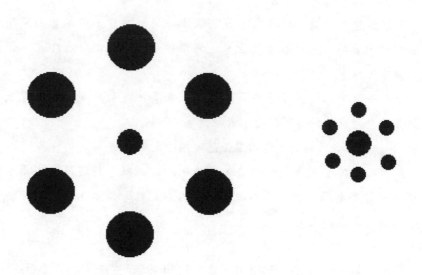

中間的原點是一樣面積嗎？

要用腦子想，用心記！——
有意記憶法

【名人名言】作爲學習基礎的應當是理解而不是記憶，理解可以大大提高記憶力。——德爾普費耳德

宋朝有個陳正之很喜歡看書，看書的速度又特別快。每次，他一看到一本書，就拿起來讀，不用很長時間，他就看完了。別人都很羨慕他，以爲他讀了很多書。

雖然陳正之讀了很多書，花了很多時間和精力，但是當人家問到書中的內容時，他往往答不上來，好像讀的書一點都沒有印象。於是他非常苦惱。

有一天，他遇到了當時著名的學人朱熹，就向朱熹請教。當朱熹聽了他介紹自己讀書過程後，對他說：

「讀書不要只圖快，要用腦子想，用心記！」

陳正之接受了朱熹的勸告，每讀完一段，就想想這段文字講了什麼，有什麼要點，並且留心把重要的內容記住。後來，陳正之終於成了一個有學識的人。

在司湯達的小說《紅與黑》中，當主人公于連受人之託傳送一封長信時，爲了防止中途出事，而將全文默記在心。託信的人問他：「你眞能完全記住？」他答道：「只要我不怕忘記，就記得住。」可見，有意識地去記憶，記憶效果就比較好。陳正之一開始之所以記不住自己讀過的內容，並不是他記性不好，而是因爲學習目的不明確，記憶的時候不用心。這樣，記憶的效果自然就不好了。

有意記憶法就是指有一定的記憶任務，採取一定的措施，按照一定的步驟，付出一定的意志和努力，進行有意識記憶的方法。

有個老師做過這樣一個實驗：

第一次，他給兩個班的學生出了默寫課文的作業，都說第二天要測驗，結果，兩個班級的成績差不多。

第二次，他跟一班的學生說第二天要默寫課文，但是，沒有跟二班的學生說第二天要默寫課文。結果，一班學生的成績明顯要比二班的學生好。這就是因為學生把測驗作為了目標，並有意識地去記憶。

有意記憶時，首先要有明確的目的，任務明確，就能調動心理活動的積極因素，全力以赴地實現記憶的任務。任務越明確、越具體，記憶效果就越好。例如，我今天要把這十個英語單字記住。這個明確的目的能夠讓你全力以赴去記憶這些單字。又如，把單字寫在小卡片上，每當有時間的時候就拿出來記一遍。

其次，要主動地有意識地去記憶。例如，把自己關在房間裡，拿出十張卡片，反覆進行記憶，只要感覺自己沒記住，就不出來，這樣效果就會比較好。在記的過程中，還要及時進行複習與檢查。這樣，日積月累，你的詞彙量就會大大增加。

再次，有意記憶要有意志努力的參與，也就是我們常說的「專心致志」。要下決心記住一段材料，就要進入「兩耳不聞窗外事」、「頭懸梁，錐刺股」的境界。例如，今天十個單字沒有記住，就不去玩。如果面對要記的東西，連連叫苦不迭，或漫不經心，或知難而退，都不會取得好效果。

■ 練 一 練 ■

給自己設置一個目標，每天有意識地去記一些東西。例如每天5個單字；每天一段文字。

「愛因斯坦」原來是司機——
重複記憶法

愛因斯坦創立「相對論」後，各大學紛紛請他去做學術報告，愛因斯坦整天奔波於各個大學之間，十分疲勞。

有一次，愛因斯坦的司機說：「教授，你太累了，下次讓我代你去做吧！我聽了那麼多次你的演講，你講的那些東西我都能背了。」

愛因斯坦欣然同意：「好極了！下次就讓你去，你扮作我，我扮作你的司機，坐在台下休息。」

果然，司機在台上講得頭頭是道，愛因斯坦暗暗佩服司機的記憶能力。

報告終於結束了。這時，一位教授向台上的「愛因斯坦」提出一個複雜的問題。「愛因斯坦」頓時傻了眼，但是他靈機一動，對這位教授說：「這個問題太簡單了，我的司機就可以回答您的問題。」

他把坐在台下的真愛因斯坦叫上台來，代他回答了問題。真愛因斯坦從容地回答了這位教授的問題。這時候，學生們都驚嘆地說：「想不到愛因斯坦博士的司機也如此有學問啊！」

重複是學習之母。不重複，記住的知識就會在遺忘率的支配下慢慢遺忘。

明末清初有個思想家叫顧炎武，他有很強的記憶力，不僅能夠背誦十三經，而且在天文、數學、歷史、地理等各方面都有很強的造詣，知識十分淵博。

其中，十三經是13種古書，約有59萬字，記這麼多內容，顧炎武是怎麼做到的呢？顧炎武的法寶就是重複。

據《先生讀書訣》記載：「亭林十三經盡皆背誦。每年用三個月溫理，餘月用以知新。」這裡的亭林就是顧炎武，說的就是顧炎武十三經都能背誦，但他每年都會花三個月時間來複習讀過的書，其餘的時間才是用來學習新的內容。可

見，顧炎武之所以記憶很牢固，就是因為重複記憶。

在學習中，總有一些材料和內容是無意義、無聯繫的，例如數理化公式，對於這些材料就可採用機械重複的記憶方法，強迫自己去記住那些不易記住但又必須記住的材料。

重複記憶的最大特點就是反覆記憶，捨得下功夫。著名科學家茅以升在80多歲時，仍能背出圓周率小數點後一百多位數值。當人們問到他的記憶秘訣，他的回答是：「重複！重複！再重複！」其實，重複不僅有鞏固記憶的作用，而且還可以加深對知識的理解。很多知識很枯燥，在剛學的時候總是掌握不住內在的關聯，但是，每重複一次就可以把前後的內容串聯起來，理解也就更透徹了。

重複記憶法需要一些技巧：

一、要及時複習。

心理學家認為，第一次複習要及時，當天學習的內容要當天複習，第二次複習也不要間隔太長時間。兩次複習的時間間隔至少應大於30分鐘，但應小於16小時。因為30分鐘內就開始複習，會對大腦鞏固原有的記憶內容的生理過程形成干擾，反而無利於記憶效果；16小時以後再複習，則所記內容已經被遺忘得太多，等於浪費了前面的精力。再往後，複習的間隔時間就可以長一些，每次複習用的時間也可以少一些。

二、閉上眼睛回憶。

為了加深記憶，在讀完一課或一本書以後，可以閉上眼睛，把一個個場景、數字或單字像放電影一樣再現，以此來強化記憶。因為閉上眼睛可以斷絕外界的種種視覺刺激，使思維高度集中。

三、要多次重複。

「學而時習之」，這個道理我們每個人都懂，但是真正能堅持下來的人卻不多。許多人往往溫習過一、兩次，考完之後就不再過問。這樣，時間一長，記憶的東西又忘得一乾二淨。

一般來說，多次重複最好這樣進行：

第一次複習，在學習知識後立即整理筆記，記住其要點，並用自己的話複述

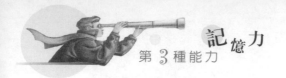

一遍，這是保持記憶的最好方法。第二次複習，重新看一遍筆記，然後將要點用自己的話複述一遍，有不明白的地方，及時查閱相關的資料。第三次複習，一週後進行，並將新學的知識與以前所學的東西聯繫起來記憶。以後每隔一、兩週再重複一遍，這樣，記憶效果必然很好。

四、注意變化著重複。

多次複習往往容易使大腦疲勞，同樣的東西在眼前多次出現，很難保持我們的注意。《天方夜譚》的譯者理查·波頓爵士能流利地說27種語言，但他承認，他每次練習或研究某種語言絕不會超過15分鐘，「因為一超過15分鐘，頭腦就失去了對它的新鮮感。」

因此，首先，我們可以將學習對象變化一下，複習一章數學，可以再次背誦一下公式定律，看一看例題；也可以做些題目；也可以講給別人聽；還可以將這章的內容製成表格或畫成圖畫。

其二，我們還可以變換一下複習的方式，如要複習一篇課文，可以朗讀、背誦；可以抄寫、默寫；可以聽錄音帶、看影片光碟；還可以做老師，將課文的要點講給同學聽。

其三，我們還可以變換一下複習的內容。假設你要學英語：晚上學一課，第二天早晨複習一遍，接著第二天晚上在學新課文之前或之後再複習一遍。如果你除了學英語，同時還要學會計、代數、法律和地理，那就把你的學習時間分得短一點，例如每個科目各學半小時，時間一到換下一科，同時在學了第一遍之後盡早複習。

■ 練 一 練 ■

選擇一門自己最討厭的課程，根據上面的方法進行重複記憶。一定要認真進行，一個月後，請你再回想一下上月所學的內容，看是否出現了你意想不到的奇蹟。

理解的東西才能記住！——理解記憶法

有一次，列寧去一個遠離莫斯科的城市視察工作。在火車上，列寧帶了好幾本厚厚的書，並專注地看著。這時，坐在列寧對面的一位同事問道：

「這麼多書，您看完之後記得住嗎？」

列寧說：「當然可以記住，不相信您可以提問。」

列寧把書遞給了對面的同事。那人真的拿起書來向列寧提問。結果，列寧居然全部答對了。

「簡直是超人的記憶力啊！」那位同事敬佩地誇獎起來。

沒想到列寧笑呵呵地說：「也沒什麼。這種閱讀已經習慣了，學習總要抽空才行的嘛。要想記住，首先要理解，理解的東西，才能記住，記住才能會用啊。」

曾經有兩位哲學講師作過這樣的比較，他們背誦了席勒的詩和洛克的哲學論文，結果對於抽象的哲學論文的記憶效果反而比詩歌的記憶效果要好得多。原因就是他們是哲學講師，對洛克的哲學論文有較好的理解。

理解記憶法就是在已有知識的基礎上，透過積極思考，根據知識之間的內在聯繫進行記憶，達到深刻理解記憶材料的一種方法。在學習中，大多數材料都含有一定的意義，如科學概念、定理、定律等都需要運用已有的知識去進行理解，才能記住。理解記憶的效果遠遠高於機械記憶。

理解記憶的前提是要理解材料的內容，弄懂內容之間的邏輯關係，以及與以前學過知識之間的關係。

例如，李白的《靜夜思》：「床前明月光，疑是地上霜，舉頭望明月，低頭思故鄉。」這首詩歌如果你不理解它的含義，恐怕很難記憶，但是，由於你知道

它的意思，加上詩歌有韻律，琅琅上口，所以記憶得快、記憶得牢。

　　因此，首先要看內容是否有意義，如果是有意義的就要堅持「先理解、後記憶」的方法，而不要逐字逐句進行記憶。例如背古文是許多同學非常頭痛的，其實古文都是有意義的，關鍵是你要把古文裡的實詞、虛詞都弄懂，掌握全文的主要意思，這樣背起來就比較輕鬆。

　　其次，多重複。已理解的內容就一定能記住嗎？這可不一定。已理解的東西也往往需要重複才能記住。這是因為人的大腦需要有個接受的過程，如果光理解了就以為自己都記住了，那肯定是不對的。而怎樣重複，我們在上面已經講得很多了，就不再贅述。

■ 練 一 練 ■

先仔細閱讀下面這首詩，然後努力理解這首詩的意思，並把它背出來。

《回鄉偶書》

賀知章

少小離家老大回，

鄉音無改鬢毛衰。

兒童相見不相識，

笑問客從何處來。

周恩來的記憶歌——
口訣記憶法

周恩來總理是個記憶力極強的人，他對中國的省、市、自治區情況極爲熟悉。

當年，周恩來曾把中國三十個省、市、自治區編成這樣的歌訣：

兩湖兩廣兩河山，

三江雲貴吉福安，

雙寧四台天北上，

新西黑蒙青陝甘。

其中，第一句指湖南、湖北、廣東、廣西、河南、河北、山東、山西；第二句指江蘇、浙江、江西、雲南、貴州、吉林、福建、安徽；第三句指寧夏、遼寧、四川、台灣、天津、北京、上海；第四句指新疆、西藏、黑龍江、內蒙、青海、陝西、甘肅。

在非洲許多原始部落裡，因爲沒有文字，所以部落之間的消息都要靠傳消息的人負責把消息硬記下來，然後到另外部落再講出來。由於部落之間距離比較遙遠，往往要走上十天半月才能到達。這些傳消息的人爲了不遺忘消息，就把所有的消息編成有押韻的歌謠來幫助記憶。這種把記憶內容根據其特點變成歌謠、民謠、順口溜的形式來記憶的方法就是口訣記憶法，也稱歌謠記憶法。口訣記憶運用很廣泛。例如大家熟知的九九乘法歌、英語字母歌、珠算口訣等。

運用口訣記憶時，口訣要準確反映記憶材料。

如一年二十四節氣有立春、雨水、驚蟄、春分、清明、穀雨、立夏、小滿、芒種、夏至、小暑、大暑、立秋、處暑、白露、秋分、寒露、霜降、立多、小雪、大雪、多至、小寒、大寒。

每個節氣間隔半個月。一般來說，在7月以前，每個月裡面的兩個節氣，一個

在6日，一個在21日；在7月以後，每個月裡面的兩個節氣，一個在8日，一個在23日，可能一、兩天的出入。這樣多的內容怎麼記住呢？如果把它編成口訣，那就容易記憶多了。

> 春雨驚春清穀天，
>
> 夏滿芒夏二暑連；
>
> 秋處露秋寒霜降，
>
> 冬雪雪冬小大寒。
>
> 上半年為六二一，
>
> 下半年為八二三；
>
> 每月兩節不更變，
>
> 最多相差一兩天。

瞧，口訣基本包涵了所要記憶的內容。這樣，記憶起來就方便多了。

又如中國歷史朝代，可編成歌訣：「夏商周秦西東漢，三國兩晉南北朝，隋唐五代及兩宋，元明以後是清朝。」

口訣記憶要善於抓住記憶內容的關鍵，把所記憶內容壓縮成短短的記憶口訣，幫助自己記憶。千萬不能長長的一個歌謠，增加記憶的難度。如果你編的口訣與要記憶的內容不太相關，或者比較生澀，不僅不能幫助記憶，反而會引起記憶困難。

例如，數學中的三角誘導公式中可概括出兩句口訣：「奇變偶不變，符號看象限。」短短兩句概括了54個三角誘導公式的共同特點。要是把54個三角誘導公式的具體情況全都說一遍，就不容易記憶了。

口訣最好根據需要由自己動手編寫，自己創造的東西容易在大腦中留下深刻的印象，幫助記憶。事實上，你也發現了，許多需要記憶的材料，老師已經幫我們做好了口訣或歌謠，但是記憶的時候，還是覺得比較難一些。原因是什麼？就是因為這不是你自己整理的，是老師的口訣。如果是你自己想出來的口訣，肯定會記得很牢。

其實，只要你留心記憶內容的特點，就能找出關鍵的字詞，把它做成口訣。

■ 練 一 練 ■

一、用口訣法記憶實數的絕對值。

二、用口訣法記憶標點符號。

三、用口訣法記憶中國歷史的朝代。

參考口訣：

一、「正」本身，「負」相反，「0」爲圈。

二、《標點符號記憶歌》

一句話說完，寫上小圓圈（。句號）

句中有停頓，小圓點帶尖（，逗號）

並列語句間，點個瓜子點（、頓號）

並列分句間，逗號頂圓點（；分號）

引用原話前，上下兩圓點（：冒號）

疑惑或發問，耳朵墜耳環（？問號）

命令或感嘆，滴水下屋簷（！感嘆號）

文中要解釋，月牙分兩邊（（）夾註號）

轉折或註解，直線寫後邊（──破折號）

意思說不完，六點緊相連（……刪節號）

三、盤古三皇五帝更，夏商周（西周、東周）秦兩漢（西漢、東漢）成，蜀魏吳爭晉（西晉、東晉）南北（南北朝），隋唐五代宋（遼、金）元明清。

（註：三皇指伏羲、燧人、神農，五帝指黃帝、顓頊、帝嚳、唐堯、虞舜。）

千萬孤獨？──字頭記憶法

在一次國文課上，老師教了柳宗元的《江雪》。經過老師的講解，同學們都瞭解了詩歌的內容，但是老師卻要同學們在課堂上當場記住這首詩，這可難倒了樂樂。儘管他默讀了幾十遍，還是把四句詩的順序搞錯，背了上句忘了下句，這時，同桌的彬彬使勁向樂樂眨眼，說：

「樂樂，看在我們同桌的份上，我教你一個好方法吧。」

樂樂懷疑地看著彬彬，有點不太相信，因為彬彬一向比較淘氣，他能有什麼好方法？但是，樂樂還是虛心地請教了彬彬。彬彬神氣地說：

「『千山鳥飛絕，萬徑人蹤滅；孤舟蓑笠翁，獨釣寒江雪。』這四句話可以概括為『千萬孤獨』，這樣，你在背誦的時候，只要記住第一句，其他的幾句也就想起來了。同時，你要想像在江中釣魚翁有千萬種孤獨的感覺。這個方法保證讓你很快記住這首詩。」

根據彬彬的方法，樂樂果然記住了這首詩。

其實，彬彬用的方法就是字頭記憶法，這種方法就是抓住知識的主要內容、緊扣住關鍵字眼，把複雜的知識材料加以凝練、濃縮來記憶。字頭記憶法可以壓縮訊息，增強記憶。例如，四大石窟──雲崗石窟、龍門石窟、麥積山石窟和莫高窟石窟，由於四個石窟之間沒有必然的關聯性，記的時候經常會遺忘其中的某個，這時就可以提取四個石窟的首字雲、龍、麥、莫，記作「雲龍賣饅」，並想像成一個叫雲龍的人在賣饅頭。

字頭記憶法的關鍵是要把記憶材料的首字提取出來，經過編排組成有意義的句子。當然，這裡可以採用諧音等方法使句子有實際的意義。如上例中的「雲龍

賣饅」就是採用諧音的方法，把麥、莫諧音成賣饅，從而加強記憶效果。

又如，四大佛教聖地——九華山、五台山、普陀山、峨嵋山，取其字頭為九、五、普、峨，為了使這四個字組合起來有意義，我們可以記作「九五之尊，普照峨嵋」。這樣，在記憶的時候不僅非常容易，而且記憶效果也非常好。

太陽系九大行星水星、金星、地球、火星、木星、土星、天王星、海王星、冥王星的名稱和順序可以記憶為「水金地火木土天海冥」，不僅記憶量大減，而且也可以一口氣念完，輕輕鬆鬆便能記住。

與口訣記憶一樣，字頭記憶最好也是自己編排的字頭，這樣，才能比較快地記住，記憶效果也比較牢固。

■ 練 一 練 ■

一、用字頭法記憶「四書五經」。

四書：《孟子》、《論語》、《大學》、《中庸》；

五經：《詩》、《禮》、《春秋》、《易》、《書》。

二、用字頭法記憶「春秋五霸」。

春秋五霸：齊桓公、宋襄公、晉文公、秦穆公、楚莊王。

參考記憶：

一、可記作：四叔（書）猛（《孟子》）掄（《論語》）大（《大學》）鐘（《中庸》），武警（五經）詩（《詩》）裡（《禮》）存（《春秋》）遺（《易》）書（《書》）。

二、可記作：近聞（晉文）齊桓采松香（宋襄），鋸斷秦木（秦穆）留楚椿（楚莊）。

女間諜智破密碼——
編碼記憶法

　　哈莉是第一次世界大戰期間著名的女間諜，她非常美貌、風流和大膽，這些優點恰恰被德國間諜機關看中。於是她成爲了德國的間諜，代號爲H-21，多次在法國的外交官和高級將領中刺探情報。據說，她使聯軍損失了10萬人，1917年被法國軍事法庭處死。

　　一次，哈莉竟然在法國莫爾根將軍書房中的祕密金庫裡，偷拍到了重要的新型坦克設計圖。當時，這位貪戀女色的將軍讓哈莉到他家裡居住，由於哈莉已知將軍的機密文件放在書房的祕密金庫裡，於是經常在莫爾根將軍熟睡以後開始活動。但是非常困難的是，金庫用的鎖是撥號盤，必須撥對了號碼，金庫的門才能打開，她想，將軍年紀大了，事情又多，近來特別健忘，也許他會把密碼記在筆記本或其他什麼地方。但是，哈莉經過多次查找都沒有著落。

　　一天夜晚，她將放有安眠藥的酒灌醉了莫爾根，躡手躡腳地走進書房。金庫的門就嵌在一幅油畫後面的牆壁上，撥號盤號碼是6位數。哈莉從1到9逐一透過組合來轉動撥號盤，都沒有成功。眼看快要天亮了，她感到有些絕望。忽然，牆上的掛鐘引起了她的注意，她到書房的時間是深夜2時，而掛鐘上的指針卻總是指向9時35分15秒。這很可能就是撥號盤上的祕密號碼，否則掛鐘爲什麼不走呢？但是9時35分15秒應爲93515，只有五位數。哈莉再想，如果把它譯解爲21時35分15秒，豈不是213515。她隨即按照這6個數字轉動撥號盤，金庫的門果然開了。

　　原來，莫爾根年老健忘，他怕自己忘記，就利用編碼法來記憶這6個數字，只要一看到鐘上指針的刻度，便能推想出密碼，而別人絕不會覺察。可是他的對手是受過專門訓練的老手，她以同樣的思維識破了機關。

古希臘雄辯家西摩尼得斯在記憶演講文章時，往往把自己家的每一部分與講演的主要內容結合起來。把講演的第一要點與正門聯繫，第二要點與接待室聯繫，第三要點與桌子聯繫。進行講演時，按自己家中物品順序想下去，就能把演說的要點回憶出來。如果他把家中的物品改成數字，也就是說把記憶的內容與相應的數字或符號對號記憶就是編碼記憶法。

進行編碼記憶時，要把需要記憶的內容編上自己容易記憶的數字或符號。

例如，我們把身體的各部位自上而下地編號為：1、頭；2、額；3、右眼；4、左眼；5、鼻子；6、腹；7、背……。如果說「2」，馬上回答「額」；說「5」，馬上回答「鼻子」。

編碼的關鍵是要有規律，如上例中是自上而下，其實也可以是自下而上等其他形式，只要有規律，怎樣編碼都是可以的。

長串的數字其實並不可怕，只要你把一系列數字分成兩個或三個連在一起的小組，再加以一定的聯想或找出小規律，就可以編成一組編碼進行記憶。

例如，212344 可以記憶成 21＋23＝44。

編碼記憶在聽人講話或讀書時也可應用。我們聽講時有必要詳細記住重點，我們讀書時也可以將重點一個個編碼，以便記憶。

編碼記憶還可以與其他記憶法一起使用，這時候，你就可以記住更多的東西。如上例中我們可以利用它，再與其他應該記憶的事項進行聯想。例如「2」是飛機，就聯想飛機撞擊自己的額頭，即透過「2→額頭→飛機」的聯想，記住飛機；又如「4」是三峽，就聯想昭君左眼裡的淚水流入三峽很清澈，這樣透過「4→左眼→三峽」，記住三峽。

■ 練 一 練 ■

把房間裡的東西編上號碼，具體地說，先在腦子裡浮現出房間裡物品的形象，然後編上號，以後只要想起編號，就能馬上想起房間內的各種物品。

把五官都動員起來！——
協同記憶法

【名人名言】哪裡沒有興趣，哪裡就沒有記憶。——德國文學家歌德

蘇聯心理學家沙爾達科夫做了這樣一個實驗：

他用三種方法讓三組同學來記十幅畫的內容。

對於第一組學生，老師只告訴他們畫的內容，並不給他們看畫的真實內容；對於第二組學生，老師只給他們看畫的內容，並沒有跟他們講畫了些什麼；對於第三組學生，老師一邊給他們看畫的真實內容，一邊給他們講述畫了些什麼。

幾天以後，老師要求學生們複述畫的內容。結果，第一組學生只能說對60％，第二組學生能說對70％，第三組學生則能說對86％！

人們都有這樣的體驗：以前所學過的溜冰、舞蹈、畫畫之類與動作相關的內容最不容易忘記；詩詞、歌曲等吟唱的內容次之；光用眼睛看過的書籍、畫報等披露的內容最易忘記。學習外語，光看不讀、不寫的單字，比較容易忘記，既看又讀、寫、用的單字，不容易忘記。其原因在於它們屬於不同的記憶。

光用眼睛看的默記，是大腦對視覺符號的記憶，稱為「視覺符號記憶」；讀、寫和運動性的記憶，包含專管運動的小腦對肌肉運動的記憶，稱為「運動記憶」。「視覺符號記憶」遺忘速度較快，而「運動記憶」遺忘速度較慢，甚至終生不忘。

協同記憶法就是在記憶過程中盡可能把自己的眼、耳、口、手等各種感官都動員起來「協同訓練」的一種記憶方法，透過看、聽、念、寫達到最佳的記憶效果。在觀察當中，我們曾經講過多感官觀察，協同記憶法其實就是多感官記憶法。

中國第一部教育專著《學記》指出：「學之當於五官，五官不得不治。」這就是說，學習沒有經過五官活動，五官不參加學習活動，是學不好的。研究表

明，人從視覺獲得的知識能夠記住25％，從聽覺獲得的知識能夠記住15％，如果把視覺與聽覺結合起來，則能夠記住65％。學習時動用眼、耳、手、口都來參與，建立多方面的、多管道的暫時神經聯繫，記憶的效果就會大大提升。

協同記憶法應用於學習實踐，主要應體現在把聽、說、讀、寫、思和實際操作結合起來。

人讀書講究「三到」，即眼到、心到、手到。著名學者朱熹在《訓學齋視》中指出：「凡讀書，須要讀得字字響亮，不可誤一字，不可少一字，不可多一字，不可倒一字，不可牽強暗記，只是要多誦數遍，自然上口，久遠不忘。」文學家蘇東坡在多年的求知生涯中，養成了抄書的習慣。他的抄書，往往不是爲了累積資料，而是爲了加強對書的內容的記憶。這兩位先賢的做法，也許就是建立在對協同記憶法良好效果有深刻體驗的基礎上的吧！

由此可見，在記憶的過程中，你必須充分發揮各處器官的作用，盡可能地運用各種器官來協助自己提升記憶速度和記憶效果。

■ 練 一 練 ■

運用協同記憶法記憶以下幾個精美的英文格言：

All mankind are beholden to him that is kind to the good.

行善者，人人銘記之。

It's the easiest thing in the world for a man to deceive himself.

自欺是世上最易之事。

How few there are who have courage enough to own their faults, or resolution enough to mend them!

承認並改正錯誤，需要有足夠的勇氣和決心。

Trick and treachery are the practice of fools, that have not wit enough to be honest.

傻瓜習慣於詭計和背叛的伎倆，他們還沒聰明到學會眞誠待人。

Let thy vices die before thee.

讓惡習先你死去。

He that doth what he should not, shall feel what he would not.

若做了不應該做的事，則將產生自己所不希望有的感覺。

The brave and the wise can both pity and excuse, when cowards and fools shew no mercy.

勇者和智者均有同情諒解之心，而懦夫和愚者則毫無憐憫之意。

When you're good to others, you are best to yourself.

善待他人，即是最善待自己。

You may be more happy than pinces, if you will be more virtuous.

如果你能多做善事，你會比王子還要幸福。

■ 視 覺 遊 戲 ■

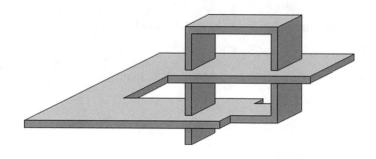

不可能的架子

山巔一寺一壺酒──
諧音記憶法

從前有個愛喝酒的私塾老師。一天，他給學生們出了一道題目，他要求學生們在放學前把圓周率背到小數點後30位，如果背不出來，就不准回家。老師說完，就在黑板上寫下了一串長長的數字，然後就出門了。

學生們眼睜睜地望著這一長串數字3.141592653589793238462643383279，個個愁眉苦臉。但是想到背不出來就不准回家，大部分學生還是搖頭晃腦地背了起來，只有一些頑皮的學生溜出私塾，跑到後山玩，並在山頂上發現老師正與一個和尚在涼亭裡飲酒作樂，於是就扮著鬼臉，鑽進了林子。

夕陽西下，老師酒足飯飽，回來考學生。那些死記硬背的學生結結巴巴、張冠李戴，而那些頑皮的學生卻背得清脆圓順，老師覺得非常奇怪。

原來，有一個學生在林子裡看到老師時，靈機一動就把要背誦的數字編成了諧音咒語：「山巔一寺一壺酒，爾樂苦煞吾，把酒吃，酒殺爾，殺不死，遛爾遛死，扇扇刮，扇耳吃酒。」他一邊念，一邊還指著山頂做喝酒、摔死、遛彎、扇耳光的動作，念了幾遍，終於都把它記住了。同玩的學生也用這個方法記住了30位小數點。

你在記憶的時候也經常諧音吧？是不是把「Chinese」記成「卡你死」？把「desk」記成「迪斯卡」？

諧音是記憶的竅門。在記憶過程中，我們可以把某些零散的、枯燥的、無意義的識記材料進行諧音處理，以形成新奇有趣、富有意義的語句，這樣就容易記住了，這種方法就是諧音記憶法。

例如，馬克思出生和去世年代分別爲「1818年」和「1883年」，可運用諧音記作「一爬一爬，一爬爬山」。$\sqrt{2}=1.41421$，就讀作「意思意思而已」。

又如，蘇州一家出租汽車公司的電話號碼爲778888，爲了加深人們的印象，公司的廣告詞裡寫道：「要汽車、找出租：778888，請接叭叭叭叭。」這樣，人們輕而易舉就記住了該公司的電話號碼。

數字諧音成文字的比例是最多的。如電話號碼、歷史年代、數學公式等。當然，與數字諧音的文字也是很多的。例如：

0：零淩菱陵玲羚齡拎鄰憐聆林淋琳臨霖鱗磷靈；

1：衣依醫佚益邑夷姨易溢裔翼譯亦意抑；

2：兒而爾耳餌洱；

3：山杉刪珊衫散扇煽；

4：似飼嗣司飼肆私師獅仕市柿氏視私絲死屍石識史是室寺思撕斯；

5：吳吾巫毋午梧誤惡物屋汙烏武舞務；

6：劉留流溜瘤柳；

7：奇歧崎齊旗棋迄泣氣契乞啓豈起戚淒騎期祁企器漆其；

8：叭笆巴吧疤拔把靶琶；

9：究舅久糾韭酒就救舊揪廄臼。

當然，數字諧音並不一定要跟音一致，還可以加入聯想的成分。例如，人們經常把考試得0分稱爲「零蛋」分，於是0可以諧音爲「蛋、但、旦」等，同時，0又可以理解爲圓圈，則可諧音爲「圓、圈、院、緣」等。因此，2710045780可以諧音爲「你去一院，但是我去八院」。

運用諧音記憶法，需要根據具體材料而定，一般適用於簡短的、無意義的零散材料，尤其是數字材料。地理課本上寫道：「拉丁美洲的國家有宏都拉斯、巴拿馬、哥斯大黎加、尼加拉瓜、薩爾瓦多、瓜地馬拉（現譯危地馬拉）。」如果我們用紅筆把各國爲首的一個字圈出，就成了「洪巴哥尼薩瓜」。如果我們借助諧音，就念成「紅八哥你傻啦」。再在腦子裡想像一隻紅羽毛的八哥，傻裡傻氣的樣子，很快就可將這些國家名記住。

■ 練 一 練 ■

運用諧音記憶法記憶下面幾個數字：

（1）189158

（2）91958

（3）873721

（4）31381

（5）聖母峰的高度8848.13公尺

參考記憶：

（1）要發就要我發。

（2）救一救我吧。

（3）不管三七二十一。

（4）三要三不要。

（5）爬、爬、死爬，登一山。

聰明的高斯──
規律記憶法

德國大數學家高斯在小學念書時，數學老師叫布特納，是當地小有名氣的「數學家」。

這位來自城市的數學老師總認為鄉下的孩子都很笨，感到自己的才華無法施展，因此經常很鬱悶。有一次，布特納在上課時心情又非常不好，就在黑板上寫了一道題目：

$1+2+3\cdots\cdots+100=$？

「哇！這麼多個數相加，要算多少時間呀？」學生們有點無從下手。

正當全班學生緊張地一個數一個數相加時，高斯已經得出結果是5050。同學們都很驚奇。

布特納看了一下高斯的答案，感到非常驚訝。他問高斯：「你是怎麼算的？怎麼算得這樣快？」

高斯說：「$1+100=101$，$2+99=101$，$3+98=101$……然後$50+51=101$，總共有50個101，所以$101\times50=5050$。」

原來，高斯並不是像其他孩子一樣一個數一個數地相加，而是透過細心觀察，找到了算式的規律。

經過歸納整理的訊息好像是成串的葡萄，需要的時候一提就是一大串，而沒有經過加工的訊息就好像是一顆一顆散落的葡萄，需要的時候只能是一顆一顆地拿，往往會拿不住而掉下。

據說愛因斯坦的一位朋友告訴他電話號碼改為24361，請記下，愛因斯坦並沒用筆記，但立即說記住了。朋友很驚訝。愛因斯坦說這個數字很好記，24361就是兩打（12×2）+19的平方。這種記憶技巧來源於愛因斯坦對數字運算規律的

熟悉。

一般來說，事物之間總是有一些規律存在，找出事物之間的關聯和規律來促進記憶的方法就是規律記憶法。例如歐姆定律I＝V/R，理解電流與電壓成正比，電流與電阻成反比，這樣就很容易把歐姆定律記住了。考試時就會運用自如，考出好成績來。

利用規律記憶法，對英語單字的記憶效果提升也是很重要的。

英語構詞法之一派生法也叫詞綴法，就是在詞根前面或後面加上前綴或後綴就構成了新的詞。例如work（工作）後面加綴er，就構成了新的詞worker（工人）。英語構詞法之二合成法。例如c1ass（課）＋room（房間）就構成了class-room（教室）。every（每一）＋one（一）就構成了everyone（每人）。some（一些）＋body（人）就構成了somebody（某人）。my（我的）＋self（自己）就構成了myself（我自己）。

又如，816 449 362 516 941，稍加整理分為9組：

81 64 49 36 25 16 9 4 1

於是變成：$9×9＋8×8＋7×7＋……1×1$。最後把「＋」號去掉，這串長長的數字就記住了。

依據不同內容特點，還可尋找其他規律。例如，人體有105個骨關節，206塊骨骼，639條肌肉，還可以編成一個順口溜：105，206，6（加）3（得）9—639。

掌握事物的規律要善於分析和總結。例如，我們的漢字架構是比較複雜的，但是你如果注意分析就會發現，偏旁有時表義，有時表音，往往韻母不同，寫法也不同，掌握了這個規律，就不容易寫錯了。

■ 練 一 練 ■

運用規律記憶法來記下面的數字：

（1）36457

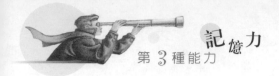

（2）475869

（3）8765241

（4）581 215 192 226

（5）293 336 404 347

（6）春分：3月21日前後，夏至：6月22日，秋分：9月23日，多至：12月22日前後。

參考記憶：

（1）36457，6移後2位為34567，口訣為6退2位。

（2）475869，可以整理成：47 58 69；從47開始，＋11，再＋11；或一眼看出它是4、5、6與7、8、9兩組連續數的交叉。

（3）8765241，與87654321相比，少了3，且4需要前進1位，口訣為缺3，4進1位。

（4）581 215 192 226稍加整理分為七組：5 8 12 15 19 22 26，然後，從5開始，依次＋3 ＋4 ＋3 ＋4 ＋3 ＋4。

（5）293 336 404 347稍加整理分為6組：29 33 36 40 43 47，依次＋4 ＋3 ＋4 ＋3 ＋4。

（6）從春分算起，月份分別為3、6、9、12，均為3的倍數，而日期分別約為21、22、23、22。

它們有什麼區別？──
比較記憶法

在國文課上，老師在黑板上寫下了己、已、巳三個字，要求同學們在五分鐘內查出這三個字的意思並記住這三個字。五分鐘後，老師果然擦掉了這三個字，並叫同學起來回答自己是怎樣記憶的。

但是，大部分同學還沒有完全記住，有些同學雖然記住了，也是靠死記硬背的。這時候，老師叫到了凱凱，凱凱說：「『己』是自己的『己』，『已』是已經的『已』，『巳』是干支次序表中的『巳』。記憶的時候，我比較了這三個字，發現它們的外形很像，但是不同之處就是封口上，於是我就記憶爲『不封口爲己，半封口爲已，全封口爲巳』。」

聽了凱凱的回答，老師非常高興。

爲了記住相似的內容往往需要對它們進行比較區別，上例中的凱凱就是對三個字採用了比較，才達到較好的記憶效果的。比較記憶法就是對相似而又不相同的識記材料進行對比分析，搞清楚乃至把握住它們的差異和共同點的記憶方法。透過比較，可以使我們精確地認識各種事物的固有特點，也認識同類事物的共同特點。

比較記憶法主要有兩種比較技巧：

一是同中求異。

在記憶過程中，你會發現有許多事物都具有相似性。因此，在識記過程中，要在事物的共同點或相似點的基礎上盡量找出其不同點。因爲事物越相似，記憶越易發生錯識。有的細節往往是某個事物區別於另一事物的關鍵，要記得準，記得精確，不出或少出差錯，就要把容易混淆的事物的細節放在一起進行對比，找出每個事物的特殊點，從這些特殊點去記憶。

例如：在記憶以下幾個相似的字時，就可以運用同中求異法。

燒（ㄕㄠ）、澆（ㄐㄧㄠ）、繞（ㄖㄠˋ）、撓（ㄋㄠˊ）、僥（ㄐㄧㄠˇ）、饒（ㄖㄠˊ）、曉（ㄒㄧㄠˇ）、嬈（ㄖㄠˊ）。

可以這樣來記憶：用火燒（ㄕㄠ），用水澆（ㄐㄧㄠ），用絲繞（ㄖㄠˋ），用手撓（ㄋㄠˊ）；靠人是僥（ㄐㄧㄠˇ）倖，食足才富饒（ㄖㄠˊ），日出爲拂曉（ㄒㄧㄠˇ），女子更妖嬈（ㄖㄠˊ）。這樣，透過把相似的幾個詞放在一起組詞後記憶，不僅不會記錯字，而且對這幾個字的意義也更加明瞭了。

二是異中求同。

許多看似不相關的事物，只要你認真去比較，就會發現它們之間具有一定的聯繫。記憶是建立在聯繫的基礎上的，要有效地進行記憶，就必須確定事物之間的聯繫，而且這種聯繫越緊密，記憶便越易建立和鞏固。如果只看到事物之間的不同點，而看不到它們之間的共同點和相似點，就很難把它們保持在自己的記憶之中。

例如，13的平方爲169，14的平方爲196。13和14的平方本來是不同的，但是兩者的相似之處就是169和196中只有6和9的次序不一樣，數字卻一樣。

又如，地球陸地面積爲1.49億平方公里，地球距太陽的距離爲1.49億公里。兩者中，一個是面積，一個是距離，顯然不同。但是，相似點有兩點，一是都跟地球相關；二是數字一樣，不一樣的是單位，面積爲平方公里，距離則爲公里。

對於比較複雜的問題，可以用表格或集中在一起進行比較，例如：

		原生質的合體	
新陳代謝	同化作用	能量的貯存	物質代謝
	異化作用	能量的釋放	
		原生質的分解	

一個用心編製出來的圖表，會使你思路清晰，記憶深刻，以後要回想時，只要想到這個表格，表格上的其他內容都能夠輕鬆地想起來，這樣，記憶的內容就

非常牢固了。

■ 練 一 練 ■

運用比較記憶法記憶下面的內容：

（1）自然數與整數。

（2）汽化與液化。

（3）分子與原子。

（4）「七國之亂」和「八王之亂」。

參考記憶：

（1）自然數即正整數（1、2、3、4、5、6、7、8……），其性質是：有最小，無最大，有順序性，永遠可以施行加乘兩種運算。整數包括正整數、負整數和零，其性質是：無最小，無最大，有順序性，永遠可以施行加減乘三種運算。

（2）物質從液態變爲氣態叫做汽化，從氣態變爲液態叫做液化。

液體汽化時吸熱，氣體液化時放熱。

液化的方法有兩種，一種是降低溫度，另一種是加壓。

（3）分子是保持物質化學性質的最小微粒，原子是化學變化中的最小微粒。

有些物質是由分子構成的，如水、氧氣；還有些物質是由原子直接構成的，如汞。

（4）「七國之亂」與「八王之亂」都是統一國家內部的戰亂，兩者的區別有以下幾點：

※「七國之亂」發生在西漢初漢景帝時期，「八王之亂」發生在西晉初晉惠帝時期。

※「七國之亂」是七王聯合對付朝廷，「八王之亂」是八王混戰。

※「七國之亂」三個月內被平定，「八王之亂」歷時16年。

周恩來的超強記憶力——
重點記憶法

　　1956年春天的一個中午，著名老畫家齊白石事先未聯繫，突然訪問周恩來，周恩來留他吃了午飯之後，親自送他回家。

　　齊白石見家裡沒什麼好東西招待客人，便叫人去買了一盤蘋果。周恩來馬上削了一個遞給齊白石。

　　齊白石風趣地說：「請客人先用。您也是『不速之客』，我們沒有準備，對不住，對不住。」

　　周恩來邊吃邊笑著說：「今天款待我吃蘋果，蠻不錯嘛，比您過去『寒夜客來茶當酒』好多了。」

　　齊白石一聽，會心大笑，他遇到了最貼心的知音。

　　原來，「寒夜客來茶當酒」是齊白石三十年代所作的一幅畫上的題詞。這幅畫許多人都沒有見過，周恩來記得如此清晰，除了他的記憶力特別好之外，恐怕是特別欣賞這幅畫，印象特別深的緣故。

　　也許你發現了，每當你記憶一篇文章時，記憶並不是按順序進行的。往往是先記住了其中一段，也許是第一段，也許是中間的某一段，都有可能，然後再記住更多的，直到全部記住為止。這是為什麼呢？原因就是記憶有一個自動選擇的機能，它往往根據自身的興趣來選擇要記憶的重點。

　　重點記憶法又叫選擇記憶法，就是在記憶過程中對記憶材料加以選擇和取捨，集中精力記牢重點部分的記憶方法。據說，前蘇聯莫斯科大學有一位大學生，他在圖書館的石階上走路時不小心摔了一跤，大腦受到撞擊。從此，不可思議的事情產生了，他的記憶好得不能再好，什麼東西都過目不忘，像《真理報》這樣的大報，從頭版到第八版，只要他閱讀後，每篇文章都能倒背如流。但令人遺憾的是，他的頭卻疼痛如裂，因為記得太多了，大腦得不到休息。因此，記憶

應有選擇，記憶那些最重要、最有意義、最有價值的材料。

在學習中，並不需要把全部內容都記住，事實上，這也是不可能的。當代語言學家呂叔湘說：「我們各門學科都有一些基本知識要記住，基本公式、規律要記住，這是對的，但是，不是所有零碎、繁瑣的東西都要記住。書上都寫著在那裡，到時候你去查一查就行了。」是呀，如果你什麼都記，反而會記不住重點。

愛因斯坦曾經遇過這樣一件事。在他獲得諾貝爾獎的時候，一群好奇的青年想考考他的記憶力，他們問愛因斯坦：「請問，聲音在空氣中的傳播速度是多少？」

面對這個提問，愛因斯坦幽默地回答：「關於聲音的速度問題，十分遺憾，確切的數字現在我答不上來，不過這完全可以在物理課本上找到答案，而我的頭腦要留著思考書本上還沒有的東西。」

正如英國小說家柯南道爾在《血字的研究》中寫道：「人的腦子本來像一間空空的閣樓，應該有選擇地把傢俱裝進去，只有傻瓜才會把他碰到的各式各樣的破爛雜碎一股腦兒裝進去。這樣一來，那些對他有用的知識反而被擠了出去，或者，最多不過是和許多其他的東西攪雜在一起。因此，有取用的時候也就感到困難了。」可見，讀書需要抓住重點去記憶。

一種很好的重點記憶法就是，先用筆或紙蓋住你認為難以記憶材料的內容，那些被覆蓋的部分自然無法看見，而再讀這些材料時，可以想出被蓋的部分是什麼內容。實在不能記住，則挪開筆或紙，反覆幾次，便記住了。

當然，抓住重點記憶並不是說不用記其他的內容，而是在抓住重點之後，再記其他內容就比較容易了。例如，秦末農民戰爭的原因可概括為「稅重、役多、法酷」，這樣，你就可以比較全面地記住了。

前蘇聯作家巴烏斯托夫斯基說：「記憶，好像是一個神話裡的篩子，篩去垃圾，卻保留了金沙。」事實正是如此，運用重點記憶法就可以幫助你篩到金沙。

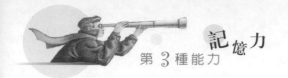
■ 練 一 練 ■

與同學一起閱讀下面這段文章，然後分別寫下自己的讀後感，你會發現你的感想和記住的內容與其他人的不一樣，然後，與同學談談各自的想法。

卡內基的事業剛起步時，在密蘇里州舉辦了一個成人教育班，並且陸續在各大城市開設了分部。他花了很多錢在廣告宣傳上，同時房租、日常辦公等開銷也很大，儘管收入不少，但過了一段時間之後，他發現自己連一分錢都沒賺到。由於財務管理上的欠缺，他的收入竟然只和支出打平，一連數月的辛苦努力竟然沒有什麼回報。

卡內基很苦惱，不斷抱怨自己的疏忽大意。這種狀態持續了很長一段時間，卡內基整日悶悶不樂，神情恍惚，無法將剛開始的事業繼續下去。最後他跑去找中學時的生理老師喬治‧約翰遜。

「不要為打翻的牛奶哭泣。」喬治‧約翰遜聽完卡內基的訴說後只說了一句話。

聰明人一點就透，老師的這一句話如同醍醐灌頂，卡內基的苦惱頓時消失，精神也振作起來。

「是的，牛奶被打翻了，漏光了，怎麼辦？是看著被打翻的牛奶哭泣，還是去做點別的。記住，被打翻的牛奶已成事實，不可能被重新裝回瓶中，我們唯一能做的，就是找到教訓，然後忘掉這些不愉快。」這段話，卡內基經常說給學生，也說給自己聽。

用故事串起記憶——
故事記憶法

夏目漱石是日本的一個作家，他的主要作品有《我是貓》、《草枕》、《虞美人草》、《三四郎》、《從此》、《門》、《行人》、《一直到對岸》、《道草》、《明暗》。這麼多的作品要根據順序來記憶可不是一件容易的事。

日本有名的記憶專家坂井照夫卻一點都不認為難，他很輕鬆地就把夏目漱石的所有作品按順序記了下來。原來，坂井照夫是這樣來記憶的：

我是貓，枕草枕睡覺，草枕上畫著虞美人草，三四郎踐踏虞美人草，三四郎從此入門，門前蹲著來往行人，行人一直到對岸採道草，道草是有明暗之別的道路。

聽說過「花椒、大料、飛機、大砲」的故事嗎？

沒印象？不可能！

故事是這樣的：

媽媽叫小明去商店買花椒、大料，小明害怕忘記，一路上便口中念念有詞。誰知小明一不小心，摔了一大跤，這下可壞了，花椒、大料變成了飛機、大砲。

故事是每個同學比較喜歡看的。為什麼呢？當然是因為故事有情節、有內容，不但容易讓人記住，而且比較有意思。故事記憶法就是把需要記憶的內容編進故事當中，以達到記憶目的的記憶方法。坂井照夫就是運用故事記憶法，按順序記住了夏目漱石的各種作品。

例如，魯迅的文章有《狂人日記》、《孔乙己》、《從百草園到三味書屋》、《一件小事》、《故鄉》、《社戲》等。我們便可以這樣來記憶：《狂人日記》寫的是《孔乙己》《從百草園到三味書屋》的過程，後來，他做了《一件小

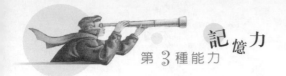

事》，回到《故鄉》，看了一場《社戲》。你也可以這樣記憶：魯迅寫完《狂人日記》後，《從百草園到三味書屋》，找到《孔乙己》，請他幫忙做《一件小事》，然後回到《故鄉》看《社戲》。看，我們把魯迅的六篇作品編成故事後，是不是很好記？

又如，茅盾心裡很矛盾，他在《子夜》寫完《白楊禮贊》後，反覆考慮著是不是要去《林家鋪子》養《春蠶》，因為蠶不會蛀《蝕》白楊樹。這樣，我們就可以輕輕鬆鬆地把茅盾的五篇作品：《子夜》、《白楊禮贊》、《林家鋪子》、《春蠶》、《蝕》給記住了。

同樣，老舍的作品：《茶館》、《駱駝祥子》、《龍須溝》、《四世同堂》也可以這樣來記憶：老舍把他的房舍改成了《茶館》，並告訴《駱駝祥子》不要去《龍須溝》，要回老家過《四世同堂》的日子。

在記憶一些詞語或短句時，不妨把它們編成一個故事，這個故事不要求真實，也不要求合邏輯，只要能夠讓自己記住就行。例如，用30秒的時間來記下面這組詞語，然後按順序複述出來。

鞋油、皮鞋、衛生紙、牛奶、作業本

你可以這樣來編個故事：

笨笨早晨起床時還迷迷糊糊的，刷牙時一不留神竟把鞋油塗到牙刷上，這時候，媽媽過來了，幸虧媽媽的提醒，要不然，笨笨可要出糗了！媽媽說：「鞋油是用來刷皮鞋的！」雖然笨笨使勁地用衛生紙擦牙刷，但牙刷還是不能用了。笨笨不想聽媽媽的責備，於是匆匆喝完牛奶，就帶著作業本上學去了。

這樣，你很快就記住了要記的內容，而且不會搞錯順序，更重要的是，記憶在你看來已經不是那麼討厭了，這樣，你對記憶其他內容也會非常有信心。

怎麼樣？故事記憶法夠好玩吧？事實上，就像廣告所做的一樣，故事誇越張、越荒謬離奇且出人意料，你的印象就會越深刻，記憶效果自然也就越好了。

■ 練 一 練 ■

請你用兩分鐘的時間來記下列20個毫不相干的詞組，然後按順序說出來。

蛋、椅子、鳳梨、犀牛、套裝、錄音機、褲子、水龍頭、香水、吊床、書架、箱子、杯子、牙膏、玻璃杯、書桌、雜誌、窗戶、游泳褲、磁片。

■ 視 覺 遊 戲 ■

水平線平行、垂直線垂直嗎？

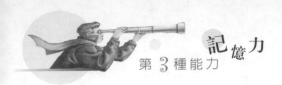

火災的原因——
情景記憶法

　　牛頓49歲那年，他的書房發生了一起火災，許多寶貴的論文原稿都化成灰燼，牛頓非常沮喪。

　　那是一個星期天，牛頓要去教堂做禮拜，他清楚地記得自己吹滅了蠟燭，桌上也沒有鏡片之類的東西。只有一塊20公分長、10公分寬的一塊普通玻璃板。火災到底是怎麼發生的呢？牛頓詢問僕人，僕人說，起火時他正在院裡收拾，他保證沒有一個人走進這屋子。

　　兩年後的一個星期天早晨，牛頓照例要去教堂，他事先得去洗臉、換衣服。洗臉時他正對著鏡子看到臉上滴滴水珠，突然，他腦中浮現出失火那天早晨的情景：他在洗臉時突然想到論文中有一點需要補充，連臉上的水滴都沒擦乾，就奔到書桌那邊去，補充完畢後，他才用手巾擦乾臉，換了件衣服到教堂去。

　　「啊，我真笨，怎麼一直沒有想到！」牛頓終於解開了火災之謎。

　　原來，當時牛頓臉上的水滴落到玻璃片上，由於表面張力的關係，水成了半圓形，這就形成透鏡的作用，陽光透過水滴形成焦點，使下方的書稿起火，從而引發了火災。

　　電影《惡魔島》裡面有一段有趣的對話。美國聯邦調查局要求一個曾經從惡魔島監獄逃出來的人，畫出當初逃亡時所經歷的監獄的下水道系統。那個人回答說：「我現在記不起來了，不過沒關係，讓我再回到島上，我就可以想起來了。」

　　也許你覺得不可思議，但事實上，這是非常科學的。美國心理學家布思曾舉過一個古怪的例子：當你學習某一樣東西時，如果你正處在醉酒狀態，那麼將來某個時候，在酒精的刺激下，你也許會回憶得更好。有些醉酒的人藏過的東西，酒醒時想不起來，一旦回到醉酒狀態，很快就找到了。這就是利用過去的情景刺

激你的靈感，如果你有意識地用環境的刺激來加深記憶，這就是情景記憶法。

我們在電影裡經常看到，爲了使某人恢復記憶，就讓他待在原先待過的房間裡，接觸心愛的東西，或者把他最親近的人找來，這些都是在幫助他喚醒記憶。因爲記憶必須要有環境的刺激，有時候，光是努力去想是想不起來的，但只要加入一點點環境的記憶，很快地就能想起來了。

例如，你突然聽到一首很久以前經常聽的歌曲，這可能使你回憶起一些情景——聽歌時某些活動、和你在一起的某些人、某種飲料的滋味等等。這完全是一種本能的回憶，因爲聽歌的情景喚醒了這種記憶。

又如做實驗，實驗是一種幫助記憶的好手段，在解剖過程中，你手握解剖刀，接觸著解剖物的外形，眼睛注視牠的內臟，鼻子聞著刺鼻的藥水，全身的感官系統都在傳送這些訊息，從而讓這些訊息輸入你的大腦，儲存在大腦中，當你需要時，很快地就會想起來。

因此，在記憶過程中，你要有意識地爲自己設置情景來幫助自己記憶。

■ 練 一 練 ■

當你想不起一件事時，請馬上跑到事情發生的地方去感受一下，也許你會有意想不到的驚喜。

給記憶畫上圖像——
畫圖記憶法

【名人名言】一件在腦袋裡的事實，與其他多種事物發生聯想，就容易做記憶。——美國心理學家威廉·詹姆斯

薛燕老師在第970期《中國中學生報》中曾經發表過這樣一篇文章：

朱自清的《春》第三段是這麼寫的：「小草偷偷地從土裡鑽出來，嫩嫩的，綠綠的。園子裡，田野裡，瞧去，一大片一大片滿是的。坐著，躺著，打兩個滾，踢幾腳球，賽幾趟跑，捉幾回迷藏。風輕悄悄的，草軟綿綿的。」我看到一位中一的同學，拿著一個紙片，兩分鐘就把這65個字的段落背得滾瓜爛熟。

我請他解釋，他笑吟吟地說：「我畫的小草攔腰有一條橫線，代表課文中的『小草偷偷地從土裡鑽出來』。為什麼兩棵呢？因為這句後面有兩個詞『嫩嫩的，綠綠的』。那大小兩個圓圈代表文中『園子裡，田野裡』，看著圓圈就會想到『瞧去，一大片一大片滿是的』。下面那幾個符號，……。」他一一指著向我說明：「坐著，躺著，打兩個滾（兩圓圈），踢幾腳球，賽幾趟跑，捉幾回迷藏。」他又指著右邊的斜線說：「這代表『風輕悄悄的』，『風』下歪著的小草代表『草軟綿綿的』。」

也許你有過這種經驗，當把自己需要記憶的東西以圖像的方式表示出來後，記憶就會變得非常簡單。薛燕老師提到的這個學生就是採用了畫圖記憶法，他讀著描景狀物的文章，對文章進行了豐富的想像，並把這種想像以自己的符號畫出來，這樣就方便了記憶，提升了記憶效果。

其實，當你對需要記憶的材料進行想像時，你已經在開始記憶了，當你在琢磨用什麼符號代表需要記憶的材料的意思時，記憶就更加牢固了。畫圖記憶法其實就是形象記憶法的一種，化繁為簡，化抽象為形象，這都是記憶的法則。

　　當你在記筆記或做摘要時，不妨在旁邊用圖案或圖像把這些內容畫出來，這樣，你不僅能夠很容易地記住記在本子上的內容，當考試或需要時，你還能夠透過這個圖像輕鬆地回憶起寫在圖像邊上的知識。

　　畫圖像時，可以根據知識的內容來畫，例如寫景的，就畫個景色；表示時間的，就畫個日曆；表現心情的，就畫個表情等。畫的時候，可以適當誇張，這樣有利於記憶。對於內容比較多的，也可以運用不同顏色的筆來畫，這樣，印象會更深刻。

■ 練 一 練 ■

　　下面是徐志摩的《再別康橋》，請你運用畫圖記憶法，一邊記憶一邊在腦中畫圖，看看是否能夠想像出美麗的圖畫以增加記憶。

　　輕輕的我走了，正如我輕輕的來；
　　我輕輕的招手，作別西天的雲彩。
　　那河畔的金柳，是夕陽中的新娘。
　　波光裡的豔影，在我的心頭蕩漾。
　　軟泥上的青荇。油油的在水底招搖；
　　在康橋的柔波裡，我甘心做一條水草！
　　那榆蔭下的一潭，不是清泉，是天上虹；
　　揉碎在浮藻間，沈澱著彩虹似的夢。
　　尋夢？撐一支長篙，向青草更青處漫溯；
　　滿載一船星輝，在星輝斑斕裡放歌。
　　但我不能放歌，悄悄是別離的笙簫；
　　夏蟲也爲我沈默，沈默是今晚的康橋！
　　悄悄的我走了，正如我悄悄的來；
　　我揮一揮衣袖，不帶走一片雲彩。

化繁為簡——
分段記憶法

心理學家米羅曾做過一個實驗，實驗證明：

每人平均一次記憶的最大限量在7個左右的數字或單字。當記憶的數字從7個提升到8個時，記憶的錯誤率則有一個很大的上升。因此他把這個數字稱為不可思議的數字「7」。

米羅認為，在數字上3、9、2、5、4、6、8等7個一位數，和26、37、64、89、16、13、27等7個兩位數，對記憶而言都是相同的。在記憶上它們都是「7個」數字而已。當然，一位數要比兩位數容易記憶。

當你面對許多需要記憶的材料時，你是不是會有一種「不知從何記起」的感覺，其實每個人都會有這種感覺。你要記住的是，重要的不是記多少，而是怎樣去記住。面對大量要記的材料時，千萬不要對自己缺乏信心，只要你把這些內容分成幾個部分去記，其實並不是想像的那麼難。

你一定知道中國古詩大多是五言、七言，而很少有八言的，有些詞偶然出現八個字的，就會讓人覺得很難記憶。可見，一個人在一定的時間內，對事物的記憶量是有限的，超過了這個限度就很難記憶。我們把要記的東西分開來記憶，即採用分段記憶法，就不會使腦袋的負擔過重，記起來就容易多了。

分段記憶法就是把需要記憶的內容分成若干部分，把大段化成小段，把小段再化成一小段，只到那一小段能讓自己記住的記憶方法，即把學習的材料分為幾個段落，記熟了一段後，再去記另一段。分段記憶法的好處是化整為零，能讓你在記憶的時候樹立信心。

例如，在需要背誦一篇長文章時，不要急於背整篇文章，而是先看第一段有幾句話，再把幾句話分成幾個層次，一層層地背，很快便攻下了第一段。接下來的段落也是先看全段幾句，再按意義分三或四層，一層層地背，很快又背了下

來。這樣分段進行、步步爲營，心情越來越好，背得也就越來越快。

■ 練 一 練 ■

運用分段記憶法來記憶下面的內容：

在討論問題時，要對其他同學的評論、觀點和想法表示尊重。要盡可能地這樣說：「我同意約翰的觀點，同時我也感到……。」「我不同意賽拉的看法，儘管她抓住了問題的核心，但是我覺得……。」或者「我認爲維克多的觀察眞是太精彩了，它讓我意識到……。」

這也是一個不容忽視的細節，我覺得應該把它應用於每一間會議室、每一場會議、每一個工作單位，以及每一個家庭的飯桌上。這種情況太常見了：我們不同意別人的觀點，可又苦於沒有一種很輕鬆的氛圍，能讓我們把腦子裡的想法自由地表達出來。同樣常見的事是：人們擔心一旦把自己的觀點說出來，別人會怎麼看，自己會不會遭到嘲笑、貶低和忽略。我猜測，在一間房子裡，每天可能有數百個好主意沒人聽得到，或者根本就沒說出來。

我明白這一點，我不希望我的教室也是這樣的環境，因此我和我的孩子們一起開發了一個系統，就是我們要創造一個相互支持、沒有畏懼的氛圍。我想創造更多的機會，讓大家都能暢所欲言，而不僅僅是讓學生在教室裡隨意發表見解。我想讓這些思想和主張發展成一種討論，讓所有的觀點都能得到大家的關注。爲了達到這一目的，我需要一步步地引導孩子們用一種充滿尊重和支援的表達模式，對別人的發言發表自己贊同或否定的意見。

首先，我告訴學生們，永遠不要嘲笑別人的發言或拿別人的發言開玩笑。每個人都應該爲自己的班級作出貢獻，爲了讓我們這個班成爲最好的班，我們需要傾聽每個人的意見和想法。我鼓勵他們發表不同意見，還告訴他們，人們的想法是千差萬別的，而且你的想法在傳達給別人的時候還會產生誤差。正因如此，我們每個人都有個體差異，不同的秉賦、不同的經歷會導致你周遭的人產生怎樣的念頭，你根本無從得知。因此，我們應該尊重別人的言論，不要有任何居高臨下

【名人名言】背誦是記憶的體操。——俄國文學家列夫·托爾斯泰

的感覺，也不能讓別人感覺他們的思維模式有問題。

　　為此，我們做了大量的練習。聆聽別人的發言，並且從別人的發言中找到有價值的內容，這對許多同學來說似乎都是第一次。我一遍一遍地告訴我的學生，他們說過的話給了我多大的啓發，或者是他們的發言有多棒。當他的同學轉過身對著他說「哇，這個點子太棒了，我根本就沒想到」時，這句話的價值會遠遠超過我的那些讚美之詞，它給了孩子自尊和自信。這就如同從媽媽嘴裡聽到讚美的話後會感到很愉快，而從同事那兒得到積極的肯定和接受，我們則會體會到更多的滿足。

選自《教育的55個細節》

■ 視 覺 遊 戲 ■

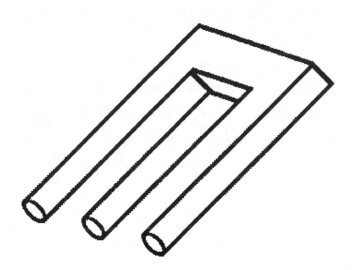

不可能的叉子

找出記憶的關聯點——
聯想記憶法

于謙是中國明朝的詩人。

于謙的祖父于文曾在明成祖朱棣永樂年間當過兵部主事，非常崇拜文天祥。他把文天祥的畫像掛在自己的書房裡，並經常給于謙講文天祥的故事。

在祖父的言傳身教下，于謙也把文天祥的畫像掛在自己的書房裡，還把文天祥的兩首詩書寫下來，貼在畫像的兩旁，時時以此勉勵自己。其中一首是《過零丁洋》：

辛苦遭逢起一經，干戈寥落四周星。

山河破碎風飄絮，身世浮沈雨打萍。

惶恐灘頭說惶恐，零丁洋裡嘆伶仃。

人生自古誰無死，留取丹心照汗青。

有一天，于謙對祖父說：「我發現，文丞相的這兩首詩說明了做人的根本是八個字，那就是『生為民族，死為國家』。」祖父對于謙非常贊同。于謙還把自己的四句詩題寫在文天祥的畫像邊上，這四句詩是：「孤忠大節，萬古修傳。我瞻遺像，清風凜然。」祖父一看，立刻在下面接了兩句：「寧為玉碎，不為瓦全。」

于謙的家鄉錢塘縣百姓常年以燒石灰為生。他們從山中挖出一塊塊青黑色的石頭，然後放在用磚砌起來的小窯裡用火燒。經過一天一夜之後，那堅硬的青黑石頭就變成了生石灰。用的時候，再用涼水一澆，生石灰就變成了潔白如玉的粉末。

于謙每天看百姓製作生石灰。有一天，九歲的于謙望著那潔白的石灰，忽然記起祖父那兩句詩「寧為玉碎，不為瓦全」，不由得心生無限感慨。於是趕緊回家，奮筆疾書，寫下了有名的《石灰吟》：

第 3 種能力　記憶力

千錘萬鑿出深山，烈火焚燒若等閒。

粉身碎骨渾不怕，要留清白在人間。

于謙在這首詩中，深刻地用石灰隱喻了自己的做人志向。

　　許多人不知道瑞典和德國國土的形狀，卻都知道義大利國土的形狀，這是爲什麼？因爲義大利國土的形狀像一只靴子，因爲每個人對靴子的形狀比較熟悉，因此義大利國土的形狀也就記住了。

　　美國記憶術專家哈利‧洛雷因說：「記憶的基本法則是把新的資訊聯想於已知事物。」聯想記憶法就是利用聯想把要記憶的訊息與已知的事物聯繫起來以增強記憶效果的記憶法。

　　例如：爲了不忘記「某某學生回來後，請到導師辦公室去」這件事，只要聯想一下那位傲慢的學生在導師面前低三下四的情景就可以了。這樣，一旦見到那位學生，就會立即想起此事。這是應用了一個思維喚起另一個思維的原理，是把兩個事物透過想像聯繫起來而收到的效果。

　　我們平時經常會出現這些情形，出去買東西已踏上路途，才想起來忘記拿錢了；當與別人進行談話時，卻突然想起忘記給家裡打電話等等，這類情形不勝枚舉。如果我們能夠把握記憶的這個習慣，進行聯想系統記憶，並使之成爲記憶工具，記憶力就能提升幾十倍。

　　進行聯想記憶一般有以下幾個方法：

　　方法一：接近聯想。

　　如果兩個事物在時間上或空間上有接近的關係，你就可以透過由此事物聯想到彼事物的接近聯想來促進記憶。

　　例如，中國共產黨是在1921年成立的，「辛亥革命」是1911年；1931年，爲「九一八事件」；1941年是「皖南事變」。這四個事件在時間上有一個接近關係，就是每個事件間隔了10年，因此，你可以把這四個事件按時間排列起來，只要想到一個，就同時想到其他三個，這就是接近聯想記憶法。

　　方法二：類比聯想。

　　如果兩個事物在性質上有相似性，可以透過對一件事的感知和回憶引起和它性質上相似的事物的回憶，反映事物間的相似性和共性，這種記憶法就是類比聯想記憶法。例如，把安靜、寧靜、平靜等詞語放在一起記憶，就屬於類比聯想記憶法。

　　方法三：對立聯想。

　　許多事物往往具有對立面，如果用某一事物感知或回憶引起與它有相反特點事物的回憶，這種記憶法就是對立聯想，它反映了事物間的對立性。例如，在國文和英語學習中，經常會把反義字集中起來對照，在數理化學習中，經常會把對立的公式、規律、逆定理收集起來記憶，這些都是對立聯想記憶法。

　　方法四：因果聯想。

　　事物總是有因有果，利用事物間的因果關係，由此事物聯想到彼事物就是因果聯想記憶。記憶數學公式、物理定律、化學反應、語法規則等，均可運用因果聯想記憶法來增強識記效果。

　　方法五：荒謬聯想。

　　荒謬聯想指的是非自然的聯想，可以是誇張，也可以是謬化。例如把自己想像成外星人。在這裡，「誇張」是指把需要記憶的東西進行誇張，或縮小，或放大，或增加，或減少等。「謬化」是指想像得越荒謬，越離奇，越可笑，印象就越深刻。

　　荒謬聯想有三個規律：

　　一是，聯想到的內容必須新奇好笑。三千年前古埃及人寫在羊皮紙上的古書《阿德‧海萊謬》早就發現了這個道理：「人對普通的事不容易記住，只對新奇、神祕、驚訝等事，叫人一見就牢記在心，而且久久不忘。」

　　例如，當我們把「汽車」和「司機」作爲聯想對象時，通常會想像成是一個司機開著一輛汽車在公路上行駛，這種想像是很平常的，因此往往很難留下深刻的印象。如果你想像成一個司機拎著汽車往山上走去，這樣的想像雖然不合邏輯，但是離奇的想像就會讓你留下深刻的印象。

　　二是，聯想到的事物有動態，讓需要記憶的事物動起來，就像演電影一般。

再以「汽車─司機」為例，除了想像成力大無比的司機拎著巨大的汽車之外，還可以想像成司機一腳就把汽車給踩扁了。這種想像由於有動作，給你留下的印象就會比較深刻。

三是，把某一事物想像得比實際大、數量比實際多，從而迅速記憶這個事物。

例如，在對「汽車─司機」進行聯想時，可以想像一個小汽車模型放在司機手上，也可以想像成凳子大小的汽車正好讓司機放在客廳裡當擺設。

這三種方法都是荒謬聯想的好方法，只要把握住以上三種方法，就能逐步地把兩個、三個事物結合起來，在腦中形成更強烈的印象。

■ 練 一 練 ■

一、用聯想法將下列詞彙聯結起來：

（1）火車──足球

（2）閃電──飛機

（3）氣球──天空

（4）街道──樹木

（5）媽媽──報紙

（6）小狗──蘋果

（7）飛彈──小鳥

（8）照片──電腦

（9）書局──老師

（10）書桌──杯子

二、運用荒謬聯想記憶下面幾個詞組：

（1）煙嘴──大海

（2）房屋──酒瓶

（3）螃蟹——絕壁

（4）書架——衣服

（5）海馬——信紙

（6）音響——飛機

（7）飛碟——雞蛋

（8）高山——裙子

（9）棋子——小刀

（10）電話——茉莉

■ 視 覺 遊 戲 ■

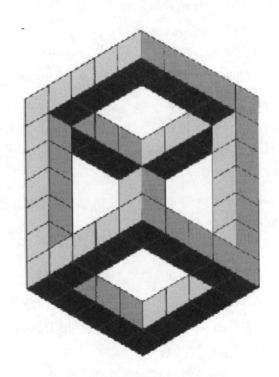

這是什麼構型？

怎樣打高爾夫球——
形象記憶法

日本的小松原三夫先生是很有名望的高爾夫球教練。他在教初學者時，總是採用形象描繪的方法進行教練，而且很有效。

例如，在教站立姿勢時，他不是反覆地對初學者講解那些腰的姿勢和腳的位置，而是對他們說：「請各位想像地上放了一塊又大又重的石頭，並試著用雙手把它拖至齊腰高。首先，腰部上挺，臀部應該稍微向後抬，膝蓋稍微彎曲，然後緩緩挺起後背，這就是搬起石頭的姿勢。搬起重物時，腰部必須往上挺，而兩膝則要往前弓，不這樣是搬不起重物的。」

對於怎樣揮動球棒，小松原三夫先生是這樣講解的：「把橡皮筋的下端固定住，用力拽另一端，這時，橡皮筋就有一股還原的力。如果這時橡皮筋下端沒固定住，可想而知，就產生不出還原的力。開始打高爾夫球時，從後向下揮棒時，其動作可以說是與此相同的。把人體的下半身作為橡皮筋，扭動雙肩（因為人體也是彈性體）上身一轉動，當然就會產生還原的力。」

這樣，小松原三夫運用形象的方法使初學者輕輕鬆鬆就掌握了高爾夫球的要領。

小松原三夫運用的就是形象想像法，這種方法不僅對增加記憶力起作用，而且在體育、技術訓練等方面也有效果。那些運用形體動作的運動員、那些把複雜棋局看一眼就能全盤記住的職業棋手，那些能夠流利地背誦長串台詞的演員，他們都是在不知不覺中使用著這個方法。

美國著名的籃球教練馬克爾‧赫茲曾做過下面的實驗：

把籃球的罰球訓練分為三個組進行。

A組二十天，每天實地練習二十分鐘。

B組二十天，不進行任何訓練。

C組二十天，每天三十分鐘，只作投籃的想像動作練習。

然後，把三個組第一天的分數和二十天後的分數相比較。結果，流了汗水進行實際練習的A組得分提升了24％；什麼訓練都沒做的B組毫無進展；只進行想像動作訓練的C組得分提升了23％。

俄羅斯最大的一家雜誌社曾刊登約瑟夫‧也夫斯基的《國際比賽——大腦思維比賽》一文說：「在國際象棋比賽中，奪魁呼聲最高的選手恰夫拉被名不經傳的選手阿爾卡因擊敗，痛失冠軍寶座。其實，阿爾卡因在與強手決賽之前，只是稍微調整了一下戰術，賽前他到了鄉下，戒了煙、酒，透過體操活動，做好賽前準備，在腦子裡做了針對西洋棋比賽的想像練習。」

事實上，圍棋和象棋的棋手們，都非常擅長使用想像法。他們往往把棋招和過去棋譜牢牢地記住，不斷進行想像訓練，這樣，在沒有棋盤和棋子的情況下，他們也能進行訓練。

而在實際下棋的過程中，他們往往綜觀全盤佈局，根據對方的招數進行想像，在腦海中會閃現出幾十種作戰方案，最後決定哪種招數才能取勝。這就需要他牢牢記住幾千個甚至幾萬個招數和佈局。

想像法的好處是可以隨時隨地進行想像和記憶。正如世界著名的鋼琴家理查‧克萊德門在面對他人詢問自己的練習是否減少時所說：「在我的腦中始終沒有停止過練習。」

可見，你在背誦過一些內容後，最好隨後就努力回想一下背誦的內容，看看自己還能不能回想起來，如果有些內容回想不起來也沒關係，盡力回想能夠回想起來的內容就行了。有時候，當大部分內容回想起來後，那部分似乎被遺忘的內容也會慢慢想起來。這是一種很好的記憶方法。

■ 練 一 練 ■

　　你會打字嗎？你打字用倉頡輸入法嗎？如果不會，請先背誦倉頡字母表，然後在桌子上進行想像打字，把每一個手指與你想要打的字母對應著練習。等熟練之後，就在腦子裡想像手指與字母的對應關係。這種方法是提升打字速度的好方法。

■ 視 覺 遊 戲 ■

仔細看，你看見什麼？

合併同類項——
分類記憶法

張仲景是東漢大醫學家，他對醫學非常精通。

張仲景在《金匱要略》的第一篇中對疾病進行分類，他以經絡和臟腑爲分類的綱，再按三陽和三陰，即所謂六經的表裡，把五臟六腑的疾病分爲36種，並列出了系統的分類表。根據這個分類表，張仲景不僅掌握了可能發生的疾病種類，更重要的是，他由此揭示了病變的部位關係，掌握了各種病變之間的邏輯聯繫。

分類記憶法就是在理解基礎之上把所記憶內容按照其性質、特徵、內部聯繫的不同分門別類，進行記憶。

如果我們要記住飯盒、貓、文具盒、幻燈片、圓規、狗、鋼筆、猴子、便條紙、墨水、書包、肥皂、啤酒瓶、毛巾、山羊、黑板、三角板、粉筆、玻璃杯、魚、牙刷、板擦、茶杯、教師手冊等這些詞語，由於數目太多，直接記特別費事，而且不容易記住，這時候就可以採用分類記憶法。

我們可以記憶爲：

日常生活用品：飯盒、肥皂、啤酒瓶、毛巾、玻璃杯、牙刷、茶杯；

教師教學用品：幻燈片、黑板、粉筆、板擦、教師手冊；

動物：貓、狗、猴子、山羊、魚；

學習用品：文具盒、圓規、鋼筆、便條紙、墨水、書包、三角板。

這樣，就很輕鬆地記住了這些詞語。

分類記憶對於那些雜亂無章的內容非常有用，也許有些同學認爲分類時花的時間太多了，其實，分類確實要花時間，但是，相對於一個一個記憶所花的時間，分類所花的時間是很少的。而且，在分類的過程中，其實你的記憶已經開始了。

　　當然，怎樣分類也有一定的技巧，只有掌握技巧才能促進記憶效果。一般來說，分類記憶時，有下面幾個技巧：

　　一、自己去分類。

　　別人分類好的東西讓你去記憶，肯定沒有自己分類的東西記憶效果好。為什麼？因為自己分類是一種主動的記憶，別人分類則是一種被動的記憶。如果你將要記憶的事物，由自己親自加以整理分類，將相似的事物置於同類的一組，如此一來，只要想起其中一類，每一類中的各個事物就能一個接一個地記起。

　　二、確定好分類的標準。

　　同樣的內容怎麼分類才能幫助記憶也是很有講究的。分組的標準並不是只能有一個，可依其機能、構造、性質、大小、顏色、輕重、存在場所、時代等來劃分。如果是人的話，可依性別、年齡、籍貫、畢業學校或英文字母順序來劃分。面對記憶材料，首先要確定好分類的標準，即怎麼去分。例如，花生、蘋果、白菜、馬鈴薯、香蕉、西瓜、茄子、橘子、冬瓜和桃子10個詞語，可以按照性質把它們分成兩組，即蔬菜和水果。

　　三、確定好組數和個數。

　　為了便於分類，分為多少個組，每個組內的個數有多少都必須適當，不要太多也不要過少。組數太多，記憶不易；組數過少，組內個數相對增加，也不易記。同時，分組時也要注意，每組的個數相差太多也不好。心理學家研究表明，每個「組塊」應在7±2個為宜。例如，花生、魚、蘋果、白菜、雞肉、馬鈴薯、螃蟹、香蕉、西瓜、羊肉、茄子、橘子、冬瓜和桃子14個詞語，如果按性質可以分為蔬菜、水果、海鮮和肉類，但由於海鮮和肉類的個數都只有兩個，所以我們可以分為三類，即蔬菜、水果和葷菜。

　　四、特殊類型的處理。

　　有時候，你會發現，總有一個是很難分類的，往往是既不屬於這組，也不屬於哪一組，編入任何組都不恰當，這時，不必勉強非把它歸進某一類，或拼命地尋找它和其他事物的共同性，只須將其單獨列為一類就可以了。例如，花生、蘋果、白菜、雞肉、馬鈴薯、香蕉、西瓜、茄子、橘子、冬瓜和桃子11個詞語中，

就是雞肉無法歸入其他兩類中，因此可以單獨列一類。

■ 練 一 練 ■

運用分類記憶法記憶以下三組詞：

（1）信封、碗、針、月亮、酒杯、單車、線、衣服、筆、信紙、剪刀、碟子、鳥、男孩、小船、小山、香蕉、太陽、白雲、湖水。

（2）筆、鋤頭、鍋、數學課本、斧、碗、圓規、老虎鉗、筷子、桌子、書本。

（3）醫生、白、東、兄弟、紅、教師、藍、護士、學生、綠、工人、南、叔叔、西、父母、北、黑、姐妹、黃、農民、阿姨。

■ 視 覺 遊 戲 ■

不可能的構型

百煉為字，千煉成句——
概括記憶法

　　有一次，海歇爾拉比向弟子借了一本非常珍貴的書，三天後，他就很有禮貌地把書還給了弟子。他的弟子非常意外地問海歇爾拉比：「您這麼短的時間就讀完了？」

　　海歇爾拉比說：「非常感謝你，我已經全部背完了。」

　　原來，海歇爾拉比已經在短短的三天內，熟讀了整本書的內容，並透過自己的理解和概括，把整本書的內容都背誦下來了。

　　古人云：「百煉為字，千煉成句。」嘔心瀝血鍛鍊字句，就是一種概括。概括記憶法就是對識記材料進行抽提，抓住關鍵和要點的記憶方法。

　　著名數學家華羅庚在學習過程中總結出了一種很有效的記憶方法。他說：「做學問要打好基礎，對一些基礎性的東西，要學得深透，就要經過『從薄到厚』，『從厚到薄』這兩個過程。」華羅庚說的這種方法，其實就是概括記憶法。也就是說，在學習過程中，首先你要對字詞進行推敲，認真學習，不懂的地方就加註解，這樣，你實際學習到的東西其實遠遠超過了書本的內容。然後，你就需要把學到的東西進行咀嚼消化，組織整理，抽提出關鍵性的問題。這樣，你對知識的記憶就會比較輕鬆，而且比較牢固。

　　當然，概括時需要你加入自己的積極思考，只有經過充分思考，才能把事物的精華抽提出來。在簡化和抽提的過程中，我們對材料認識提升了，理解加深了，容易與腦中原有的知識架構相掛鉤，不易遺忘。正如愛因斯坦所說：「在所閱讀的書本中找出可以把自己引到深處的東西，並把其他的一切統統拋棄掉，就是拋掉使腦袋負擔過重和會把自己誘拐到不良之處的一切。」

　　那麼，怎樣做好概括呢？概括記憶法有幾種形式：

　　方法一：主題概括法。

不管是什麼材料，都有自己的主題，只要我們抽提、概括出材料的主題思想，記憶起來就非常容易。

例如，阿佛加德羅定律：「在相同的溫度和壓力下，相同體積的任何氣體都含有相同數目的分子。」我們可以把定律歸納爲四同：即在同溫、同壓條件下，同體積的氣體含有相同的分子數。進一步縮記爲：同溫、同壓、同體、同分。

方法二：內容概括法。

一篇文章、一本書主要講了什麼？這並不是要你把所有的內容全部記下來，只要你能夠在記憶當中對其主要內容有印象就可以了。

在記憶當中也是，如果長篇的內容無法記住，不妨先概括出主要內容，先記主要內容，然後再根據主要內容就能夠記住全部的內容了。

方法三：名稱概括法。

對一些較長詞語、名稱、概念進行高度簡化，記憶起來就方便多了。例如，黃河中下游的省市有河北、河南、山東、山西、陝西五個省和北京、天津兩個市。可以概括爲：二市一陝四河山。

又如，中國古代各行的聖人可概括爲：

文聖──春秋孔子；

武聖──三國關羽；

詩仙──唐代李白；

詩聖──唐代杜甫；

書聖──東晉王羲之；

畫聖──唐朝吳道子；

醫聖──東漢張仲景；

藥王──唐朝孫思邈；

茶聖──唐朝陸羽；

建築祖師──戰國魯班。

方法四：數字概括法。

用數字來概括識記材料是非常常用的。例如，四維、八德、三達德等。

運用概括記憶法時，要先對學習材料進行通讀，初步掌握基本內容，然後抓住材料的要點進行概括。

■ 練 一 練 ■

用歸納法記憶中國歷朝開國皇帝。

秦朝──秦始皇嬴政；

西漢──漢高祖劉邦；

東漢──光武帝劉秀；

西晉──晉武帝司馬炎；

東晉──元帝司馬睿；

隋朝──隋文帝楊堅；

唐朝──唐高祖李淵；

宋朝──宋太祖趙匡胤；

遼代──遼太祖耶律阿保機；

金代──金太祖完顏阿骨打；

元朝──元世祖忽必烈；

明朝──明太祖朱元璋；

清朝──清太宗皇太極。

刺激你的大腦！——
朗讀記憶法

發掘特洛伊城遺跡的德國人施里曼，是一位語言天才。他在很短的時間內學會了歐洲各國的語言。

施里曼在學習語言的時候，總是喜歡大聲朗讀，一直到深夜。即使閱讀相同的文章，也總是一遍遍地大聲朗讀。

施里曼的這種做法遭到了房東的阻止，因為這影響了房東的休息。房東警告施里曼，如果他再這樣朗讀的話，就要把他趕出去。但是施里曼為了學習語言，根本沒把這件事放在心上。有一天，房東實在忍無可忍，決定把他趕出去，後來想到他的為人和刻苦學習，又把他留了下來。

就這樣，施里曼在那段時間，幾乎花三到六個月的時間就學習一門新語言，直到把歐洲各國的語言全部學會。

你知道嘴巴張開怎麼念？對了，念「ㄚ」；嘴巴圓圓怎麼念？對了，念「ㄛ」。為什麼你會對這個記憶這麼深刻？這是因為你在學習這些發音的時候，老師總是讓你不斷地朗讀，同時配合各種口形，這種朗讀已經刺激了你的大腦，讓你留下了深刻的印象。這種以朗讀來促進記憶的方法就是朗讀記憶法。

許多同學在讀書時總是喜歡以默讀的方式來進行，這不僅是因為默讀的速度比較快，而且不會影響他人，可以隨時隨地進行。但是，如果要更好地記住內容，閱讀時最好能夠大聲朗讀。因為朗讀能促進記憶，尤其是在頭腦不是很清楚的情況下，大聲朗讀要記的內容，能夠引起大腦的緊張，促進注意力的集中，從而更好地記住這些內容。

那麼，朗讀只是大聲念出來嗎？當然不是。

朗讀時要有節奏。朗讀的速度要保持中速，不要時快時慢，這樣會分散大腦

的注意力，要有節奏地進行，就像有節奏地敲打東西一樣，讓大腦對朗讀的節奏留下深刻的印象。

朗讀要加入自己的情感。例如，朗讀抒情散文時，可以想像自己就是作者，在某種特定的條件下，去體驗作者的感受，然後深情地朗讀這些內容，效果就會不一樣。又如，對於寫景的文章，朗讀時要想像自己身臨其境，這樣，記憶效果自然也會好很多。

朗讀要反覆進行。將要記憶的內容反覆朗讀幾遍，懂了以後，不看內容，再背誦幾遍，這樣一次一次進行，記憶效果也會好很多。

心理學家做過這樣的實驗：寫出16個無意義音節，讓被試者識記9分鐘，然後馬上回憶。被試者中，全部時間用於朗讀的，當時只能回憶35％；而1/5時間用於背誦的，能回憶50％；2/5時間用於背誦的，能回憶57％；4/5時間用於背誦的，能回憶74％。同樣是對這些無意義音節進行識記9分鐘，4小時後再回憶，全部時間用於朗誦的，只能回憶15％；1/5時間用於背誦的，能回憶26％；2/5時間用於背誦的，能回憶37％；3/5時間用於背誦的，能回憶37％；4/5時間用於背誦的，能回憶48％。可見，朗讀與背誦最好同時進行。

■ 練 一 練 ■

有節奏地朗讀下面這段內容，試試你需要朗讀幾遍才能記住。

曲曲折折的荷塘上面，彌望的是田田的葉子。葉子出水很高，像亭亭的舞女的裙。層層的葉子中間，零星地點綴著些白花，有裊娜地開著的，有羞澀地打著朵兒的；正如一粒粒的明珠，又如碧天裡的星星，又如剛出浴的美人。微風過處，送來縷縷清香，彷彿遠處高樓上渺茫的歌聲似的。這時候葉子與花也有一絲的顫動，像閃電般，霎時傳過荷塘的那邊去了。葉子本是肩並肩密密地挨著，這便宛然有了一道凝碧的波痕。葉子底下是脈脈的流水，遮住了，不能見一些顏色；而葉子卻更見風致了。

　　月光如流水一般，靜靜地瀉在這一片葉子和花上。薄薄的青霧浮起在荷塘裡。葉子和花彷彿在牛乳中洗過一樣；又像籠著輕紗的夢。雖然是盈月，天上卻有一層淡淡的雲，所以不能朗照；但我以爲這恰是到了好處——酣眠固不可少，小睡也別有風味的。月光是隔了樹照過來的，高處叢生的灌木，落下參差的斑駁的黑影，峭楞楞如鬼一般；彎彎的楊柳的稀疏的倩影，卻又像是畫在荷葉上。塘中的月色並不均勻；但光與影有著和諧的旋律，如梵婀玲上奏著的名曲。

　　荷塘的四面，遠遠近近，高高低低都是樹，而楊柳最多。這些樹將一片荷塘重重圍住；只在小路一旁，漏著幾段空隙，像是特爲月光留下的。樹色一例是陰陰的，乍看像一團煙霧；但楊柳的豐姿，便在煙霧裡也辨得出。樹梢上隱隱約約的是一帶遠山，只有些大意罷了。樹縫裡也漏著一兩點路燈光，沒精打采的，是渴睡人的眼。這時候最熱鬧的，要數樹上的蟬聲與水裡的蛙聲；但熱鬧是它們的，我什麼也沒有。

選自朱自清《荷塘月色》

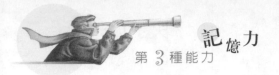

好記性不如爛筆頭——
筆記記憶法

馬克思在年輕的時候非常喜歡讀書。在學習過程中，馬克思喜歡帶著他的筆記本，把自己覺得需要記憶的內容記錄下來。隔一些時候，馬克思就重讀一遍他的筆記和書中做上記號的地方，這樣，馬克思記憶的內容就越來越多，而且記憶力也越來越好。

馬克思花了40年時間，完成《資本論》這部輝煌著作。

在寫《資本論》的過程中，馬克思讀過和做過筆記、摘錄的書有1500多種，寫的筆記本（包括手稿、摘錄、提綱、劄記）有100多本。凡是和政治經濟學有關係的學科，他都細心研究，孜孜不倦。這都為他的寫作奠定了紮實的基礎。

有一位同學從不背書卻記住了很多書上的內容，這是為什麼？原來他每天抄書，每一本書都被他抄了幾遍，這樣，書上的內容都印在他的腦海中。這種記憶方法讓人感覺像是書上的鉛字經自己用筆抄下來後，就成了自己的東西。

俗話說「好記性不如爛筆頭」，「最淡的墨水，勝過最強的記憶」，這話都是有科學依據的。筆記記憶不僅向你的大腦重複輸入了需要記憶的材料，而且在記筆記的過程中，你的大腦參與了記憶的過程，使記憶材料在大腦的空間中有了自己的地盤。這都是其他記憶方法所沒有的優勢。

唐代青年詩人李賀，經常天一亮就騎驢出門，身上背著一個錦囊，遇有所得，就用紙記下來，投入囊中，晚上回家，就把它整理成詩。他的詩在唐代詩壇上大放異彩。俄國作家果戈里無論走到哪裡，總是隨身帶著筆記本，把他所聽到或見到的傳說、故事、民歌、諺語、俚語和各地的風土人情、奇聞軼事記錄下來。有一次，他和朋友上飯館，飯菜都擺好了，他還在埋頭抄寫一張菜單，而且一邊抄一邊讚嘆：「太好了，太有用了！」這份菜單後來被他用在一篇小說裡。

中國著名教育家徐特立先生在湖南第一師範學校任教時，經常對學生說：「不動筆墨不看書。」毛澤東學習徐特立先生的經驗，在一師的五年間，寫下了大量的讀書筆記。

怎樣才能做好讀書筆記呢？中國詞學家夏承燾把它概括爲三個字——小、少、了。

小——用小本子記。

小本子便於攜帶，便於隨手記。夏承燾起初是用大本子做筆記、讀書心得和見到想到的。後來，他發現隨時記在大本子上的資料不易整理，不易攜帶，又讀到章學誠的《章氏遺書》裡面說，讀書如不即做筆記猶如雨灑大海沒有蹤跡，於是開始改用小本子，並取名爲「掬漚錄」。一事寫一張，便於整理，如同現行的卡片。蘇東坡西湖詩說：「作詩火急追亡捕，清景一失後難摹。」作詩如此，寫心得體會亦當這樣子。這小本子就是夏承燾儲存知識的倉庫，要用便取出來。

少——筆記不要記太多，而是要少、要精簡。

做筆記要透過自己的思考，經過咀嚼，然後才落筆。如果不經消化，一味抄書，抄得再多，也是徒勞。所以做筆記應有「傾群言之瀝液，漱六藝之芳潤」的工夫。這裡所說的少，是指每條的字數而言，條數卻要記得多，日積月累，許多條彙集起來，就可成爲一個專題，寫一篇論文。

了——自己記的筆記要透徹瞭解。

記下一個問題，要經過多次思考，眞正懂得它的意涵。淺嘗輒止，半途而廢，一知半解，會前功盡棄。要讓所學到的知識，在頭腦裡「發酵」生根。如果是思想懶漢，即使天天做筆記，也難有多大的心得，因爲那只能叫做「書抄」，叫做「知識的流水帳」。

心理學家以大學生爲對象進行回憶和測驗，發現自己動手做筆記，學習成績最好；看筆記但不動手做筆記，成績次之；單純聽講，成績最差。因此，筆記記憶是很重要的。

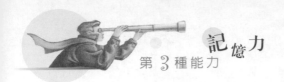

　　準備一個小本子，在上課時把老師所講的內容都記下來，記的時候一定要經過自己的理解，把最精煉的內容記下來，隔一段時間去看一下，這些內容就好像記在你的腦海中了。

■ 視 覺 遊 戲 ■

只是佛洛伊德嗎？

人只記感興趣的東西——
興趣記憶法

馬克思在學習法語時非常有興趣。

他每天學習一個小時的法語,感到自己就在羅浮宮裡、在艾菲爾鐵塔下、在賽納河的橋上。

有時候,他還想到,在象牙海岸短期休假,或在普羅旺斯的葡萄園,或在外語學習班上進行的最初的語言測試。這種在渴望的國家旅行的想像提升了他的學習興趣。

為了能比較容易地使用詞彙,他嘗試著把他學會的4個、7個或者10個單字隨意的用上下文聯繫起來,或者組成一個小短句。這樣,這些單字就有了活力,他對法語學習也就更加有興趣了。

興趣是記憶的先決條件。世界著名的心理學家佛洛伊德曾說過:「人只記感興趣的東西。」確實,我們往往對於自己所關心的事物能夠很輕鬆地記住,對自己不感興趣的東西則往往過目就忘。

生活中有很多這樣的例子。你在上學時,沿途要經過好幾個玩具店,你往往能把玩具店的店名記得一清二楚;相反的,一個每天趕公共汽車上下班的人,對於窗外的街景沒有絲毫的印象,這是因為他沒有抱著有趣、好奇的心情去欣賞。你很喜歡流行歌曲,對於歌詞一唱就記住。但是,你卻記不住課文。

美國有一種開放式的小學,把教室的牆壁改裝成能夠自由移動的裝置。有些地方,甚至連課桌也不用,完全讓兒童依照自己的想法去計畫、去讀書、去選課。實行這種方法的結果是,兒童在理解和記憶方面的能力提升了很多。

記車牌號碼是一件很無聊很枯燥的事,但是,卻有一個人對記車牌特別感興趣。他的記憶力並不出眾,但當他在馬路邊散步時,卻能記住經過他身邊的汽車的車牌號碼,而且他經常還有意地去記隨意見到的車的車牌號碼。當有人問他為

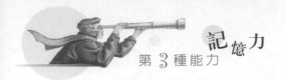

【名人名言】學習的最大動力，是對學習材料的興趣。──美國心理學家布盧姆

什麼能夠準確地記住車牌號時，他說他覺得記車牌號碼是一件很有趣的事，他也沒有刻意去死記硬背，但是一記就能記住。

這些充分說明，對記憶抱有興趣和自信，就能從記憶對象中找到樂趣，提升記憶力。

曾經有一位小學生家長發現這樣一件怪事：自己的孩子平時總是背不出課文，棋卻下得很好。他對下棋很有興趣，像著了迷一樣，甚至在放學路上見到別人下棋，也能在旁邊站上半天，以致忘記了暮色降臨，早該回家了。

這位家長還發現，孩子甚至可以不看棋盤而同時和兩個人下兩盤棋並獲全勝。對於這兩盤棋的每一步，孩子都記得很清楚，能在棋局結束後，重新擺放棋局重走一遍。對於象棋棋譜、圍棋定式，似乎有「過目不忘」的本事，記得很快、很多、很準。

這位家長從下棋的事情上發現這個孩子一點也不笨，只不過是學習興趣不足而已。經過啟發教育，激發了他的學習興趣，果然，孩子在背課文、記單字方面同樣顯露出很好的記憶才能。

可見，在平常的記憶過程中，只要你有意識地對記憶內容感興趣，記憶效果就會比較好。例如，在記英文單字的過程中，與其為應付考試才去死拼爛打地背單字，不如想一想，自己已經背會了多少個單字。當你發現自己已經記住了許多單字時，你就會感到很高興，進而產生再多記一些的興趣。這樣，把記憶當作一大樂趣，就會越來越能背單字，記憶力就會隨之提升。

■ 練 一 練 ■

仔細閱讀下面這段文字，然後回答問題。記住，千萬不能再重讀一次！

一輛公車從總站出發，出發時上來2個乘客。

一路上連續兩站沒有上車乘客，直到第四站，才上來2個小孩。

到了下一站，有1個人下車，5個人上車。

在下一站，2個小孩下車，但是沒有人上車。

在下一站，上來2位軍官和1個孕婦。

在下一站，又有2個人下車，並有9個老人上車。

在下一站，有7個人下車，4個人上車。

接著再下一站，沒有人下車，但有4個人上車。

在下一站，有1個人下車，不過他又上了車。

問：公車由總站出發後，一共停了多少次？

■ 視 覺 遊 戲 ■

不可能的板條箱？

不知不覺的記憶──
內隱記憶法

一位媽媽有一回聽到女兒嘆息道：「現在我們還要學英語。這麼多的英語單字怎麼學呀？」

「你學英語了？」媽媽問道：「把你的英語課本給我用一天，我也想學英語。」

媽媽把女兒正在學的那一課單字錄到了錄音帶上。晚上，她在女兒入睡後，小聲地放著錄了英語單字的錄音帶。這時，女兒聽到了，她對媽媽說：「媽媽，怎麼你也學英語了。」女兒翻了個身又繼續睡覺了。

第二天，女兒發現在老師講解這些單字時，她只要有意識地聽一遍這些單字，就能夠立刻而且持久地記住它們了。

在生活中，也許你遇到過這樣的事情。課間休息時，你正在教室裡看一本非常有趣的小說，有兩位同學在你座位旁邊的走道上聊天。由於你看得津津有味，那兩位同學究竟在談些什麼，你可能並不知道。但是，一旦在他們的談話中出現了你的名字，你馬上就會意識到。這說明，在那兩位同學聊天時，儘管你不知道他們在說些什麼，但實際上，他們說的話已經進入到你腦中並經過了訊息加工處理。

1970年，沃林頓和韋斯克蘭茨設計了一個關於內隱記憶的經典實驗研究。實驗表明，在有意識的外顯記憶之外，還存在無需意識參與的內隱記憶。作為人腦保存過去經驗的一種模式，內隱記憶無需經過有意識的回憶或再認，就能對人的某些活動間接地產生影響。

善於運用內隱記憶將給記憶帶來神奇的效果。在慕尼黑的牟爾菲博士協會召開的一次聚會上，一位醫生講述了自己一次奇特的學習經歷。

　　這位醫生爲了通過醫士的考試必須要掌握大約80種傳染病，要能詳細地描述
這些傳染病的病症，還要在診斷上區分這些病症，參加考試的人即使不用一年的
時間，也需要用幾個月的時間來記住它們。

　　這位醫生花了大量的時間來記這些內容，但是他發現這種記憶方法實在太慢
太不保險了。一天，他忽然想到一個好主意：「我把這些傳染病的描述濃縮到最
短，把它們錄在一個68分鐘的錄音帶上。然後把這個錄音帶播放一個禮拜。」

　　他想到就做，錄音帶錄完後，不論是白天還是晚上，他一再地重複播放錄音
帶。結果，他很輕鬆地通過了考試，而且能夠完全回憶起所有傳染病的訊息。

　　事實上，如果你在學習中也注重這種方法，許多難以記憶的東西都可以記得
更輕鬆。

■ 練 一 練 ■

　　堅持在睡覺之前小聲地播放英文卡帶到入睡，持續一個月左右，然後對卡帶
中的內容進行回憶，你肯定能夠毫不費力地記起大部分內容。

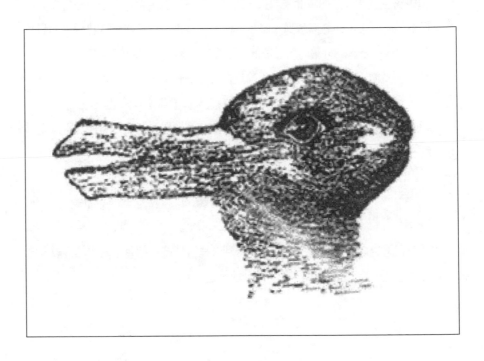

鴨子還是兔子？

第4種能力

思維力

5 Faculties of Teenage Genius

■ 趣味閱讀 ■

什麼時候進行思考？

一天深夜，著名的物理學家盧瑟福在巡查實驗室時，發現一位學生還在那裡做實驗，便問道：

「這麼晚了，你怎麼還不回去？」

學生回答：「我在做實驗呢。」

盧瑟福問：「那你上午在做什麼？」

「做實驗。」

「下午做什麼？」

「做實驗。」

「那麼晚上呢？」

「也在做實驗。」

學生高興地回答，他自以為盧瑟福會讚揚他，結果盧瑟福卻嚴肅而和藹地說：「你整天做實驗，還有時間進行思考嗎？」

你是不是也經常忽視思考？這可不是一個好習慣。要知道，只會做實驗，不進行深入思考的人，只能得到一些實驗的現象，而無法得到事物的本質。例如，愛因斯坦和彭加勒都在相對論上進行了研究，但是愛因斯坦透過深入的思考最終取得了偉大的成就。同樣，只會讀書，不會思考的人也不可能學到真正的知識，取得真正的成就的。

思維是人們思考問題的過程，是人腦憑記憶和想像對客觀現實概括的、間接的反映。思維力就是解決問題的能力。日常生活中所說的「讓我想一想」，「我再考慮考慮」中的「想」、「考慮」指的就是思維。

我們每個人都具有這種世界上最奇妙、無可比擬的思維。如果你重視、善於

運用思維，你必然會獲得意想不到的斬獲。

世界著名的成功學家拿破崙‧希爾曾寫了一本名為《思考致富》的書。這本書出版後，重印了許多次，深受廣大讀者的喜愛。因為這本書深刻地揭示了如何運用我們的大腦去獲得成功。我們任何人要取得任何意義上的成功都必須運用我們的頭腦去思考。

拿破崙‧希爾有一次去見一個專門以出售點子為職業的教授，結果卻被教授的秘書攔住了。拿破崙‧希爾覺得很奇怪：「像我這樣有名望的人來見教授，也要擋駕的嗎？」

秘書回答：「這時候，教授誰也不見，即使美國總統現在來，也要等2個小時。」

拿破崙‧希爾猶豫了一下，雖然他很忙，但他仍然決定等2個小時。2個小時後，教授出來了，希爾問他：「你為什麼要讓我等2個小時？」

教授告訴希爾：他有一個特製的房間，裡面漆黑一片，空空蕩蕩，惟有一張躺椅，他每天都會準時躺在椅子上默想2個小時。此時的2個小時，是他創造力最旺盛的2個小時，很多優秀的點子都來自於此，所以這時他誰也不見。

聽著教授的講述，拿破崙‧希爾內心突然湧起了一股意念：運用思考才是人生成功的要訣。由此，拿破崙‧希爾寫下了使他名揚世界的著作《思考致富》。

思維具有概括地、間接地反映客觀事物的性質，所以透過思維，人就可以認識那些沒有直接作用於人的種種事物或事物的屬性，也可以預見事物的發展變化進程。例如，人不能直接感知光的運動速度，但透過實驗可以間接地推算出光速。

英國劍橋大學迪‧博諾教授說：「一個人很聰明或智商很高，只是說明他有創造的潛力，但並不說明他很會思考，智力和思考的關係，就好比一輛汽車同司機駕駛技術的關係，你可能有一輛很好的汽車，但如果駕駛技術不好，同樣不能把車開好。相反，你儘管開的是一輛舊車，然而駕駛技術高超，照樣能把車開好。很顯然，這裡在智商高和會思考之間劃不上等號。」

一個人思維能力的大小，主要取決於思維品性的優劣。優良的思維品性能使

複雜的問題變得簡單，也能從平凡的事物中發現神奇。因此，善於思維的學生，會使看似複雜的學習內容變得簡單；也會使看似枯燥的內容變得有趣。如果不是透過思維，去認真分析、深刻領會、系統把握學習內容，很難有好的學習成績。例如，有這樣一道題：「用6根火柴作出4個等邊三角形，使其每邊都由一根火柴構成。」思維較膚淺的同學會拿出6根火柴在平面內擺來擺去，結果還是擺不出來。善於思維的同學就會想：三角形有3條邊，4個三角形有12條邊，火柴只有6根，這就意味著每條邊都是共用的。這樣一分析，思維就打破了在平面內尋求答案的定式，而從立體方面去尋求解決問題的辦法。於是，一個「三稜體」就出現在腦海中。

確實如此，學習知識、鞏固知識和運用知識，都離不開思維。思維分為複製性思維和創造性思維兩種類型。有些同學雖然很擅長做題目，學習成績很好，但是他們經常是老師怎麼說，他就怎麼做，不會自己想其他的解決方法。這是不可取的。

許多同學認為思考是一件痛苦的事情，往往以「傷腦筋」來躲避思考。然而，天才們之所以成為天才，正是由於他們善於思考和樂於思考。

愛迪生在17歲那年，就以二重發報機的發明開始了科學發明生涯。品嘗到思維價值的他，從此就在實驗室的牆壁上，寫了一張條幅，上面是雷洛茲爵士的語錄：「人總是千方百計躲避真正艱苦的思考。」下面是他自己的一句話：「不下決心艱苦思考的人，便失去了生活中的最大樂趣。」

愛迪生首先承認思考是艱苦的，但是，真正善於思考的人卻能夠在思考中得到樂趣！

正因為有這樣的意識，愛迪生一生之中發明多達近2000件，平均15天就有一項發明，被稱為「世界發明大王」。

一般來說，青少年期人的各種因素都是呈上升趨勢的，缺少固有的思維定勢，容易吸收新事物。這時候，你應該不斷有意識地發掘自己的內在潛力，堅持思維訓練，開拓自己的思維能力。

■ 測 一 測 ■

拿破崙·希爾說：「思考能夠拯救一個人的命運。」諾貝爾獎獲得者英國物理學家約瑟夫·湯姆森和歐尼斯特·盧瑟福一共培養出17位諾貝爾獎獲得者。關鍵因素在於這些富有創造力的天才們知道如何運用思維方法。所謂「我思故我在」，你的思考能力怎樣，做做下面的測試就知道了。

1、你覺得自己說話富有條理嗎？

2、你看完電影後，馬上能夠說出電影的主要內容嗎？

3、你能很輕鬆地閱讀小說，並能說出小說的主題嗎？

4、你在寫信時是不是可以邊想邊寫呢？

5、你有沒有發現過電視或小說中不太合理的地方？

6、你對別人的意見是不是會思考一下才接受？

7、對於一個問題，你是不是會提出自己的想法？

8、你是不是很喜歡做一些智力測驗？

9、你會不會把一件事情倒過來思考？

10、你在看電視或小說時，會不會只看一半就能猜到故事的結局？

11、你喜歡看偵探小說嗎？

12、你的同學會不會拿他們的難題向你請教？

13、你的作文是不是經常主題很明確？

14、你會不會在發現自己說錯話時為自己找台階下？

15、和同學一起出去時，你是不是經常能夠提出合理的意見讓大家接受？

16、你能不能在同學們比較尷尬的時候適時地講一些笑話來緩和氣氛？

17、你是不是經常在別人一開口就基本知道他要說什麼？

18、別人問你一道題，你是會做的多，還是不會做的多？

答「是」得一分，答「否」不得分。如果你得分在12分以上，那麼恭喜你了，你的思維能力非常敏銳和靈活，對任何事情，你都有自己獨到的思維和判

斷，說話也顯得有條有理！得分在6至12分的，你的思維能力也相當好，對於一般的事情都能積極地思維。得分在6分以下，你的思維不是太靈活，你得好好鍛鍊你的思維能力了。

怎樣培養思維能力呢？思維能力的培養應該從以下幾個方面著手：

第一，歸納和類比。

採用這種歸納法，使問題很容易得到解決。小高斯在計算老師出的題目$1+2+3+\cdots\cdots+98+99+100=?$時，就是採用了歸納法，他是這樣進行的：

共50項：$101\times50=5050$

歸納時要抓住事物的關鍵。例如從男人、女人、成年人、孩子、白人、黑人中歸納出他們都屬於人。從汽車、火車、卡車、單車、機車、三輪車等歸納出它們都屬於「車」。這些都是用了歸納法。

類比是由一事物的某些特徵而聯想到另一事物，並進行比較。例如鳥與飛機，它們都會飛，由三角形到四邊形，由直線想到平面等。

類比是通向創造發明的一條重要途徑，許多發明和創造都是透過類比而實現的。例如，1960年代才發展起來的仿生學，就是建立在類比推理的基礎上。收音機潛水艇的發明，就是從鳥的飛翔、魚的浮沈，經過類比聯想，觸類旁通而獲得的。

第二，比較與分類。

比較是把一個事物與另一個事物進行對比，看兩者有哪些相似或者不相似的地方。例如人與貓進行比較可以知道兩者都是有生命的、都有四肢、都是哺乳動物等；兩者的不同之處就是貓不能直立行走等等。如果你善於進行比較，你肯定可以想出更多人與貓的相同與不同之處。

分類也是一種非常重要的思維方法，它是把具有某些相同特徵的事物歸成一類。分類有助於我們從整體上掌握某一類事物。

分類時，要明確不同的分類標準，分的類是不同的。例如三角形，如果按邊是否相等可分為：等邊三角形、不等邊三角形。如果按角的大小可分為：銳角三角形、鈍角三角形、直角三角形。

由此可見，分類標準是前提。確定分類的標準後，就開始對事物進行分類。分類中能否想得全面，與我們的知識水準有關。我們應當在自己已有知識的基礎上，充分發揮自己的想像力。

第三，抽象與概括。

抽象與概括是對一類事物進行分析，總結出主要特徵的一種方法。

許多年前，一位聰明的老國王召集了聰明的大臣，給他們一個任務：「我要你們編一本《古今智慧錄》，將世界上最聰明的思想留給子孫。」

這些聰明的大臣離開國王以後，工作了一段很長的時間，最後完成了一本洋洋12卷的巨作。國王看完後，說：「各位先生，我相信這是古今智慧的結晶，然而，它太厚了，我怕人們讀不完。把它濃縮一下吧！」

這些聰明的大臣又進行了長期的努力工作，幾經刪減後，變成了一卷書。然而，國王還是認為太長了，又命令他們再濃縮。

結果這些聰明人把一本書濃縮為一章，然後縮為一頁，再變為一段，最後則變為一句話。這句凝聚世界上最聰明思想的話是：「天下沒白吃的午餐。」

聰明的國王看到這句話時，非常高興。「各位先生，」他說，「這真是古今智慧的結晶，我們全國各地的人一旦知道這個真理，我們大部分的問題就可以解決了。」

一般來說，低年級學生進行的抽象和概括一般都是借助於實物和直觀形象而進行的。例如，我們在開始學數字時，是在認識具體實物（如蘋果、橘子）數量的基礎上，逐漸抽象出數字「1、2、3、4……」的，同時也弄明白這「1、2、3、4……」是代表事物數量多少的符號。這就是直觀的抽象、概括。

當你的語言水準有了一定發展，能理解文字、符號的意義後，抽象概括更多是靠借助於這些文字、符號和圖像完成的。

第四，提升思考的品性。

第一，思考的範圍要盡可能寬闊，就是要有一種「發散性思維」的本領。例如，請你回答：「假如讓你當隊長，你該怎樣開展隊上活動？」你就需要盡力想出數多種活動模式，提出的模式越是靈活多樣，思維就越廣闊越好。

第二，思考要盡可能深刻。少年階段，可以離開具體形象開展思考了。那麼，我們就應當盡量發揮這個特點。例如，看到燕子會飛，鴿子會飛，大雁會飛，能不能再進一步想想「鳥類會飛」、「鳥類為什麼會飛」、「飛機能飛與鳥會飛有什麼關係」等等問題。如果能反覆進行思考，就能催開更多的智慧蓓蕾。

第三，思考要力圖敏捷。在思考時，對感覺到的東西要覺察快，回應快，同時又要反映正確。這就要多多觀察，多練習，做到熟能生巧。

第四，思考要學會靈活，也就是學會從不同角度、不同方面，用多種方法考慮問題。要學會舉一反三，一題多解。例如，描寫「秋天」就可以從自然景色、從社會文化等多方面著手；而自然景色，又可以從花、果實、河流等不同事物入手。總之，模式方法越多，思考就越靈活。

第五，思考要盡可能獨立。有些少年朋友由於思想不成熟，經常會接受他人的暗示，而人云亦云。為此，我們平時要注意在學習中獨立思考，善於懷疑、爭論、辯駁，要敢於提出新奇的想法。當然，對於錯誤的想法，要勇於及時糾正，不固執己見。

相對論是什麼？——
形象思維法

　　愛因斯坦創立了相對論以後，據說全世界只有幾個高明的科學家看得懂他關於「相對論」的著作。其他人都無法理解相對論，因此，經常有許多人向他請教相對論是什麼。

　　有一次，一個對相對論一無所知的年輕人向愛因斯坦請教相對論到底是什麼。他說：

　　「愛因斯坦博士，請你用最簡單的語言解釋一下你的相對論。」

　　愛因斯坦回答：

　　「比方說，你和最親愛的人在一起聊天，一個鐘頭過去了，你只覺得過了五分鐘；可是如果讓你一個人在大熱天孤單地坐在熾熱的火爐旁，五分鐘就好像一個小時。這就是相對論。」

　　愛因斯坦是形象思維的專家。他經常能夠把深奧的理論用形象的語言表述出來。形象思維就是把抽象的內容透過自己的思維，轉化成形象的內容，並用最形象的語言表述出來的思維方法。

　　有一次，一位美國女記者走訪愛因斯坦，問道：「依你看，時間和永恆有什麼區別呢？」

　　愛因斯坦笑了笑答道：「親愛的女士，如果我有時間解釋它們之間的區別的話，那麼我們解釋完的時間一到，永恆就消失了。」

　　人在思考問題時，往往是比較抽象的。因為，通常人們腦袋中儲存的訊息大致分為兩類，即語言訊息和形象訊息。如果你能多運用形象訊息來表述你的思維過程，這種思維內容就比較容易被別人理解和接受。

　　運用形象思維首先要對內容有深刻的瞭解，例如愛因斯坦就是因為對相對論有深刻的瞭解，所以他才可以一針見血地說出相對論的內涵。

思維力

第 4 種能力

其次，要擅長形象地表述想要表達的內容。

達文西在創作《最後的晚餐》時，出賣基督的叛徒猶大的形象一直沒有合適的構思。他循著正常的思路苦思冥想，始終沒有找到理想的猶大形象的原型。這是因為，他的思想當中有太多抽象的東西。

直到有一天，修道院院長前來警告達文西，再不動手畫就要扣他的酬金。達文西本來就對這個院長的貪婪和醜惡感到憎惡，這時候仔細觀看了修道院院長，突然覺得他非常符合叛徒的形象。達文西轉念一想，何不以他作為猶大的原型呢？於是他立即動筆把修道院院長畫了下來，使這幅不朽名作中每個人都具有準確而鮮明的形象。

■ 練 一 練 ■

閱讀故事，回答問題。

有一個富翁已經病入膏肓。他把三個兒子叫到床前，對他們說：「我年齡大了，希望把家業交給你們其中一個經營，但我不知道誰最聰明？」

接著，富翁分別給三個兒子10美元，然後對他們說：「你們各自拿這10美元去買一件東西，所買的東西價格不能超過10美元，而且要把我們住的整間大房子裝滿。誰裝得最滿，誰就可以繼承家業。」

三個兒子各自拿著錢走了。

半小時後，三個兒子都回來了。大兒子扛著一棵大樹對父親說：「我買回一棵茂密的大樹，可以充滿整個房間。」

富翁聽了，微笑著搖了搖頭。

二兒子說：「我花5美元買了一車草回來，可以充滿整個房間。」

富翁還是搖了搖頭。

唯獨小兒子好像什麼都沒買，富翁問他買了什麼。小兒子二話沒說，等到天黑時，大家都認為小兒子的東西確實裝滿了整間房間。而

且，小兒子只花了2角5分錢！

富翁笑了，他終於可以把自己的家業傳給聰明的小兒子了。

你知道小兒子買的是什麼嗎？

答案：蠟燭。

什麼東西才可以裝滿整間房子？這個東西肯定是無形的，因為有形的東西很難裝滿房間的。於是他想到了光，光可以照到房間的各個角落！

■ 視 覺 遊 戲 ■

多少人？

模仿也是思維——
模仿思維法

【名人名言】才能是來自獨創性。獨創性是思維、觀察、理解和判斷的一種獨特的模式。——法國文學家莫泊桑

出生於德國的貝多芬是一代音樂名流。在音樂的創作中，貝多芬非常重視模仿。

剛開始創作《第九交響曲》時，貝多芬就對法國盧梭的共和思想非常憧憬。他透過康德、席勒等人進一步接觸了共和思想，並在《第九交響曲》中充分體現出這種共和思想。除此之外，貝多芬還收集了大量與卡比尼風格相近的法國音樂家繆爾的作品，並將他們的風格滲入到他創作的作品中。

在作曲方面，貝多芬則模仿了卡比尼和繆爾的作曲技法，把他的技法融入在第九交響曲《歡樂頌》的合唱中，正是這些模仿，造就了《第九交響曲》的輝煌。

有這麼一則寓言：

幾個漁夫在河邊打魚，撒網捕魚。到了中午時分，他們拿上捕獲的魚回去吃飯了，而這一切都被河邊樹林裡的猴子看見了。

猴子是一種很機靈、模仿能力很強的動物，他仔細學習模仿了漁夫們撒網捕魚的動作，等漁夫走後，牠從樹上悄悄下來，來到河邊，拿起網學著漁夫的樣子撒出去。由於猴子並沒有真正領悟撒網的要領，網拋得太高，反而把自己罩在魚網裡，怎麼也脫不了身。在他掙扎的時候，不留神掉進了河裡。此時已後悔莫及，在水裡掙扎了一會兒便沈了下去……。

模仿不僅是人所具有的一項能力，也是許多動物具有的能力。事實上，科學家的許多思維靈感往往來自模仿。

現代著名畫家畢卡索早期的繪畫，是從模仿法國後期印象派畫家塞尙等人而起步的。毛澤東不僅是詩人，而且還是書法家，他的書法作品大氣、灑脫，佈局

疏密相間，恰到好處，但他卻是模仿了古代書法家、揚州八怪之一鄭板橋的作品，再根據自己的氣質揮灑出來的。同樣，我們從郭沫若的書法中，可以看到柳公權字體的架構和顏真卿字體的風韻。模仿思維法是指人對自然界各種事物和現象進行類比而得到新的思維的方法。

正確的模仿絕不能僅學習表面的東西，更要學習的是要領與內涵。科學巨匠愛因斯坦在提出相對論以前的1902年到1905年，經常同索洛文、貝索等青年朋友在一個名叫奧林比亞的咖啡館聚會，一面進餐，一面自由討論科學和哲學問題。在他寫出劃時代的狹義相對論的第一篇著作中，什麼文獻也沒有引用，卻提到了貝索對他的啟發。直到半個世紀以後，愛因斯坦還相當深情地稱當年的咖啡館為「奧林比亞科學院」。海涅曾經把這種撞擊式爭論形象地比喻為「一塊鑽石磨光了另一顆鑽石」。

模仿思維主要有以下幾種方法：

方法一：原理模仿。

你知道廢水處理過程中運用的活性污泥處理法嗎？

科學家發現，河流中夾雜的有機污泥流入海洋，海洋並不會受污染。這是為什麼呢？原來，海洋中生長著能消化有機物質淨化細菌。有機物質經它消化後變成水和二氧化碳，從而使海洋具有淨化作用。

於是，科學家根據這一原理設計了一種模仿海洋自身淨化作用的淨化池，在池中放入含有淨化細菌的污泥，然後再灌入氧氣，使淨化細菌大量繁殖。這樣，廢水在淨化細菌的作用下就變成了無污染的淨水。這種透過模仿別種事物和機制原理來創造另一種事物的思維方法就是原理模仿思維法。

方法二：架構形態模仿。

有一次，北京製筆一廠劉景存到飯館吃飯。在取筷子的時候，他看到盛裝筷子的容器特別髒，而且人們用手去拿筷子，摸來摸去很不衛生。劉景存心想，能不能解決這個問題呢？

回家後，他就決定改善筷子箱，但是起初的幾次方案都不行。幾天後，他突然想起家中曾有一個50年代的提煙盒，每提一次就出來一支煙，不是可以模仿借

鏡這種架構嗎？於是，他模仿提煙盒的架構和形態，根據筷子的特點，做成了清潔筷箱。這樣，筷子就被放在封閉的盒子裡，需要時，提一次就出一雙筷子，既衛生又方便。這種透過模仿其他事物的架構形態生產新事物的思維方法就是架構形態模仿思維法。

方法三：色彩模仿。

大家都知道世界各國軍隊的服裝都是不同樣式的，但是，有一種被稱為迷彩服的隱蔽軍服的顏色幾乎都是一樣的。這是為什麼呢？這種黃綠斑斑的色彩是怎樣選定的呢？

其實，迷彩服在設計上就是運用了色彩模仿思維法。設計人員考慮到能隱蔽的目的，就模仿了草、樹和土地交叉混合的顏色，把它運用到服裝上來，於是誕生了這種隱蔽軍服。

當然，模仿是需要加入自己的思維，透過自己的領悟才能取得成就，盲目模仿就會適得其反。你一定知道東施效顰的故事吧。

春秋時期的越國有個西施，長得特別漂亮，是中國歷史上有名的四大美女之一。她的一舉一動都十分吸引人，只可惜身體不好，有心痛的毛病。

有一次，她在河邊洗完衣服回家，就在回家的路上，因為突然胸口疼痛，所以她就用手扶住胸口，皺著眉頭。誰知，村民認為西施皺眉的神情比平時更美麗了。

同村有位名叫東施的女孩，長得很難看。她看到村裡的人都誇讚西施皺眉的神情很美麗，於是也學著西施的樣子扶住胸口，皺著眉頭，在村子裡走來走去，以為有人會稱揚她。由於她本來就長得醜，再加上刻意地模仿西施的動作，裝腔作勢的怪樣子，讓人更加厭惡。有人看到之後，趕緊關上大門；有些人則是急忙拉著妻子和孩子躲得遠遠的，他們比以前更加瞧不起東施了！

由此可見，模仿如果不懂得其要領與內涵，只會適得其反。因此，你要學會從各個層次、各個角度、各個方位上去思考問題，獨立自主地把握創造的契機，盡量減少盲目「模仿他人」，減少與眾人「雷同」的思想與活動，從而克服群體思維的束縛，激發自己的創造思維。古今中外的偉大發明者、創造者，可以說沒

有一個是屈從於群體思維或盲從於他人思維的。

■ 練 一 練 ■

一、戰國時期，有個燕國人到趙國邯鄲，見趙國人走路很美，就跟著學了起來，結果不但沒有學好，反而連自己原來的步伐也忘了，只好爬著回去。你覺得這是模仿思維嗎？但是，為什麼這個人學不好呢？

二、一個日本公司和美國公司是競爭對手。當時，日本公司的負責人發現美國公司的技術越來越強，日本公司似乎無法再與之競爭。為了瞭解美國競爭對手的情況，日本公司負責人隻身來到美國，並觀察美國公司的情況。一天，美國公司的總經理乘車外出，正好在門口把這個日本人的腿撞斷了。美國公司總經理非常內疚，想用金錢補償日本人。誰知，日本人卻說：「您給我錢一下子就會用完，不如給我一份工作，讓我自己掙錢來養活自己！」美國公司總經理見這個日本人這樣自強，就一口答應了。

於是，這個日本人進入了競爭對手的公司，並學到了他想要的東西。一年後，日本人突然消失，而美國的技術卻出現在日本，美國公司的優勢逐漸被日本公司所取代。

請問，日本公司負責人的思維模式屬於什麼思維？他為什麼會取得成功？

怎樣計算燈泡的容積──
求易思維法

【名人名言】每當理智缺乏可靠論證的思路時，類比這個方法往往能指引我們前進。──德國思想家康德

發明家愛迪生曾經有個名叫阿普頓的助手，他畢業於普林斯頓大學數學系，又在德國深造了一年，自以為天資聰明，頭腦靈活，甚至覺得比愛迪生還強很多，於是處處賣弄自己有學問。

有一次，愛迪生把一支梨形的玻璃燈泡交給了阿普頓，請他算算容積是多少？

阿普頓拿著那個玻璃燈泡，輕蔑地一笑，心想：「想用這個難住我，也太小看我了！」

他拿出長尺上上下下量了又量，還依照燈泡的式樣畫了一張草圖，列出一道道算式。數字、符號寫了一大堆。他算得非常認真，臉上都滲出了細細的汗珠。

過了一個多鐘頭，愛迪生問他算好了沒有。他邊擦汗邊說：「辦法有了，已經算了一半多了。」

愛迪生走過來一看，在阿普頓面前放著許多草稿紙，上面寫滿了密密麻麻的等式。愛迪生看了微笑著說：「何必這麼複雜呢？還是換個別的方法算吧。」

阿普頓仍然固執地說：「不用換，我這個方法是最好最簡便的。」

又過了一個多鐘頭，阿普頓還是低著頭列算式。愛迪生有些不耐煩了，他拿著玻璃燈泡，倒滿了水，然後交給阿普頓說：「去，把燈泡裡的水倒到量筒裡量量，這就是我們需要的答案。」

阿普頓這才恍然大悟，愛迪生的辦法非常簡單且精確。從此，他非常佩服愛迪生的能力。

人有時候容易犯思維定勢，一件很簡單的事情往往會想得過於複雜。上例中

的阿普頓就犯了這個錯誤。

思維定勢是一種根據經驗來推斷或者受制於常規思維的一種思維方法。許多科學家也會犯這個毛病。據說，牛頓一次請瓦匠砌圍牆，他要求在牆上開一大一小的兩個貓洞（即大貓進出大洞，小貓進出小洞）。但瓦匠只開了一個大洞，牛頓很不滿意。

瓦匠說，小貓不是也可以從大洞進出嗎？牛頓這才恍然大悟。

經驗有時候確實可以幫助我們進行思維，但是，許多經驗卻會限制思維的廣度和靈活性。當思維受阻時，就需要跳出思維的框框，從結果導向去思考問題。

傳說在古羅馬時代，一位預言家在一座城市內設下了一個奇特難解的結，並且預言：「將來解開這個結的人必定是亞細亞的統治者。」

這個結引來了許多人，大家都想打開這個結，以表明自己的實力可以統治亞細亞。但是，這個被稱為Gordian的結長久以來卻無人能解開。

當時身為馬其頓將軍的亞歷山大，也聽說了有關這個結的預言，於是專門跑到這個城市，想去打開這個結。

但是，亞歷山大用盡了各種方法都無法打開這個結，他想，我打不開這個結，也不能讓別人打開，於是，他抽出了身上的佩劍，一劍將「結」劈了兩半。

這個神祕的結就這樣被亞歷山大打開了，亞歷山大終於明白：「要打開結的方法其實很簡單，但人們卻容易被思維定勢所限制住。」

果然，亞歷山大成了亞細亞的統治者。成為統治者的亞歷山大一直以這個結來警戒自己，在思考問題的時候，千萬不要被思維定勢所限制。

■ 練 一 練 ■

一、英國一家著名的報社舉辦智力競賽，為下面的難題徵求答案：

三個名人都對人類立過不朽之功，其中一個在醫學上有過重大貢獻，一個是著名的化學家，一個是舉世矚目的核子物理學家。有一天，三人搭乘同一個氣球。突然，氣球遇到風暴，要把其中一人推下去，才能確保另外兩人的安全。這

三人中，究竟應該犧牲哪一位？

　　二、假設你是個卡車司機。每天早上，你要裝2箱蘋果、6箱橘子。每天下午，裝4箱西瓜、5箱梨。問：司機年齡多大？

　　三、假如羅浮宮不幸失火了，你只能救出一幅畫，那麼你將搶救其中的哪幅畫？

　　參考答案：

　　一、體重最重的那個。

　　二、司機的年齡就是你的年齡，因為題目中假設你就是卡車司機。其他訊息都是多餘的干擾訊息。

　　三、掛在離出口最近的那幅。

把思維串起來——
聯想思維法

愛因斯坦創立相對論，是在作了大量的基礎準備、理論累積之後，運用串想思維技巧進行了他的理論創造。他是這樣進行串想的：

首先，他想像在所有相互作勻速直線運動的座標系中，光在真空中的傳播速度都是相同的（即光速的不變性）。

接著，他又想像，在所有相互作勻速直線運動的座標系中，自然定律都是相同的。於是，最後他就想像到光線在引力場中會發生彎曲。

就這樣，在一系列豐富聯想之後，愛因斯坦再把各種聯想有機地「串聯」起來，揭示出宇宙發展的最深刻邏輯關係，並由此創立了相對論。

愛因斯坦的思維活動，表現了一個完整的聯想思維過程。古希臘哲人亞里斯多德早在兩千多年前就指出：只有不斷使自己的思維從已存在的一點出發，或從已知事物的相似點、相近點或相反點出發，才能獲得對事物的新的看法，世界由此才會得以前進。聯想思維就是在頭腦中將一種事物的形象與另一種事物的形象聯想起來，探索它們之間共同的或類似的規律的思維方法。

當一個人對某個待解決的問題經過長時間反覆思考而仍得不到解決時，有時卻會在某個外界事件的觸發下，引起聯想，跳出現有圈子而產生新設想。有很多新學科、新理念、新假說和新方法的產生和出現都和進行聯想創造性思考有關。聯想思維有以下幾種方法：

方法一：接近聯想。

一提起火燒赤壁，人們自然會聯想到《三國演義》，周瑜、諸葛亮、曹操等等。因為他們具有空間和時間上的接近因素。接近聯想就是指在時間上和空間上

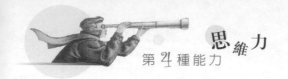
相互接近的事物之間形成的聯想。諸如由教室想到黑板（空間聯想）、由多天想到下雪（時間聯想）都是接近聯想的例子，空間聯想和時間聯想常常交織在一起。

方法二：相似聯想。

中國著名思維學家張光鑒先生認為：「大至宇宙星系之間，小至每個原子運動形式都存在著大量的相似之處。」相似聯想就是在性質上或形式上相似的事物之間所形成的聯想。例如，今天是期中考的日子，你想起了去年期中考時你在考試的情景，這是因為聯想事物對大腦產生刺激後，大腦能很快作出反映，想起同一刺激或環境相似的經驗。

方法三：對比聯想。

在日常生活中，人們從白天想到黑夜，從水想到火，從高想到矮，從大想到小，從真善美想到假惡醜等。對比聯想就是指具有相反特徵的事物或相互對立的事物之間所形成的聯想。

方法四：因果聯想。

因果聯想是對具有因果關係的事物所形成的聯想。例如，由海水污染聯想到海洋生物的死亡；由空氣污染聯想到全球變暖。

前蘇聯心理學家哥洛萬斯和斯塔林茨曾用實驗證明，任何兩個概念詞語都可以經過四、五個步驟建立起聯想的關係。例如，高山和面子，運用聯想思維可以這樣進行：

高山──平地──平面──面子；

這就是有名的五步聯想法。實際上，在五步聯想法中，以上幾種聯想方法經常混在一起使用。從「高山──平地」是對比聯想法，從「平地──平面」是相似聯想法，從「平面──面子」也是相似聯想法。

又如，電腦和單車，可以聯想為：

電腦──電動──電動車──單車

這裡，從「電腦──電動」是相似聯想法，從「電動──電動車」是相似聯想法，從「電動車──單車」也是相似聯想法。

運用聯想思維法要注意鼓勵自由聯想，使思維不受限制，自由思考，自由聯

想，這樣才能獲得新想法、新設想。

■ 練 一 練 ■

一、請你為「燈」與「污染」之間建立聯繫。

二、請你為「音響」與「頭痛」之間建立聯繫。

三、請你為「木頭」與「足球」之間建立聯繫。

四、請你為「天空」與「煙囪」之間建立聯繫。

五、請你為「椅子」與「花生」之間建立聯繫。

參考答案：

一、燈──燈塔──大海──鯨魚──鯨魚自殺──污染

二、音響──噪音──震動──頭暈──頭痛

三、木頭──樹林──田野──球場──足球

四、天空──空氣──煙塵──煙囪

五、椅子──樹木──植物──花生

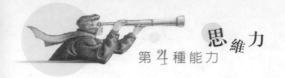

用50萬美元貸1美元——
發散思維法

猶太富翁哈德走進紐約花旗銀行的貸款部，大模大樣地坐了下來。

看到這位紳士很神氣，打扮得又很華貴，貸款部經理不敢怠慢，趕緊招呼：「先生，我能爲您做些什麼？」

「哦，我想借些錢。」哈德說。

「好啊，你要借多少？」經理高興地答道。

「1美元。」哈德說。

「只需要1美元？」經理以爲自己聽錯了。

「不錯，只借1美元，可以嗎？」哈德問。

「當然可以，但是不管借多少錢，我們都需要擔保。」經理熱心地介紹著。

「喏，這是50萬美元，這些擔保可以嗎？」哈德邊說邊從豪華的皮包裡取出一大疊鈔票堆在桌上。

「當然夠了！不過，你確信只要借1美元？」經理不太放心地問道。

「是的。」哈德接過了1美元，就準備離開銀行。經理越想越不明白，就追上去拉住哈德問：「先生，請等一下，我想知道你有50萬美元，爲什麼只借1美元呢？假如您想借30萬、40萬美元的話，我們也會考慮的。」

「啊，是這樣的，我來貴行之前，已經問過好幾家銀行，他們保險箱的租金都很貴。而您這裡租金的確很便宜，一年才花6美分。」哈德回答。

這到底是怎麼一回事？事實上，哈德不是來貸款的，他是在該地辦事，由於身上帶了那麼多現金不方便，想讓銀行暫時保管一下他的巨額鈔票。哈德爲了既省錢，又減少麻煩想了不少辦法，他想過存錢，存錢取錢必然要點鈔，這是比較

麻煩的；他也想過租用保險箱，但是問了好幾家租金都太高。於是，他才想到用50萬美元作爲抵押去貸1美元。這種做法既省去了存錢取錢時的麻煩，又省去了租用保險箱的費用，而且也是法律允許的。這種思維過程就是發散思維。

發散思維又稱擴散思維、多向思維或輻射思維。它是從同一思維出發點探求多種不同答案的思維過程和方法。發散思維的特徵就是在思維過程中充分發揮人的想像力，突破原有的知識圈，從一點向四面八方擴散，沿著不同方向、不同角度進行思考，透過知識、理念的重新組合，找出更多更新的可能的答案、設想或解決辦法。

進行擴散思維訓練首先要找到擴散點。擴散點主要有材料、功能、架構、形態、組合、方法、因果、關係等八個方面，找到「擴散點」後，就可以進行具有集中的多端、靈活、新穎的擴散訓練，以開發創造性思維的能力。

方法一：材料擴散。

這種方法就是以某個物品作爲「材料」，以此爲擴散點，設想它的多種用途。例如，迴紋針的用途有哪些？迴紋針的用途非常多，可以用來把紙和文件別在一起；可以用作髮夾；可以代替別針；可以拉直了用作粗織工的針或織針；可以當魚鉤等等。

方法二：功能擴散。

這種方法就是以某種事物的功能爲擴散點，設想出獲得該功能的各種可能性。例如，怎樣才能達到照明的目的？方法有許多，可以是開電燈，也可以點蠟燭，還可以用鏡子反射太陽光、用手電筒、點火把等。

方法三：架構擴散。

這種方法就是以某種事物的架構爲擴散點，設想出利用該架構的各種可能性。例如摺疊桌子給我們帶來了很大方便，那麼這種摺疊的架構可以運用在其他哪些事物上呢？可以是摺疊椅子、摺疊床、摺疊單車等。

方法四：形態擴散。

這種方法就是以事物的形態（如形狀、顏色、音響、味道、氣味、明暗等）爲擴散點，設想出利用某種形態的各種可能性。例如，盡可能地設想利用紅顏色

【名人名言】每一個創造行為都包含一個從世俗理念的束縛中解放出來的新的天真的感知。——匈牙利作家亞瑟‧凱斯特勒

可做什麼、辦什麼事。紅燈、紅旗、紅墨水、紅圍巾、紅星……，就可以想出許多。

方法五：組合擴散。

這種方法就是從某一事物出發，以此為擴散點，盡可能地設想與另一事物（或一些事情）聯結成具有新價值（或附加價值）的新事物的各種可能性。例如，盡可能地寫出或說出原子筆可以和哪些東西組合在一起。

方法六：方法擴散。

這種方法就是以人們解決問題或製造物品的某種方法為擴散點，設想出利用該種方法的各種可能性。例如，盡可能地寫出或說出用「提」的方法可以辦成哪些事情或解決哪些問題。想過河，沒有船怎麼辦？一顆雞蛋，你用什麼方法可以將它豎起來？這些都可以進行方法擴散訓練。

方法七：因果擴散。

這種方法就是以某個事物發展的結果為擴散點，推測造成此結果的各種原因，或以某個事物發展的起因為擴散點，推測可能發生的結果。例如，盡可能地寫出或說出造成玻璃杯破碎的各種可能的原因。手沒有抓穩，掉在地上砸碎了；被某種東西敲碎了；杯子裡的水結了冰，杯子被脹碎了；被重物壓碎等。

方法八：關係擴散。

這種方法就是從某一事物出發，以此為擴散點，盡可能地設想於其他事物的各種聯繫。例如，皮帶和蛇的相似地方，越多越好。

■ 練 一 練 ■

一、如果你獨自一人到了某個大城市，要去一個從未去過的地方辦事，這時候你會怎麼辦？

二、請寫出包含「三角形」的各種物品，寫得越多越好。

三、中國的漢字很奇妙，有的字簡單，有的字複雜，有時一個字中還會包含其他的字。請問「申」字中藏了多少個字？

四、從數學上來說，8減8是0，6減6也是0，那麼4減4是多少呢？也許你會肯定地說是0，當然，答案之一是0，但是，如果你發揮你的想像，你會發現還有其他可能的答案。

例如，4減4是8，因為一張桌子有4個角，砍掉4個角，桌子就有8個角了。

4減4是_____，因為_____。

4減4是_____，因為_____。

4減4是_____，因為_____。

4減4是_____，因為_____。

4減4是_____，因為_____。

4減4是_____，因為_____。

4減4是_____，因為_____。

4減4是_____，因為_____。

五、閱讀下面的故事，並寫出三個故事結尾，也可與三、四個同學一起做，看看大家的結尾都是怎樣的？

黑貓和白貓是好朋友，他倆一起被分發到食品廠負責捉老鼠的工作。黑貓管餅乾倉庫，白貓管糖果倉庫。

黑貓是個勤快的工作者，他一上工就採取「速戰速決」的戰術，窮追猛打，見到一隻老鼠就抓一隻。沒過幾天，餅乾倉庫裡的老鼠就消聲匿跡了。打完殲滅戰後，黑貓就無事可做了，於是他天天睡大覺。

白貓是個老謀深算的傢伙，他採取「持久戰」的戰術，他不急於把老鼠趕盡殺絕，只是每夜捕捉一兩隻，當作美餐好好享用。結果，糖果倉庫的老鼠雖然有所收斂，但是總也捕不完。白貓天天夜裡都在捕老鼠。

月底考評到了，你認為黑貓與白貓的待遇會怎樣呢？

參考答案：

三、一、二、三、十、工、土、士、王、干、丰、口、日、日、田、由、甲、申、山、上、中、七、出、古。

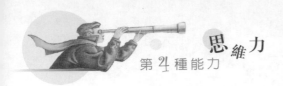

費米的思維方法——
橫向思維法

在一次演講中，著名物理學家費米向大家提到了這樣一個問題：
「芝加哥需要多少位鋼琴調音師？」

大家對費米的提問都感到很奇怪，因為大家覺得這個問題根本無從下手。但是費米卻不這樣認為，他向大家解釋道：

「假設芝加哥的人口有300萬人，每個家庭4口人，全市1/3的家庭有鋼琴。那麼芝加哥共有25萬架鋼琴。一般來說，每年需要調音的鋼琴只有1/5，那麼，一年需要調音5萬次。每個調音師每天能調好4架鋼琴，一天工作250天，共能調好1000架鋼琴，是所需調音量的1/50。由此可以推斷，芝加哥共需要50位調音師。」

費米一解釋，大家都覺得這種推論方法是正確的，事實上，你也發現了，費米的這個問題推論是一個典型的「推論法」。這種推論需要知道很多預備性的知識。例如，你應該知道芝加哥的人口數、有鋼琴的家庭所占的比例、每架鋼琴一年要調音的次數、調音師的工作效率和工作時間等。如果你不知道這些知識，這個問題顯然是無法回答的。

橫向思維法就是透過借鏡、聯想、類比，充分地利用其他領域中的知識、訊息、方法、材料等和自己腦袋中的問題聯繫起來，從而創造性地想出解決問題的方法的思維過程。

清朝著名的畫家鄭板橋，因為看不慣一個勢利的鹽商欺負他的一位窮朋友張文涓，就運用橫向思維法想出了一個辦法教訓了這個鹽商。

窮朋友張文涓欠了鹽商二兩銀子，鹽商怎麼也不答應讓他再拖欠數日，所以叫人到張家硬是搬走了他家祖傳的大龍缸。

這一天，鄭板橋來到了鹽店裡，佯裝看中了擺在店裡的大龍缸。

他故意愣頭愣腦的問頭家：「這個缸正合我意，你要賣多少錢一斤？」

老闆一聽，心想：「八成是個書呆子，缸哪有論斤賣的？何不趁這個機會，在這個呆子身上好好撈上一筆。」於是回答：「一斤就算五錢銀子，便宜賣給你。」

「好，我買了。」鄭板橋毫不猶豫地說。

鹽商喜出望外，大缸少說也有百來斤，這不是天上掉下來的金錢嗎？於是，鹽商差了幾個人抬著大缸，跟著鄭板橋回家。

鄭板橋故意帶著鹽商繞路，只見抬缸的幾個人氣喘吁吁地跟不上來。

走到接近張文涓家的一個小店，鄭板橋進去借了一個小秤之後對鹽商說：「缸太重了，這樣吧！你把缸敲下一塊來，秤3斤賣給我，我自己帶回去。」

鹽商一聽大怒，拉著鄭板橋大罵：「什麼！你是在耍我！缸怎麼能敲碎了論斤賣？」

鄭板橋不疾不徐地回答：「我先前跟你談的是論斤賣，你也答應了的。至於要買多少斤，當然要隨我啊！」

鹽商氣得說不出話來，看著抬缸的幾個工人累得坐在地上爬不起來，他無奈地說：「缸便宜賣給你吧！這原來是別人以二兩銀子抵債的，我就收你二兩銀子吧！」

於是鄭板橋付了二兩銀子，叫鹽商將缸送回了張文涓家。

橫向思維法的關鍵是要善於運用其他領域的知識，這就需要你平常多累積知識，在思考問題時才能做到旁徵博引，融會貫通。

■ 練 一 練 ■

讀故事，回答問題。

一位富翁臨終之前，身邊只有一個奴隸，他唯一的一個兒子還在遠方無法回來。於是富翁就立下了遺囑：「我死之後，我的全部財產歸奴隸所有，其他人不得動用。但是，我兒子可任意選一件物品爲他

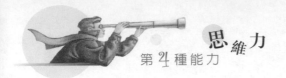
【名人名言】思維是從疑問和驚奇開始的。——古希臘哲學家亞里斯多德

所有。」富翁寫完之後，就咽了氣。

　　奴隸高興地拿著遺囑去找富翁的兒子。兒子見到遺囑，不由得大怒：「父親怎麼會把他一輩子辛辛苦苦積攢下來的財富全部都給了奴隸，而我只能挑選一件物品呢？」他百思不得其解，於是去請教村裡的智者拉比。

　　拉比聽了，微微一笑，對他說：「你父親眞是聰明，他給你留下了他的全部財產啊。你再好好看看你父親的遺囑吧。」

　　富翁的兒子拿起遺囑又看了半天，還是不明白，拉比只好直接告訴他。結果富翁的兒子得到了富翁的所有財產。這是爲什麼？富翁爲什麼要把所有的財產都給奴隸而不給自己的兒子呢？

　　參考答案：

　　拉比對富翁的兒子說：「遺囑上不是說得很清楚嗎？讓你任意選擇一件物品，你選擇了那個奴隸不就是選擇了全部的財產嗎？」

　　富翁之所以要寫下這樣的遺囑，是爲了防止奴隸帶著財產逃走。只有寫下全部財產歸奴隸，才能穩住奴隸，讓他找到自己的兒子。而兒子只要選擇奴隸，就等於選擇了全部財產。而且，當時的法律規定，奴隸的全部財產屬於主人，就算富翁立下遺囑把財產給了奴隸，事實上，從法律的角度來說，財產還是屬於自己兒子的。這一點，奴隸是不會注意到的。

從如何治療天花到預防接種——
水準思考法

天花是一種可怕的疾病，它奪去了很多人的生命。

在天花肆虐的年代，醫學科學家都把研究重點放在「病患為什麼會得到天花」或「如何治療天花」上，英國醫生勤納也是如此。

有一次，勤納觀察到擠牛奶的少女不會有感染天花的症狀，只不過手上長了一些膿包。他覺得非常奇怪，於是開始思考「擠牛奶的女工為什麼不會得天花？」這個問題。同時，他用這些膿包做出了第一個預防天花的疫苗，效果極為卓著。勤納由此發明了種牛痘方法而使天花幾近絕跡。

事實上直到今天，一個人若得了天花，醫學界仍然想不出有什麼治療的好方法。而勤納的這種思考拉開了免疫學的序幕，因為，預防接種的模式比如何治療天花不知道要高明多少倍。

水準思考法是指透過非道統的方法尋找棘手問題答案的思考方法。水準思考法在思考的起點有很多不同的、甚至相互矛盾的假設，然後找出問題的答案。

有位商人欠了放債人一筆鉅款無力償還，放債人見商人的女兒非常漂亮，就想霸佔為妻，於是，他想出了一個好辦法。

放債人對商人說，如果商人能把自己的女兒嫁給他，他願意將債務一筆勾銷。否則，他將控告商人，這樣，商人將會入獄。

商人與放債人正在花園裡鋪滿卵石的小徑上談論這件事情，恰好商人的女兒過來了。商人把這件事告訴了女兒，放債人趁機討好地對商人女兒說：「我們請上帝來決定我們的緣分吧，我從地上撿兩顆卵石，一顆黑卵石和一顆白卵石，分別放入上衣的兩個口袋中，請你挑選其中一顆，如果拿出的是黑卵石，你就得嫁給我，同時你父親的債務就一筆勾銷；如果拿出的是白卵石，你就可以繼續和你

的父親在一起，債務也一筆勾銷。如果你不願意拿卵石，我只好把你父親送到監獄去。」

看著一臉陰險的放債人，商人的女兒有點害怕。這時候，放債人彎腰撿起兩個卵石放進口袋，眼尖的女孩卻發現，放債人放進口袋的兩個卵石都是黑色的！

這就意味著，女孩選擇的卵石肯定是黑色的！女孩必須嫁給商人！這怎麼辦呢？女孩陷入了深深的思考當中。

如果你就是那個不幸的女孩，你會怎麼辦呢？

讓我們來分析一下女孩可能面對的幾種情況：

一、女孩拒絕挑卵石，那麼她的父親就會被送入監獄；

二、女孩指出放債人口袋中兩顆卵石都是黑色的，戳穿放債人的伎倆，這樣就會激怒放債人，放債人有可能把商人送進監獄；

三、女孩隨便拿出一顆黑卵石，嫁給放債人，這樣，女孩又不願意。

有沒有兩全齊美的情況呢？

有，我們可以從選出一個轉化為留下一個！事實上，這位女孩確實把考慮的焦點從口袋中的卵石轉移到了地上的卵石。

這位女孩伸手從放債人的口袋裡抓起一顆卵石，剛拿出口袋還沒讓放債人看到就故意將它失落在地上，說道：「呀哎，我真是太不小心了，不過你不要著急，只要看看口袋裡剩下的那個卵石就知道我抓的那顆是什麼顏色了。我抓的肯定與口袋中的那塊不一樣……。」

顯而易見，口袋裡剩下的無疑是一顆黑卵石。放債人不敢承認自己的欺騙行為，只好承認女孩取出的是一塊白卵石。就這樣，女孩利用水準思考法不僅救了父親，也救了自己。

水準思考能力的訓練其實也不是那麼難。將思考視為一種技藝的狄伯諾認為，每個人都可以經由訓練而培養良好的思考方法。例如在思考一個問題時，你可以先不必就這個問題鑽牛角尖，而隨便翻開一本字典，看看剛好看到什麼字或詞，然後思考這個字或詞與原先的問題有什麼關係，這就是一個新的角度。

這樣經常性的訓練，你的水準思考能力就會越來越好了。

■ 練 一 練 ■

讀故事,回答問題。

一次,鄭武公設宴招待各國使者,餐桌上擺了雕刻了九條龍的酒杯供各國使者使用,在座的使者把玩欣賞九龍杯,都讚不絕口。

宴會結束時,一個眼尖的侍衛看到一位胡國使者,竟然趁別人不注意的時候,很快地拿了一個九龍杯藏到了自己的袋子裡。

他將這件事報告了將軍范凤,但是范凤擔心直接向胡國使者要回杯子,會惹對方不高興,不知怎麼辦才好,於是便將這件事報告了鄭武公。鄭武公左思右想,要怎麼樣才能拿回九龍杯,又不傷到使者的面子呢?鄭武公終於想出了一個好辦法,順利地取到了九龍杯。你知道他是用什麼辦法取到的嗎?

參考答案:

鄭武公在宴會後安排了一場魔術秀。在魔術秀時,魔術師將3個九龍杯用黑布蓋起來,接著拿了個道具對著黑布比畫了一陣後掀開黑布,這時發現3個杯子只剩下2個。

魔術師向觀眾示意,不見了的杯子被他變到台下觀眾裡了。於是他緩緩地走向拿了杯子的胡國使者,禮貌地請他打開袋子,順利地取出了九龍杯。

格羅培斯的難題──
類比思維法

格羅培斯是世界著名建築大師。他從事建築研究40多年,克服了無數建築方面的難題,在世界各地留下了70多處精美的傑作。

格羅培斯在設計迪士尼樂園時,花了很多心血。在迪士尼樂園快要完工,對外開放時,各景點之間的道路該怎樣聯絡還沒有具體的方案。

這可急壞了施工部。於是,施工部打電話給正在法國參加慶典的格羅培斯大師,請他趕快定稿,以便按計畫竣工和開放。

格羅培斯大師對迪士尼樂園的路徑設計大傷腦筋,他已修改了50多次,沒有一次是讓他滿意的。接到施工部的催促,格羅培斯更加著急了。巴黎的慶典一結束,他就讓司機駕車帶他去了地中海海濱。他想清醒一下,爭取在回國前把方案定下來。

汽車在法國南部的鄉間公路上奔馳,這裡是法國著名的葡萄產區,漫山遍野都是當地農民的葡萄園。一路上,格羅培斯看到人們將無數的葡萄摘下來提到路邊,向過往的車輛和行人吆喝,然而很少有人停下來。

當他們的車子進入一個小山谷時,格羅培斯發現那裡停著許多車子。原來這兒是一個無人看管的葡萄園,你只要在路邊的箱子裡投入5法郎就可以摘一籃葡萄上路。

據說這座葡萄園主是一位老太太,她因年邁無力料理而想出這個辦法。起初她還擔心這種辦法能否賣出葡萄,誰知在這綿延百里的葡萄產區,她的葡萄總是最先賣完。

格羅培斯對老太太這種給人自由任其選擇的做法深有感觸,他下車摘了一籃葡萄,就讓司機調轉車頭,立即返回了巴黎。

回到住處，他給施工部發了一封電報：撒上草種提前開放。施工部按要求在樂園撒了草種，沒多久，小草出來了，整個樂園的空地都被綠草覆蓋。在迪士尼樂園提前開放的半年裡，草地被踩出許多小道，這些踩出的小道有窄有寬，優雅自然。

第二年，格羅培斯讓人按這些踩出的痕跡鋪設了行人穿越道。1971年在倫敦國際園林建築藝術研討會上，迪士尼樂園的路徑設計被評為世界最佳設計。

你一定知道魯班發明鋸子的故事吧？有一次，魯班攀登懸崖，他抓住一根茅草一拉，手被拉了一道傷，鮮血直流。魯班對茅草仔細一看，發現茅草邊沿有細細的小齒，所以能這樣鋒利。於是魯班想，如果在鐵條上也銼出這樣小的細齒來，不是能更鋒利了嗎？經過試驗，果然如此。

魯班運用的方法就是類比思考法。類比思考是從客觀事物聯繫中尋找事物構成上的相似、要素上的相似、外表形象或功能上的相似性。

古希臘哲學家蘇格拉底的妻子是個有名的悍婦，動輒對人大罵不已。有一次妻子大發雷霆，當頭潑了蘇格拉底一盆髒水。蘇格拉底無可奈何，詼諧地說：「雷鳴之後免不了一場大雨。」別人嘲笑他說：「你不是最有智慧的哲學家嗎？怎麼連老婆都挑不好？」他回答：「善於馴馬的人寧可挑選悍馬、烈馬作為自己的訓練對象。若能控制悍馬、烈馬，其他的馬也就不在話下了。你們想，如果我能忍受她，還有什麼人不能忍受的呢？」

面對嘲笑者的刁鑽，蘇格拉底機敏地應用類比手法，十分精彩地為自己作了辯白，展示了自己的語言技巧與智慧。

運用類比法常會產生新的發現和發明。將兩個以上的事物或訊息進行對照，交合類比，雙方可以是同類的，也可以是不同類的，甚至認為是風馬牛不相及，但在兩種事物的交界邊緣上可能會取得創造性的突破。

類比思維主要有以下幾種方法：

方法一：形式類比。

形式類比包括形象特徵、架構特徵和運動特徵等幾個方面的類比。

日本有位母親，她的兒子生病了，看著兒子躺在床上無法使用筆直的吸管喝水，只能用勺子餵，十分難受。於是，她開始思考怎樣能讓兒子躺著也能喝水。

一次偶然的機會，她在洗衣服的時候發現洗衣機的導水管是蛇皮形的，突然靈機一動，為什麼不能把吸管也做成這樣呢？於是，她將吸管中間的一段做成蛇皮形，這樣，她就發明了能彎曲的吸管。

方法二：功能類比。

功能類比是把一個事物的功能應用於其他事物上，從而提出新的思維結果。近代發明家貝爾發明電話機的靈感就是來源於把人的耳骨的薄膜與電話膜片直接類比。他無不自豪地回想起自己是如何應用類比思維技巧而獲得成功的。他說：「我注意到，與控制耳骨的靈敏的薄膜相比，人的耳骨的確很大。這使我想到，如果一種薄膜也是這樣靈敏以致能夠搖動幾倍於它的很大骨狀物。這就是較厚而又粗糙的膜片不能使我的鋼片振動的原因。電話就這樣被構想出來了。」

方法三：原理類比。

原理類比是指把一個事物的原理應用在其他事物上，從而產生積極結果的思維方法。

日本有家公司在鐵路沿線的三個地方分別開設了3家藥店，呈一條直線，銷售額總是上不去，十分著急。

有一天，又急又惱的公司社長上了電車想回家。在電車上，他看見幾個小學生都把手指套在三角尺的窟窿裡，用一隻手轉著玩。他突然站起身來：「哦！這裡面有名堂。」

他兩眼盯著三角尺，忽然覺得心裡一亮。此時，他想起以前看過的有關軍隊戰略戰術的書來：「這些直線排列的點，很容易被外力阻斷運輸線路，這正是失敗的最大原因。為了和友軍保持密切的合作，應該確保至少三點鼎立。」想到這裡，他激動起來。

回到家裡，他拿出地圖一看，果然發現他剛開設的三家藥店分佈在一條直線上，不覺恍然大悟：「如果把三家藥店呈三角形配置起來，那就取得了中間部分

的面積，三角形居住的人都會來買我的貨了。」

不久，他就調整了藥店的分佈，營業額果然逐漸上升，取得了很大的效益。

■ 練 一 練 ■

一、讀故事，回答問題。

據傳蘇東坡在當翰林學士時，經常與佛印禪師交往。

有一次，他來到大相軒寺，與佛印禪師一起品茶。席間，蘇東坡向佛印禪師談及自己近日來詩思衰竭，沒有了弄文舞墨的意趣，不知爲何緣由，請佛印禪師指點迷津。

誰知，佛印禪師含笑不語，只顧給蘇東坡斟茶。但見茶杯已滿，茶水外溢。蘇東坡想要去阻止，卻見禪師神祕地看著他，還在一個勁兒地往茶杯中倒。蘇東坡仔細思考了一下，恍然大悟，趕緊謝過佛印禪師，乘興歸去。

不久，蘇東坡便佳篇迭出，新詩泉湧，一發不可收拾。你知道這是怎麼回事嗎？

二、空氣是無形的，你知道用什麼簡便的辦法稱出空氣的質量嗎？

參考答案：

一、佛印禪師一個勁地給蘇東坡斟茶，是在向東坡暗示：「文思枯竭，缺乏新意，是因爲茶杯中盛滿了舊茶，新茶進不去，所以，該換換角度，換換環境，換換思路了。」蘇東坡領悟了此意，攻讀各類經典，汲取了許多新的知識，走上了創作的又一尖峰。

二、取一個吹鼓的氣球放在天平的一端，另一端放上砝碼使之平衡。然後將氣球內的氣放掉，隨著氣球內的空氣排出，天平失去平衡，必須減少砝碼才能使天平平衡，那麼減下去的重量就是空氣的重量。

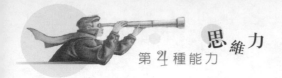

第 4 種能力　思維力

追問到底——
追蹤思維法

　　日本豐田汽車公司是汽車行業中的佼佼者，該公司生產的汽車的外形、品質、性能都非常不錯。在豐田，有一個奇怪的現象，那就是「追問到底」。對公司新近發生的每一件事情，豐田人都會採用追問到底的態度，以便找出最終的原因。例如，公司的某台機器突然停了，怎麼辦呢？針對這個問題，他們是這樣追問的：

　　問：「機器為什麼不轉了？」

　　答：「因為保險絲斷了。」

　　問：「為什麼保險絲會斷？」

　　答：「因為超負荷而造成電流太大。」

　　問：「為什麼會超負荷？」

　　答：「因為軸承枯澀不夠潤滑。」

　　問：「為什麼軸承枯澀不夠潤滑？」

　　答：「因為油幫浦吸不上來潤滑油。」

　　問：「為什麼油幫浦吸不上來潤滑油？」

　　答：「因為抽油幫浦產生了嚴重磨損。」

　　問：「為什麼抽油幫浦產生了嚴重磨損？」

　　答：「因為油幫浦未裝過濾器而使鐵屑混入。」

　　追問到這裡時，最終的原因也找到了。也就是說，要想機器正常運轉，只要給油幫浦裝上過濾器，再換上保險絲就行了。

　　「媽媽，我是從哪裡來的？」

　　「你是媽媽生出來的。」

　　「那媽媽是哪裡來的？」

206

「媽媽是媽媽的媽媽生出來的。」

「那媽媽的媽媽是哪裡來的？」

「是媽媽的外婆生出來的。按照達爾文的進化論，最早的人類是從古類人猿變的，然後，每個人都是媽媽生出來的。」

小時候，我們都向父母問過這樣的問題，而且往往對媽媽的回答不滿意，總是一直「為什麼」地問下去。事實上，這種追問是每個孩子的天性，也是追蹤思維的原型。

追蹤思維法，也稱因果思維法，指的是按照原思路追根究柢，直至找出原因的思維方法。

一般來說，任何事物都有其原因和結果、表象和本質，有其發展規律和脈絡，透過結果，可以探出事物的原因，透過表象，可以發掘事物的本質。只要你善於運用一些不引人注意的線索步步深入地追究下去，從已知到未知，從現實到可能地加以思考，最後就容易產生創造性成果。

例如，倫琴發現了X射線後，法國科學家貝克勒爾立即由此追蹤，提出X射線可能伴隨磷光現象而存在的問題，最後發現了鈾的天然放射性；居禮夫人沿著「除了鈾的放射性外，是否還存在其他類似的放射性元素」這一思路進一步深入追蹤，終於發現了釙和鐳。

怎樣進行追蹤思維呢？有一道題目是這樣的：

有一個工廠的存煤發生自燃，引起火災。這時候怎麼運用追蹤思維呢？

問：煤為什麼會自燃？

答：煤燃燒要有溫度和氧氣。煤自燃是煤慢慢氧化累積熱量，溫度升高到一定限度時發生的。

問：怎樣才能防止煤的自燃？

答：一、煤炭應分開貯存，每堆不宜過大。

二、嚴格區分煤種存放，根據不同產地、煤種，分別採取措施。

三、清除煤堆中諸如草包、草席、油棉紗等雜物。

四、壓實煤堆，在煤堆中部設置通風洞，防止溫度升高。

五、加強對煤堆溫度的檢查。

六、堆放時間不宜過大。

這樣，透過追蹤問答，問題的解決方法其實已經找到了。

追蹤思維要求你善於抓住一些常被人忽視的地方，透過仔細觀察與思索，在現有事物的基礎上一步一步地連續向前探索，一步一步地思考，直到解決問題。

■ 練 一 練 ■

一、在木材加工過程中，難免會產生刨花和鋸末，如果棄之不用，那是很可惜的。怎樣才能最大限度地利用這些刨花和鋸末呢？請運用追蹤思維想一下。

二、有一次，蕭伯納的脊椎骨出了毛病，需從腳上取出一根骨頭來接補脊椎的缺損。手術做完以後，貪心的醫生想多撈一點手術費就說：「蕭伯納先生，這是我從來沒有做過的新手術啊！」

蕭伯納顯然知道醫生的用意，如果你是蕭伯納，該怎樣還擊這位貪心的醫生呢？

參考答案：

一、將其還原為木材。例如，透過再加工而成為新型木材刨花板、鋸末板等。

二、蕭伯納說：「好極了，那麼請問，你打算支付給我多少試驗費呢？」

這是為什麼？——
質疑思維法

英國著名物理學家瑞利是個喜歡思考的人。

有一天，家裡來了客人。母親端茶出來的時候，由於碟子光滑，茶碗在上面滑動了一下，結果茶潑出來一點在碟子上。

這件小事卻引起了瑞利的思考：爲什麼開始時很容易滑動茶碗，當母親灑了點熱茶在碟子上後，卻紋絲不動了呢？

瑞利想：這太有意思了，我一定要弄清楚這是爲什麼。

於是，瑞利進行了反覆的試驗和分析，最後，他得出這樣結論：茶碗和碟子表面總有一些油膩，使它們之間的摩擦減少，所以容易滑動。等灑上熱茶後，油膩就溶解了，摩擦加大，所以不容易滑了。

接著，他又開始研究油在固體物摩擦中的作用，提出了潤滑油減少摩擦力的理論。後來，潤滑油被廣泛應用。瑞利也因此得了諾貝爾獎。

西方哲學史上有個著名的故事。哲學家羅素問穆爾：「誰是你最優秀的學生？」

當時，劍橋大學公認的優秀學生是穆爾的學生維根斯坦。

穆爾毫不猶豫地說是維根斯坦。

「爲什麼？」羅素問道。

「因爲維根斯坦在聽我的課的時候總是有一大堆問題，總是喜歡探究各式各樣的問題。」

後來，維根斯坦果然在哲學上取得了很大的成就，甚至超過了羅素。有人問維根斯坦：「羅素爲什麼落伍了？」

維根斯坦回答：「因爲他沒有問題了。」

質疑思維法是指對於各種問題都要持懷疑、好奇的態度進行思考的方法。意識到

問題的存在是思維的起點，沒有問題的思維是膚淺的思維。有了問題才會思考，思考才能找出解決問題的方法。只有當你感到需要問個「爲什麼」、「是什麼」、「該怎麼辦」時，思維才是主動的，才能眞正深入思考。例如，兩千多年前，偉大的詩人屈原曾面對長空，發出著名的「天問」，他問天地變化、問世間冷暖，這些問題促進了科學家、哲學家們深入思考，唐代柳宗元則專門寫了一篇《天對》來回答。

喜歡質疑的人總是能取得成就。著名的數學家希爾伯特就說明了這個道理。希爾伯特是一個想像力異常豐富、善於提出問題的人。

在1900年第二屆國際數學家大會上，他作了題爲《數學的問題》的報告，一舉提出了當時數學領域中的23個重大問題。這些問題，後來被稱爲「希爾伯特問題」。它們的提出，促進了數學的發展。爲此，希爾伯特總結道：「只要一門科學分支能提出大量的問題，它就充滿著生命力，而問題缺乏，則預示著獨立發展的衰亡或中止。」

每一個天才，都應該是眞正的「問題獵手」，因此，你平時一定要養成凡事多問「爲什麼」和「如何」的習慣。即使是一個貌似平常的小事，如果不斷地詢問「爲什麼」和「如何」，說不定就找到問題的答案。

■ 想 一 想 ■

請你想一想，這是問錯了？還是答錯了？

一、開會時，主持人爲了清點缺席人數，說：「請缺席者舉起手來！」結果卻引得滿堂嘩然。

二、母親見兒子放學晚歸，問他「你到哪兒去了？」兒子回答道：「到外面去了。」

三、國外有一則笑話：地理老師指著地圖上某個城市的位置問學生：「這是什麼？」學生回答道：「食指。」

參考答案：

一、主持人問錯了。缺席者既然缺席就不可能在場回答主持人的問題。

二、是兒子答錯了。媽媽的問題是讓他具體回答到什麼地點，而「外面」這個地點是不明確的。

三、是學生答錯了。老師要他回答的是地圖上的城市，而他卻以為是老師的食指。

■ 視 覺 遊 戲 ■

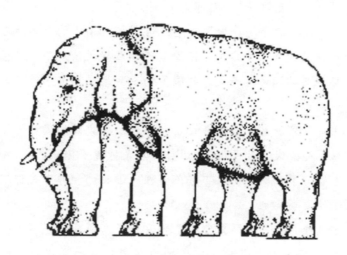

多少象腿？

我的炮彈打偏了！——
側向思維法

1916年4月，第一次世界大戰的凡爾登會戰後期，德軍和法軍彼此連續炮擊兩天兩夜後，位於馬斯河上游的法軍炮兵陣地彈藥所剩無幾，炮兵傷亡過半。而德軍的炮火似乎還十分充足，繼續向法軍不斷開炮。

不得已，部隊長只好起用一批毫無開炮經驗的後勤人員臨時上炮位頂陣。其中有位年輕的士兵由於對開炮十分恐懼，在沒有瞄準的情況下，手忙腳亂中將一發炮彈打了出去。炮彈一出膛，這位膽小的士兵就失聲叫道：「我的炮彈打偏了！」

部隊長抬頭一看，這發炮彈真是偏得太離譜了！德軍陣地在東北方向，而炮彈飛向了西北方向。在彈藥所剩無幾的情況下，這種行為絕對是不可原諒的。部隊長氣急敗壞地向士兵衝了過去，準備狠狠地教訓他一頓。

就在此時，只聽見炮彈飛去的方向傳來一聲沈悶的爆炸，接著一聲聲爆炸聲此起彼伏，綿延不絕的爆炸聲足足持續了30多分鐘！

這是怎麼回事？所有的人都愣在那裡，士兵們和部隊長都不明白究竟發生了什麼事情。

原來，這發打偏的炮彈鬼使神差地偏到了斯潘庫爾森林中一座重要的德軍祕密彈藥補給基地，它成功地穿過狹窄的通風口直搗彈藥庫，引爆了基地所儲備的全部彈藥！

這發炮彈造成德軍60多萬發大口徑炮彈和其他數十公噸彈藥全部被銷毀，法軍元帥貝當趁機大舉反攻喪失了炮火支援的德軍陣地，能征善戰的德軍終於失敗了。

　　這個士兵真有意思，明明打偏了居然打得最「準」，這當然是意外的情況，事實上，側向思維就是需要從側面來思考問題。

　　在日常生活中，經常會見到人們在思考問題時「左思右想」，說話時「旁敲側擊」，這種從旁側開拓出思路的思維模式就是側向思維法。它要求思考者盡量利用其他領域的知識，從別人想不到的角度觀察、分析，達到解決問題的目標。

　　有位心理學家做過這樣一個實驗，把狗和雞關在兩堵短牆之間，在狗和雞的前面用鐵絲網隔開放了一盆飼料，雞一看到飼料馬上直衝過去，結果左衝右突就是吃不到食物。狗先是蹲在那兒直盯盯看著食物和鐵絲網，又看看周遭的牆，然後轉身往後跑，繞過牆來到鐵絲網的另一邊，結果吃到了食物。

　　我們人類在考慮某個問題時也有類似現象，有人總是死抱正面進攻的方法一味蠻幹，絲毫不能解決問題，而有人則採用迂迴戰術，用意想不到的方法，輕而易舉地獲得成功。這就是側向思維。側向思維也被人稱為「從其他離得很遠的領域取得啟示的思維方法」。側向思維主要有以下兩種方法：

　　方法一：目標側向。

　　日本創造學家多湖輝在《腦力激盪》中講了這樣一件事：某電影院生意雖然很好，但有一點顧客不滿意，那就是「廁所太小」。觀眾要上廁所往往要排隊，令人煩躁不安。但要改造廁所，又有不少具體困難。電影院的經營者向多湖輝討教怎麼辦，多湖輝想了很多方法，例如，避免觀眾一起湧進來、設立「時差制度」、限制上廁所的時間等等，但是這些方法在具體實施當中不太可行。

　　最後，多湖輝想：既然廁所小的毛病使觀眾要排隊並煩躁，那麼問題的目標就是解決排隊煩躁。而正面改造廁所不可能，那麼只解決一側面問題，使他們不那麼煩躁，不也很好嗎？於是便提出在廁所旁邊的牆上，貼上多種宣傳海報，包括新的電影介紹等。一個月後，老闆親自向多湖輝道謝，說儘管排隊上廁所的人還是一樣多，但由於有那些內容豐富的宣傳海報，也就不太覺得煩躁了。

　　問題的側向拓展往往伴隨著對真正問題的界定，即上升問題的層次。在上例中，最早的問題是改造廁所的問題，但是假如把這一問題上升一個層次，就會發現「等候上廁所煩躁」才是根本問題，那麼廁所小和必須改造廁所只能算是這一

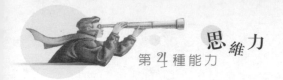

問題的體現模式之一，而以其他模式（如宣傳海報）讓人不煩躁，同樣也可以達到目標。透過這些模式將問題往側面拓展，也不失爲解決問題的方法。

方法二：側向推理。

古時候，有一人想過河，他來到河邊大聲問到：「哪位船老大會游泳？」

話音剛落，好幾個船老大都圍了過來，熱情地自我推薦：「我會游泳，客官做我的船吧！」

只有一位船老大沒有過來，坐船人就走過去問那人：「你水性好嗎？」

船老大不好意思地說：「對不起，我不會游泳！」

坐船人高興地說：「那好，我坐你的船！」

爲什麼坐船人要選不會游泳的船老大呢？原來，坐船人認爲，不會游泳的船老大，他必然會小心地划船，坐他的船就比較安全了。這種從側面來推理的方法就是側向推理法，它的結果還是安全地渡過河。

■ 練 一 練 ■

一、請你在15分鐘內剪下大小不一的30個實心圓圈。

二、機械工廠的精密零件，大部分都需要人手加工。爲了防止工作物生鏽，工人必須整天戴手套。爲了使手指更加靈活，手套做得很緊束，不但戴上脫下很麻煩，而且容易腐蝕或破爛，因此這一筆經費負擔非常龐大。你覺得怎樣來改進這種手套呢？

參考答案：

一、把圓規的筆尖改裝爲小刀片，然後用改裝後的圓規來裁剪圓圈。

二、一個工人想出了液體手套的想法。使用時，把雙手浸一下化學藥液，即變成一層透明的薄膜，像戴上橡皮手套一樣。這種手套很柔軟、很舒適，而且富有彈性。工作完了以後，把手泡在水裡，即可完全溶化掉。

救命的槍聲──
逆向思維法

「救命啊，救命呵！」

拿破崙正騎馬穿過一片森林，遠處突然傳來一陣緊急呼救聲。他躍馬揚鞭，向著發出呼救聲的地方飛奔而去。穿出林子，不遠處是一個湖泊。離岸30公尺處，一個落水的士兵正在掙扎著向深水區漂移。岸上有幾個士兵慌作一團，一面高聲呼救，一面急得跳腳。他們全都不會游泳，眼看夥伴就要淹死，卻束手無策。

這時，拿破崙奔到湖邊，問了一聲：「他會游泳嗎？」

一個士兵答道：「他只能撲騰幾下子，現在已經不行了，漂到了深水裡，剛才還喊救命呢！」

「哦！」拿破崙哼了一聲，腦子飛快地轉動著，隨即從緊跟而來的侍衛手中抓過一支槍，嚴厲地向落水士兵喊道：「你幹嘛還往湖中爬，快給我回來。再往前我就槍斃你！」說完就朝落水者前面開了兩槍。

也許是聽到了嚴厲的威脅，也許是子彈濺水的嘯聲，也許兩者兼而有之，落水者猛然轉過身來，拼命撲打著水，好不容易找到淺水處，爬上了岸。同伴們爲他高興，小夥子驚魂初定，這才發現面前站著的竟是拿破崙，心有餘悸地說：「陛下，我是不小心才落水的，快要淹死了，您幹嘛還要槍斃我？您的子彈差一點就打中我了，真把我嚇死啦！」

拿破崙笑道：「這是一個荒野深湖，你再往前漂去，沈到湖底，就不用回來了。嚇了你一大跳，不就回過頭來，得救了嗎？」士兵恍然大悟，趕忙向拿破崙皇帝感謝不迭。

司馬光打破水缸救小孩子的故事你肯定讀過，爲什麼說司馬光比其他孩子聰明呢？原因就是他運用了逆向思維法。因爲要使水缸裡的小朋友不被淹死，就得想辦法讓人和水分離。別的小朋友想的都是把人從水裡拉出來，即人離開水，而司馬光想的恰恰是讓水離開人。這種突破思維定勢，從對立、顚倒、相反的角度去思考問題就是逆向思維法，也就是反向思維法。通俗地講，就是倒過來想問題。

事物發展變化有一定的因果關係，既可以由因及果，也可以由果及因，具有順推和反推的交換作用，突破習慣思維定勢的束縛，就可以獲得認識上的自由。逆向思維要從結果入手，反向思考，步步深入，直到得出正確答案。綜觀歷史，凡是有逆向思維的人，無不創造了不朽的功績。例如「破釜沉舟」，打仗本來要具備良好的交通工具和後勤供應，項羽卻採取了逆向思考——砸鍋、沈船。韓信「背水陣」，一反作戰常規，自己斷掉自己的退路，士氣大振，大獲全勝。孔明巧設「空城計」，一反「兵來將擋，水來土掩」的常規，以空城對敵，巧用「反彈琵琶」之計而獲勝。逆向思維有許多種具體的方法：

方法一：反轉型逆向思維。

這種方法是指從已知事物的相反方向進行思考，「事物的相反方向」指的是從事物的功能、架構、因果、狀態關係等方面作反向思維。

三百多年前，人們就發現人在生病時，體溫一般會升高，但那時並沒有辦法準確地測出體溫上升的幅度。於是，醫生就請教了當時素有盛名的科學家伽利略來解決這個問題。伽利略設計了許多方案，都失敗了。有一次，他給學生上實驗課，他邊操作邊講解，並向學生提問：「當水溫升高時，水爲什麼會在容器內上升？」「由於水熱脹冷縮的緣故。」學生做出了正確的回答。突然，這個回答啓示了伽利略，他心中一亮：「反過來，從水的體積的變化，不也就能測出溫度的變化了嗎？」於是，伽利略製成了世界第一支溫度計。

又如，電能生磁，那麼磁能生電嗎？法拉第由此得出了電磁感應原理。同樣，1800年，義大利物理學家伏特第一次將化學能轉換成了電能，那麼反過來，電能是否也能轉換爲化學能呢？英國化學家戴維由此進行大量研究，最終創立了

電化學。過去用鋸和刨來加工木頭時，都是木頭不動而鋸子和刨子動，自從人們發明了固定的電鋸機和電刨機後，就改成了木頭動而機器不動。同樣，「電梯」的發明也是如此，原來是人動「梯」不動，現在是「梯」動人不動。

方法二：轉換型逆向思維。

這種方法是指在思考一個問題時，由於解決問題的手段受阻，因而轉換思考角度來提出解決問題的手段的思維方法。

例如，原子筆的漏油一直是難以解決的難題，許多人認為是由於鋼珠的磨損造成的，因而都在強化鋼珠硬度、耐磨性上花費極大精力，但材料上卻難以突破。日本一位發明家沒有在常人的思路上鑽牛角尖，他認為將原子筆筆管中的油減少，使其在鋼珠沒有用壞之前，筆管中的油就已經用完了，漏油問題不就解決了嗎？於是他買來大量原子筆，反覆使用，統計出常用原子筆寫了多少字、用了多少油開始漏油的規律，減少管中的灌油量，從油的角度出發，解決了原子筆的漏油問題。

方法三：缺點逆用思維。

這是一種利用事物的缺點，想盡辦法擴大缺點，將缺點變為可利用的東西，化被動為主動，化不利為有利的思維方法。

例如，某時裝店的經理不小心將一條高檔呢裙燒了一個洞，其身價一落千丈。如果用織補法補救，也只是蒙混過關，欺騙顧客。這位經理突發奇想，乾脆在小洞的周遭又挖了許多小洞，並精於修飾，將其命名為「鳳尾裙」。一下子，「鳳尾裙」銷路頓開，該時裝商店也出了名。

■ 練 一 練 ■

一、讀故事，回答問題。

一位老獵人在盤子上放了四顆大蘋果，讓三個兒子用最少的箭射掉全部蘋果。大兒子比劃了一下，說：「我要用三支箭。」二兒子一聽，急忙說：「那我只用兩支箭就可以。」小兒子先想了一下，說：

「我覺得一支就足夠了。」

老獵人聽了很高興，誇獎小兒子聰明，讓大兒子和二兒子向小兒子學習，不僅要有技術，還要善於動腦筋。大兒子與二兒子聽了不服氣，認為小兒子在說大話。於是小兒子一箭射出，四個蘋果全都落地。你知道他是怎樣射落蘋果的嗎？

二、一輛卡車裝了滿滿一車貨物要從一座橋下通過，但是卻因貨物裝得高出能通過高度一公分而無法通過。司機下車仔細觀察，也想不出辦法，他正要轉身繞道而走的時候，一個小孩對他說了一句話。司機想想有道理，結果聽從小孩的話，順利通過了橋洞。小孩說的是什麼話？

參考答案：

一、射落盤子就可以射掉全部蘋果了。

二、把輪胎裡的氣放掉一些。

■ 視 覺 遊 戲 ■

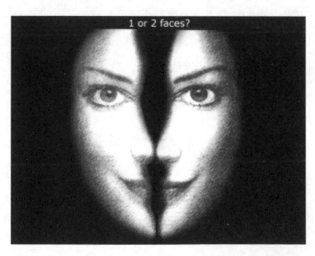

幾張臉？

莫札特的彈奏——
求異思維法

著名的作曲家莫札特小時候曾師從於偉大的作曲家海頓。有一次莫札特對海頓說：

「老師，我能寫一段曲子，您肯定彈奏不了。」

海頓不以爲然地說：「怎麼可能呢？」

莫札特將自己寫好的曲譜遞給了海頓，海頓彈了一段時間後驚呼起來：

「這是什麼曲子啊？當兩隻手分別在鋼琴兩端彈奏時，怎麼會有一個音符出現在鍵盤中間呢？看來這個曲子是無法彈奏了！」

莫札特卻對老師說：

「老師，讓我試試。」

只見莫札特在遇到鍵盤中間的音符時，便俯下身體，用鼻子彈了出來。

海頓對此感慨不已。

據說，哥倫布發現新大陸後，西班牙女王爲他舉行慶功宴。對於哥倫布發現新大陸的功勞，許多貴族認爲是偶然的。

面對這種局面，哥倫布沒有和他們辯解，他在宴席上拿起一顆雞蛋，對這些貴族說：「諸位先生，你們能把這顆雞蛋立在桌子上嗎？」

貴族們心想：把雞蛋立起來有什麼難的？誰知，大家折騰了半天也立不起來。

這時，哥倫布將雞蛋往桌子上一敲，雞蛋立住了。

貴族們很不服氣，覺得這樣做自己也會做。

哥倫布笑笑說：「問題是你們這些聰明人，誰也沒有在我之前想起這樣做！」

哥倫布的行動打破了常規的思維模式，是一種求異思維。但是，難道雞蛋真的就不能完整地立起來嗎？

幾年前，一位叫中谷的日本人對此發出懷疑。

中谷用放大鏡反覆觀察了蛋殼的表面，發現只要選準三個合適的點作支點，就能把雞蛋完整地立起來。果然，在中谷的指導下，其他人也能夠在很短的時間內把雞蛋立起來了。

與哥倫布相比，中谷也是一種求異思維。

求異思維法就是運用與常人不同的思維模式，突破、跳出傳統理念和習慣勢力的禁錮，不受任何框架、任何模式的約束，從新的角度認識問題，以新的思路、新的方法進行思考的方法。

求異思維的主要規律和方法是對比聯想，找出兩個事物之間的關係。

1981年英國王子查爾斯和王妃在倫敦舉辦耗資10億英磅的世紀婚典，許多商家在包裝盒上印上了王子和王妃的照片，在各類產品上設計、印製了許多紀念圖案，在報刊雜誌大做宣傳廣告等大發橫財，而這其中最出色的應首推一家經營望遠鏡的公司。

盛典之際，人山人海，當後排的人們正為無法看到王妃風采而著急時，該公司及時推來一車車「觀禮潛望鏡」，人們蜂擁而上，不一會兒就搶購一空。平常人都覺得婚禮與潛望鏡之間並沒有什麼直接聯繫，但精明的商人硬是從中找到了兩者的內在聯繫，從而獲取了豐厚的利潤。這就是「求異」帶來的成果。

對比聯想常常與客觀事物之間的對比、語言學中的反義詞有關係，例如方與圓、縱與橫、紅與藍、黑與白、天與地、大與小、長與短、寬與窄、厚與薄、高與矮、多與少、導體與非導體、金屬與非金屬、正與負、強與弱、少與多等都是對比聯想的素材，開啓求異思維的思路。你要善於對兩個事物進行對比和聯想，運用對比和反義來實現求異思維。

■ 想 一 想 ■

一、有個裝滿水的杯子，請你在不傾倒也不打碎杯子的情況下，取出杯中的全部水。你是不是想到了用吸管把水吸出來？這當然是可行的；是不是想到用強風把水吹出來？這也是可行的；那有沒有其他更特別的方法呢？

二、宴會上，主人拿出一瓶酒，告訴大家，酒瓶用軟木塞塞住，沒有起塞工具又不准損壞瓶子，能否使大家喝到瓶子裡的酒呢？如果當時你也在場，你有什麼好辦法嗎？

參考答案：

一、例如，用裝滿水的汽球把杯子裡的水替換出來。還有很多特殊的方法都可以，只要能達到目的。

二、將塞子塞入瓶中，酒便能倒出來。

【名人名言】有想像力而沒有鑑別力，是世界上最可怕的事。——德國文學家歌德

迷惑的管家——
邏輯思維法

著名的寓言作家伊索，年輕時曾經當過奴隸。

有一天，他的主人要他準備最好的酒菜，來款待一些哲學家。當菜都端上來時，主人發現滿桌都是各種動物的舌頭，簡直就是一桌舌頭宴。

全桌客人議論紛紛，氣急敗壞的主人將伊索叫了進來問道：

「我不是叫你準備一桌最好的菜嗎？」

伊索謙恭有禮地回答：

「在座的貴客都是知識淵博的哲學家，需要靠著舌頭來講述他們高深的學問。對於他們來說，我實在想不出還有什麼比舌頭更好的東西了。」

哲學家們聽了他的陳述都開懷大笑。

第二天，主人又要伊索準備一桌最不好的菜，招待別的客人。

宴會開始後，沒想到端上來的還是一桌舌頭，主人不禁火冒三丈，氣沖沖地跑進廚房質問伊索：

「你昨天不是說舌頭是最好的菜，怎麼這會兒又變成了最不好的菜了？」

伊索鎮靜地回答：

「禍從口出，舌頭會為我們帶來不幸，所以它也是最不好的東西。」

一句話讓主人啞口無言。

有一次，愛因斯坦對學生說：

「有兩個房屋維修工，當他們從破舊的煙囪裡爬出來的時候，一個很乾淨，另

一個卻滿臉滿身都是煤灰，請問，他們誰會去洗澡呢？」

一個學生馬上說：「當然是那位滿臉滿身都是煤灰的維修工了！」

愛因斯坦笑笑說：「是嗎？當乾淨的維修工看到另一位滿臉滿身都是煤灰的維修工時，他會覺得自己也很髒。而滿臉滿身都是煤灰的那位就不會那麼想了。現在再問你們，誰會去洗澡？」

有一位學生很興奮地說：「我知道了！乾淨的維修工看到髒的維修工時，覺得自己很髒；但是髒的維修工看到乾淨的維修工時，覺得自己很乾淨。所以一定是乾淨的那個去洗澡了。」

同學們對這個答案似乎很滿意。

這時，愛因斯坦慢條斯理地說：「這個答案是錯的。兩個人同時從破舊的煙囪裡爬出來，怎麼可能一個是乾淨的，一個是髒的呢？這就叫做邏輯。」

邏輯是什麼呢？具體地說，就像當一個人走進迷宮時，會中了迷宮設計上的圈套，而選擇了錯誤的路徑，結果在其中打轉，這時如果能讓自己摸索著離開這個佈局，走向高處，由高處俯視，便能清楚地看到迷宮中的整個佈局和所有的正確路徑。這個路徑就是邏輯。要想尋找邏輯，就要脫離一切人爲的佈局。

邏輯思維法就是借助概念、判斷、推理等思維形式所進行的思維方法，是一種有條件、有步驟、有根據、漸進式的思維模式。

例如，動物王國的儲備鹽被人偷吃了，法官審問三個嫌疑犯。

毛蟲說：「是蜥蜴比爾吃的。」

蜥蜴比爾說：「是這樣的。」

花貓說：「不是我吃的。」

這三個傢伙說其中至少一人說的是眞話，至少一個人說的是假話。到底是誰吃了鹽呢？

這時候可以這樣分析：

假設是蜥蜴比爾吃的，那麼這三個傢伙都說了眞話。這不可能，故以排除；

假設是花貓吃的，那麼這三個傢伙又都說了假話，故以排除；

所以只有剩下的假設是正確的，即毛蟲吃了鹽。

邏輯思維的關鍵是要抓住問題的前提，如果不確定前提，往往會造成自相矛盾的情況。希臘哲學家喜歡以一則寓言來說明思考上的矛盾。

一條魚咬住了一個小孩子，孩子的媽媽哭泣著懇求魚放了她的孩子。

魚說：「你猜我會吃了你的寶寶嗎？如果你答對了，我就放了他。」

婦人思考了一會兒說：「你想吃掉我的孩子！」

魚興高采烈的說：「如果我把孩子還給你，你就說錯了，所以我可以吃掉你的孩子。」

孩子的媽媽立刻說：「不！如果你想吃掉我的孩子，就表示我說對了，你該信守諾言將孩子還給我。」

被搞得糊里糊塗的魚只好鬆了口，婦人抱起了孩子，飛快地逃走了。

這位女人的聰明就在於她發現魚思考的前提與她思考的前提是不一樣的，然後抓住魚在邏輯思考上的破綻，救出了自己的孩子。

■ 練 一 練 ■

一、很久很久以前，在東方的一個國家裡，有一個馳名的降神者。他和別的降神者不同，透過他的口預示吉凶的不是一個神，而是三個：說真話的神、說假話的神和耍花招的神。這三個神像模樣完全一樣，被供在祭壇裡面，請願的人就跪在這個祭壇裡面。

這三個神總是有求必應，但是由於他們模樣完全一樣，誰也判斷不出是哪個神在回答。有一天，來了一個人，他決意要辨認出每個神的真面目。他問站在左邊的神：

「你身邊站的是誰？」左邊的神答道：「說真話的神。」

接著，他又問站在中間的神：「你是誰？」中間的神答道：「耍花招的神。」

最後，他問站在右邊的神：「你身邊站的是誰？」右邊的神答道：「說謊話的神。」

這個聰明的人一下子就分出了三個神的眞實身分。你知道他是怎麼分出來的？

二、一天晚上，福爾摩斯和華生宿營在外。在美麗的星空下他們架好了帳篷入睡了。半夜裡福爾摩斯把華生推醒，說道：「華生，瞧天上的星星，告訴我你看到了什麼？」

華生半夢半醒地回答：「我看到了成千上萬的星星。」

福爾摩斯又問：「那你能從中推理出什麼呢？」

華生答道：「嗯，如果有成千上萬的星星，而且如果其中一小部分擁有行星，那麼很可能存在著與地球同樣的星球，而如果存在著地球同樣的星球，那麼那兒一定也存在著生命。」你覺得華生的回答正確嗎？

三、有兩個園丁在菜園裡爲主人幹活。園丁甲看見白菜葉子上生了蟲子，便把蟲子捉了踩死了。園丁乙看到了，就埋怨他不該踩死蟲子。於是，兩個園丁吵了起來。

這時，主人和管家過來了，主人問他倆吵什麼。

園丁甲說：「我看到蟲子在吃菜，就把蟲子捉了踩死了。我覺得不踩死蟲子怎麼能保護白菜呢？」

主人點點頭說：「說得對！」

園丁乙說：「蟲子也是一條生命，它不吃白菜怎麼活下去呢？踩死了蟲子怎麼能保護蟲子的生命呢？」

主人也點點頭說：「說得對！」

這時，站在一邊的管家有些迷惑不解，他悄聲問主人：「根據邏輯學上的道理，要是兩種觀點發生矛盾的話，其中必有一錯，而不可能都是對的。」

主人又點點頭說：「說得對！」

請問，到底誰說得對呢？

參考答案：

一、左中右分別是要花招的神、說謊話的神和說眞話的神。

（1）假設左邊的神說的是眞話。他說中間的神是說眞話的神，但是，中間的神卻回答自己是耍花招的神，兩者是矛盾的。因此，這個假設是不對的。

（2）假設中間的神說的是眞話。他說他是耍花招的神，那麼左右兩邊的神肯定是一個說眞話，一個說假話。左邊神說中間的神是說眞話的神，右邊神說中間的神是說謊話的神，兩者說的都與中間神的不一樣，都是謊話，因此，這個假設是不對的。

（3）假設右邊的神說的是眞話。他說中間的神是說謊話的神，那麼他自己由於說了眞話應該是說眞話的神或耍花招的神。而左邊的神說中間的神是說眞話的神就是謊話。他就是耍花招的神。因此，右邊的神是說眞話的神。這個假設是成立的。

二、錯誤，這表明福爾摩斯和華生的帳篷被偷了！

三、都說得對。但是都沒確定前提是什麼。

■ 視 覺 遊 戲 ■

鉛筆是彎曲的嗎？

什麼是美德？——
辯證思維法

　　有一天，蘇格拉底遇到一個正在向眾人宣傳「美德」的年輕人。蘇格拉底就向年輕人請教：「請問，什麼是美德？」

　　年輕人不屑地看著蘇格拉底說：「不偷盜、不欺騙等品德就是美德啊！」

　　蘇格拉底又問：「不偷盜就是美德嗎？」

　　年輕人肯定地回答：「那當然了，偷盜肯定是一種惡德。」

　　蘇格拉底不疾不徐地說：「有一次，我在軍隊當兵，接受部隊長的命令深夜潛入敵人的營地，把他們的兵力部署圖偷了出來。請問，我這種行為是美德還是惡德？」

　　年輕人猶豫了一下，辯解道：「偷盜敵人的東西當然是美德，我說的不偷盜是指不偷盜朋友的東西。偷盜朋友的東西就是惡德！」

　　蘇格拉底又問：「又有一次，我一個好朋友遭到了天災人禍的雙重打擊，對生活失去了希望。他買了一把尖刀藏在枕頭底下，準備在夜裡用它來結束自己的生命。我知道後，便在傍晚時分溜進他的臥室，把他的尖刀偷了出來，使他免於一死。請問，我這種行為是美德還是惡德啊？」

　　年輕人仔細想了想，覺得這也不是惡德。這時候，年輕人很慚愧，他恭恭敬敬地向蘇格拉底請教什麼是美德。

　　事物總有正反兩個對立面。愛迪生在試製白熾燈泡時，曾經失敗了1200次，有個商人諷刺愛迪生是個毫無成就的人。愛迪生哈哈大笑：「我已經取得了很大的成就，因為我證明了這1200種材料不適合做燈絲。」可見，失敗其實也是成就，關鍵是你從什麼角度看待。

有一次，美國艾士隆公司董事長布希耐在郊外散步時，偶然看到幾個小孩在玩一種又醜又髒的昆蟲，愛不釋手。他頓時聯想到：某些醜陋的玩具在部分兒童心理上佔有地位。市面上銷售的玩具一般都是造型優美、色彩鮮豔的，為什麼不能生產一些醜陋的玩具給孩子們玩呢？

於是，他安排研製了一套醜陋玩具，果然一炮而紅，收益很大，醜陋玩具在市場上形成了一股熱潮。可見，很多時候，醜的就是美的。

古羅馬神話故事中有一位守門神，叫做努雅斯，他有兩個相反的面孔，所以又稱為兩面神。要進入他的大門必須要面對兩種不同的臉孔，要想安全過關，就必須要有從不同的角度反轉得快的頭腦。這就是古羅馬時代的「努雅斯理論」，它教導大家凡事都要一分為二，要面對事情正反兩個方面，從不同的角度來辯證思考事情。

辯證思維法主要有兩種：

方法一：顛倒思維法。

凡事都有好的一面，也有不好的一面，這時候要善於顛倒，從另一方法來思考問題。例如，在一家生產書寫紙的工廠，一位工人弄錯了配方，結果生產出的紙不能書寫，書寫時紙張滲水、品質低劣，售出後全部被顧客退回，成了廢品。他也因此被解雇。解雇後的他拿了一些廢紙回家，想研究補救的辦法。有一天，他不小心打翻了墨水瓶，於是隨手用這種廢紙來擦桌子，誰知，墨水很快就被吸乾了。這個工人由此得到啟發：把廢紙作為吸墨水紙出售。他把這個想法告訴了工廠，結果「廢紙」反而成了一種新產品，受到客戶的歡迎，而且還獲得了生產吸水紙的專利。

方法二：中間融合法。

好與壞是對立的，那麼能不能折衷一下呢？例如，女士們穿平底鞋，走路舒適、輕鬆；穿高跟鞋，走路挺胸、氣派。但是，為什麼只能是平底鞋及高跟鞋呢？能不能使對立兩極在中間融合呢？於是，坡跟鞋被開發出來了。它既不是平底鞋，也不是高跟鞋，然而又既有平底鞋的優點，又有高跟鞋的長處。

■ 練 一 練 ■

　　日本大阪的南部，有一處著名的溫泉，溫泉的四周是景色秀麗的青山翠谷。來這裡觀光旅遊的客人，總要泡一泡溫泉浴，還要坐纜車望一望峰巒美景。但由於時間關係，有些人往往來不及一次完成這兩項活動，只能二者擇一，或者泡溫泉，或者望山景，然後懷著遺憾離開了。如果你是溫泉的經營者，怎樣才能找到兩種活動的共同點，讓旅遊者同時參加兩項活動呢？

　　參考答案：
　　將溫泉澡池裝在電纜車上，讓它們在叢山峻嶺中來回滑行。每個澡池可容納兩人，讓旅遊者邊泡澡邊欣賞美景。

【名人名言】如果一個想法在最初不是荒唐的，那就不要對它有任何希望。——德國科學家愛因斯坦

曹沖稱象——
變通思維法

曹操是三國時期著名的政治家。一天，外國人送給他一隻大象，他很想知道這隻大象有多重，於是叫手下的官員想辦法把大象稱一稱。

這可把官員們難倒了。那時候沒有那麼大的秤，人也沒有那麼大的力氣把大象抬起來，怎麼辦呢？官員們都圍著大象發愁，誰也想不出辦法。

正在這個時候，跑出來一個五、六歲大的孩子，站到大人面前說：「我有辦法，我有辦法！」官員們一看，原來是曹操的小兒子曹沖。

曹操見了，很高興地說：「你有什麼辦法就說出來讓大家聽聽。」

曹沖說：「我稱給你們看，你們就明白了。」於是，他叫人把大象牽到河裡的一艘大船上。大象上了船，船就往下沉了一些，曹沖叫人在船舷與水面等齊的地方劃一道記號，然後又叫人把大象牽上岸。

大家看著，一會兒把大象牽上船，一會兒又牽下船，不知這孩子在玩什麼把戲。接下來，曹沖叫人往船上挑石塊，挑了一擔又一擔，一直裝到船舷上的記號與水面等齊為止，然後又叫人把石塊挑下船來。

這時候，大家才明白：石頭裝上船和大象裝上船，船下沉到同一記號上，這說明石頭和大象是同樣的重量。

後來，曹沖叫人把這些石塊稱一稱，把所有石塊的重量加起來，總和就是大象的重量。

變則通，通則利。許多時候，只要變化一下思維的角度，問題其實都很好解

決。

有一次，俄國著名生物學教授格瓦列夫正在上課。

忽然有個學生故意搗亂學起了公雞的啼叫。頓時，同學們哄堂大笑。大家都幸災樂禍地看著格瓦列夫教授。

格瓦列夫教授不動聲色地看了一下自己的懷錶，說道：「我的錶誤時了，沒想到現在已經是凌晨了。不過，同學們請相信我的話，公雞報曉是低能動物的本能。」課堂裡頓時響起了一片喝采聲。

格瓦列夫知道學生有較重的叛逆心理，如果教訓搗亂的學生，效果肯定不理想。於是，格瓦列夫將計就計，變換一下思維的角度，從生物學的角度巧妙地教導了學生，令學生心服口服。這種變換思維角度以達到自己目的的思維模式就是變通思維法。

在《天方夜譚》中有一個殘暴寡信的國王，由於妻子的欺騙，這個國王一怒之下訂下了一個規定。那就是，他每天都要娶一個新娘，並於第二天早上殺掉。這個國家的年輕女人都要遭到惡運。

這一次，國王指名要男巫的長女山魯佐德成為他的新娘。山魯佐德知道這個消息後，為了保住自己的性命和其他姑娘的性命，想出了一個好辦法。

結婚那天晚上，山魯佐德給國王講了一個非常有趣的故事，國王聽得非常高興，這時，山魯佐德突然停住了。她對國王說：「今天你已經累了，讓我明天來講完它吧！」國王想想也有道理，就聽從了山魯佐德的意見。

第二天，山魯佐德講完了這個故事。聰明的她卻又開始了另一個故事，然後又留了個結尾到第二天講。這樣，她一直講了1001夜，直到老國王死去。

聰明的山魯佐德就是運用變通的思維方法把阻止國王殺姑娘轉化為避免國王殺姑娘，她的這一舉動，還拯救了無數個姑娘。真是天才的解決方法！

變通思維的關鍵是把握思維的目的，使思維形式變化得更簡單、更可行。

例如，有一隻蝸牛住在一棵樹上，一天清晨，太陽剛出來，蝸牛便開始從樹根向樹梢爬。它爬得忽快忽慢，有時候還停下來休息一下，直到太陽下山，蝸牛才爬上了樹梢。

第二天清晨，太陽剛出來，蝸牛就從樹梢開始向樹根爬，它沿著昨天爬過的痕跡，忽快忽慢地往下爬。但是蝸牛的速度比第一天要快多了，太陽還沒下山，蝸牛就爬到了樹根。

請問，在蝸牛爬行的過程中，有沒有存在這樣一個點，即第一天上樹時經過這個點的時間與第二天下樹時經過這個點的時間是一樣的。

我們可以在腦中建立視覺形象，把第一天和第二天重合起來，把上樹的蝸牛和下樹的蝸牛設想成兩個蝸牛，它們從樹根和樹梢同時出發，沿著同一條路線相對而行。這時，兩隻蝸牛勢必要在中途相遇，相遇的這點就是問題的答案。

■ 練 一 練 ■

一、很遠的地方發現了金礦。為了得到黃金，人們蜂擁而去，可是一條大江擋住了必經之路，你會怎麼辦？

二、有一個農場主非常吝嗇，四個小孩子非常討厭他，決定好好捉弄一下這個農場主。

在一個夜晚，四個小孩子偷偷進入農場主的麥田裡，在他的麥田裡製造了幾個幾何圖形，想給農場主帶來了巨大的損失。然而結果，農場主非但沒有損失，反而大賺了一筆。為什麼？

參考答案：

一、其實你可以想一下，「為什麼非要去淘金，為什麼不可以買一條船來營運，接送那些淘金的人，照樣可以發財致富。」

二、原來，農場主對外宣稱，這種奇怪的幾何圖形是外星人所為，並圍起麥田讓人觀看，他透過收取參觀費、提供住宿大大賺了一筆。

洞察他人内心的西特諾猜——
集中思維法

西特諾猜是古泰國的一位機智人物，就像中國的阿凡提一樣。

西特諾猜非常喜歡捉弄當時的大臣們。一次，西特諾猜對大臣說，他可以洞察他們的内心。

大臣們不信，就把西特諾猜拉到皇上面前打賭。每位大臣都要求西特諾猜說自己的想法。他們想，不管西特諾猜怎麼說，我都可以否定他的說法。正當大臣們得意洋洋準備看西特諾猜出糗時，西特諾猜說：「你們的思想十分堅定，一生都會忠於皇上，永遠不會謀求背叛和造反。」

大臣們聽了西特諾猜的話，只好同意他可以洞察他們的内心，紛紛表示認輸。

據說，美國總統林肯上任後不久，有一次將六個幕僚召集在一起開會。林肯提出了一個重要法案，但幕僚們的看法並不一致，於是七個人便爭論起來。林肯在仔細聽取其他六個人的意見後，仍感到自己是正確的。在最後決策的時候，六個幕僚一致反對林肯的意見，但林肯仍固執己見，他說：「雖然只有我一個人贊成，但我仍要宣佈，這個法案通過了。」

表面上看，林肯這種忽視多數人意見的做法似乎過於獨斷專行。其實，林肯已經仔細地瞭解了其他六個人的看法並經過深思熟慮，認定自己的方案最為合理。

這一點，羅斯福與林肯很相似。羅斯福在執政期間，每當遇到重大的問題時，他總是把自己的一個助手叫來，告訴助手說：「請你獨自研究一下這個祕密，要注意守密。」然後，他又分別叫來其他幾個助手，對每個人都如此吩咐一番。最後，每個助手都把自己的研究結果呈報給他，羅斯福總統則對這些結果加

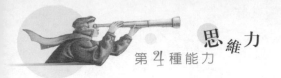

以比較綜合，再作出最終的決策。

這種把不同的思想綜合歸納成一個思想的思維模式就是集中思維法。例如，西特諾猜之所以贏了眾大臣，就是因為他把所有大臣的相似之處總結出來了。集中思維是有方向、有範圍的，它具有封閉性、收斂性、集中性、嚴密性的特點。它主要是運用邏輯思維，在發散的基礎上透過分析、比較、選擇、判斷，綜合而得出結論。

集中思維的方法如下：

第一步：將發散思考中產生的想法，用卡片寫下來，每張卡片上寫一個。

第二步：分析每張卡片，將內容相關、內在聯繫比較密切的卡片放在一起。

第三步：仔細思考內容相似的卡片的內在聯繫，將形成的新的思想材料，寫成卡片，追加上去。

第四步：反覆整理卡片，進行各種不同的排列。

第五步：這樣不斷地調整，不斷地思考，我們的思想就會從發散思維時的不同方向，逐漸指向一個方向，進而指向一個中心點，直到我們滿意為止。

■ 練 一 練 ■

趙國有一個聰明的相士。有一次，趙王李德成想考驗一下相士的眼力。他找來幾個歌女排成一隊，讓自己的妻子也穿上歌女的服裝混入隊伍中，讓相士辨認王妃。相士沒見過王妃，但是他稍微想了一下就有辦法了。你覺得相士怎樣才能辨別出王妃呢？

參考答案：

相士說：「王妃的頭上有五彩祥雲。」這時候，歌女不禁好奇地轉頭去看王妃，相士就借助其他人的判斷，輕而易舉地辨別出王妃。

有沒有能溶解一切的東西——
歸謬思維法

一個年輕人很想成為愛迪生的助手，他找到愛迪生，並對愛迪生說：

「我發明一種能溶解一切物體的東西。」

愛迪生笑著說：「那是不可能的。」

年輕人問：「為什麼不可能？」

愛迪生說：「如果溶解一切，那麼又要用什麼來裝它呢？」

年輕人一下就被愛迪生問倒了。

愛迪生正是抱著質疑的態度，抓住了問題的主要矛盾，才一下就斷定這種溶解是不存在的。

你一定知道自相矛盾的故事吧？

古時候，一個人到市集上去賣矛和盾。為了讓大家都來買，他舉起矛，在路邊高聲喊：「大家快來看呀，我的矛堅銳無比，可以刺穿所有的盾。」說完，他又舉起他的盾，大聲誇道：「大家快來看呀，我的盾堅硬無比，能抵擋所有的矛。」

周遭的人看他這麼能吹牛，都覺得很可笑。這時，有個年青人問他：「用你的矛刺你的盾，結果會怎麼樣呢？」這個人一下子就被問住了。

「我的矛堅銳無比，可以刺穿所有的盾。」「我的盾堅硬無比，能抵擋所有的矛。」你仔細想想就會發現，這兩句話其實是不協調的，本身就是自相矛盾的。根據這一點，我們就可以斷定他說的話是假的。這種根據對諸種問題的綜合分析，找出不協調一致的地方有哪些，看某種推論是否導出荒謬的結論、論題是否成立、是否矛盾等來作出判斷的方法就是歸謬思維法。

事實上，真理與謬誤總是相比較而存在的。只要你善於對已有的結論進行還

原思考，就有可能發現其中的謬誤、證明對方的理論、觀點有自相矛盾的地方，或者與人們公認的理論、觀點不一致，或者成立後必然會出現某種差錯。

伽利略在思考落體運動時，首先假設亞里斯多德的說法是正確的，重的物體比輕的物體下落的速度快，然後他想，若把一個較重的物體A和一個較輕的物體B捆在一起而成為C，那麼C的速度應該比A慢、比B快，因為從速度上來說，一個快的與一個慢的合在一起，速度應介於兩者之間；但是，由於重的物體比輕的物體下落的速度快，A和B捆在一起更重了，因此C下落的速度應該比A快。這樣，就產生了矛盾或荒謬的結論。

在歸謬思考時，最簡單的方法是設法將事物推向極端，然後觀察、研究它有無特殊現象，從而進行分析思考。

例如，俄國著名文學批評家赫爾岑年輕時，在一次宴會上被輕佻的音樂弄得非常厭煩，便用手捂住耳朵。主人解釋說：「對不起，可是演奏的都是流行樂曲。」

赫爾岑反問：「流行的樂曲就一定是高尚的嗎？」

主人聽了很驚訝：「不高尚的東西怎麼能流行？」

赫爾岑笑了：「那麼，流行性感冒也是高尚的了！」說罷，赫爾岑拂袖而去。

又如，美國獨立戰爭勝利後，有一條法律條文規定，當選議員的人至少要擁有30美元的財產資格。政治家和科學家法蘭克林反對這一條文。他駁斥說：「想當議員的人須有30美元以上的財產資格，可不可以理解為這樣：我有一條驢，它恰值30美元，因為擁有它，我當上了議員。可是一年後，我的驢死了，我的議員資格也就沒有了。請問，這究竟是誰在當議員？是作為人的我，還是作為驢的代理人在當議員？」

把驢這個蠢貨與神聖的法律條文扯到一起，很絕，它暗示了這個法律條文的制訂者和驢子一樣蠢。如果這一條文的荒謬性不易直接得以洞見的話，透過歸謬，得出了議員竟成了驢的代理人，其錯謬則暴露無遺。

由此可見，將事物推向極端的方法常常把不明顯的現象明顯化、模糊的概念

清晰化，在思考上真正發揮一個「放大鏡」的作用，使人極易洞察。

■ 練 一 練 ■

一、宋朝的王安石為了鏟除積弊，大力推行革新變法，其中有一項是興修水利，造田增賦。這時候，有個人向他提出一個建議：如果把太湖的水吸乾了造田，可得良田數萬頃。王安石覺得這個建議很好，於是徵詢他人的意見，一位劉學士回答：

「這很容易啊，只要在旁邊另外開一個大坑來容納太湖之水就成了。」

王安石聽了哈哈大笑，意識到這個建議是不可行的，於是否定了這個提案。請用歸謬思維法來解釋。

二、請你用歸謬思維來證明「上帝是全能的」這個說法是錯誤的。

參考答案：

一、王安石一開始只想到用太湖來做大面積的田地，但事實上，正因為太湖太大，湖裡的水是無處放置的。讓他挖個足夠大的坑來填太湖的水一下子讓王安石想到挖這麼大的坑是不可能的，從而也不可能用太湖來造田。

二、提出一個極端的上帝無法完成的問題，如「上帝能創造出一塊連他自己也舉不起來的石頭嗎？」如果上帝能創造一塊連他自己都舉不起來的石頭，那麼上帝就不是全能的（因為有一塊石頭他舉不起來）；如果上帝不能創造一塊連他自己都舉不起來的石頭，那麼上帝也不是全能的（因為這樣的一塊石頭他創造不出來）。由此可見，不管上帝創造成不成，他都不是全能的。

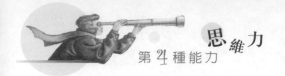
組合就是財富——組合思維法

海曼是美國弗羅里達州的一名畫家。他畫技雖然不高,但是非常用功。

有一天,海曼正在畫畫,畫著畫著,他覺得有個地方需要修改一下,於是趕緊用橡皮擦掉。剛擦完,又發現鉛筆不見了,海曼很惱火。後來他找到鉛筆後就把它與橡皮綁在一起,可是,沒過幾天,橡皮就掉下來了。

海曼又把它們綁起來,可是過幾天還是掉下來。幾次以後,海曼索性連畫也不畫了,專心想辦法來固定鉛筆上的橡皮。

最後,海曼終於想出了用薄鐵皮將橡皮固定在鉛筆尾部的好辦法。

後來,海曼將這個小發明申請了專利。著名的RABAR鉛筆公司知道後,用55萬美元買下了這一專利。就這樣,海曼由一個窮畫家變成了大富翁。

組合起來怎麼樣?我們看看聞一多先生是怎麼解釋的:

有一次,聞一多先生給學生上課,他走上講台,先在黑板上寫了一道算術題「2+5=?」,問道:「誰知道二加五等於多少?」

學生們有點疑惑不解地回答:「等於七嘛!」

聞先生說:「不錯,在數學領域裡,2+5=7,這是天經地義的。但是在藝術領域裡,2+5=10000也是可能的。」

說到這裡,他拿出一幅題為《萬里馳騁》的國畫由學生們欣賞。

只見畫面上突出地畫了兩匹奔馬,在這兩匹奔馬後面又錯落有致、大小不一地畫了五匹馬,這五匹馬後面便是許多影影綽綽的黑點點了。

聞先生指著畫說：「從整個畫面的形象看，只有前後七匹馬，然而，凡是看過這幅畫的人，都會感到這裡有萬馬奔騰，這難道不是2＋5＝10000嗎？」

由此可見，組合起來後的力量是無窮的。組合思維法就是把對象的各部分、各個方面和各種要素拼湊起來進行思維的方法。組合思維法是創造發明最常用的方法之一。

例如，日本有一家名叫普拉斯的公司，專營紙張、文具、圖釘、直尺等文教小用品。由於薄利而不多銷，經營方法陳舊，生意始終很清淡，公司業已接近破產的邊緣。

一天，公司老闆突然向職員們宣佈：本公司因產品缺乏新意，故萎靡不振，已面臨破產的危機。為了擺脫困境，希望全體員工動腦筋、想辦法。

王村浩美對顧客進行了細致的觀察和分析。她發現，來買東西的人幾乎很少買一件的，往往是好幾件一起買，她就想，能不能把各種文具集中起來放在一個盒子裡一起銷售？

王村浩美的這個建議被公司採納了。因為這個想法滿足了顧客求方便的需要，普拉斯文具的銷量馬上大幅上升，很快便風行全球。

組合思維的例子還有許多，如毛筆是鹼性水浸過的兔尾和竹管的組合；雞尾酒也是各種酒的組合。只要你善於把兩個不同的事物組合起來思考，你肯定會得到創造性的成果。

■ 想 一 想 ■

一、有一位老者在某廠門口擺攤賣香煙，一天，他突然在攤位上掛了個打氣筒，並掛出「免費為單車打氣服務」的招牌。你知道老者為什麼要這樣做嗎？

二、一次老舍家裡來了許多青年，向老舍請教怎樣寫詩。老舍說：「我不會寫詩，只是瞎湊而已。」有人提議，請老舍當場「瞎湊」一首。

「大雨洗星海，長虹萬籟天；冰瑩成舍我，碧野林風眠。」老舍隨口吟了這首別致的五言絕句。寥寥20字把8位人們熟悉的文藝家的名字「瞎湊」在一起，形

象鮮明，意境開闊。青年們聽了，無不讚嘆叫絕。

詩中提到的大雨即孫大雨，現代詩人、文學翻譯家。冼星海，音樂家。高長虹是現代名人。萬籟天是戲劇、電影工作者。冰瑩，現代女作家，湖南人。成舍我曾任重慶《新蜀報》總編輯。碧野是當代作家。林風眠是畫家。

請問，老舍這首詩中運用的是組合思維嗎？

參考答案：

一、免費打氣服務吸引了不少騎單車的吸煙者，他們在打完氣後往往會在老者那買包煙，這樣，老者的生意就好起來了。

■ 視 覺 遊 戲 ■

有白色的箭頭嗎？

鮑西亞智鬥夏洛克——
曲線思維法

《威尼斯商人》是世界著名文學巨匠莎士比亞的經典文學作品。

故事描述了安東尼奧爲了幫助朋友成婚，向高利貸者夏洛克借了一些錢，夏洛克把錢借給安東尼奧後，提出一個苛刻的條件：如果還不了，就要從他身上割一磅肉下來。

不幸的事情發生了，安東尼奧的船出了事，眞的無法按時還錢。於是，夏洛克便要從他身上割一磅肉下來。

安東尼奧和他的朋友們，想了多種退卻與妥協方案，但無論怎樣退卻和妥協，夏洛克堅持要割安東尼奧身上的肉。

這時，鮑西亞小姐，安東尼奧所幫助朋友的妻子，突發奇想，爲何不接受夏洛克這一苛刻條件，來反制夏洛克呢？

於是，她假冒律師，在法庭上與夏洛克對質，同意由於安東尼奧沒有還錢，夏洛克可以從他身上割下一磅肉。但是，這也有一條件：夏洛克不能多割一點，也不能少割一點，而且不能帶一點血。

夏洛克沒有辦法，只能認輸。

曲線思維法是一種以進爲退、打破前進定勢而主動退卻的思維。上例中的鮑西亞雖然是一個虛構的人物，但她卻透過曲線思維法成功地解決了這個棘手的問題。

思考問題時，如果遇到阻力，應該避開思維陷阱，讓思路轉個彎。

一個暴風雨的日子，有一個窮人到富人家討飯。

「滾開！」富人家的僕人說：「不要來打擾我們。」

窮人說：「只要讓我進去，在你們的火爐上烤乾衣服就行了。」

僕人想：這也不需要花費什麼，就讓他進去吧。窮人走進富人家的廚房，請

求廚娘給他一個小鍋，以便他「煮石頭湯喝」。

「石頭湯？」廚娘根本就不知道石頭也能煮湯，就說：「我想看看你怎麼用石頭做成湯。」於是她給窮人拿來了一個小鍋。

窮人揀來幾塊石頭，洗乾淨後放進了鍋裡，然後就開始煮。

「可是，你總得放點鹽吧。」廚娘說，於是她給了他一些鹽。後來，她又給了豌豆、白菜等其他東西。最後，她又把能收拾到的碎絞肉都放進了窮人的湯裡。就這樣，這位窮人美好地喝了一鍋肉湯。

如果這個窮人開始就對僕人說：「行行好吧！請給我一鍋肉湯。」會有什麼結果呢？窮人正是運用了曲線思維的方法，從而獲得了自己想要的。

■ 想 一 想 ■

小遊戲：硬幣遊戲。

找個同學或朋友一起做，5個硬幣擺成梅花型，然後你們倆輪流挑取硬幣，誰拿到最後一個誰就勝利。規則是輪到你拿時，你能拿一個或兩個，但拿兩個的前提是當兩個硬幣挨在一起的時候。你是先拿還是後拿？

狼有什麼作用？——
鏈式思維法

美國阿拉斯加涅利新自然保護區動物園裡生活著大量的鹿。當地居民經常可以看到狼把鹿群追得四處逃命，許多鹿被咬得鮮血淋漓。

動物園為了保護鹿群，便對狼進行了大圍剿。不久，狼被消滅光了。

鹿群沒了天敵後，生活得非常安逸。它們整天在園子裡吃草、休息，結果體質反而退化了，居然成群成群地死去。

為了不讓鹿瀕臨滅絕，當地居民請來了著名的動物專家來想辦法。動物專家在自然保護區內觀察了一段時間後，居然又運了一些野狼放在保護區內。

當地的居民非常不解，鹿快死光了，再放一些野狼進去，鹿不是死得更快嗎？

但是，動物專家的解釋卻不是那麼回事。他說：「每一種生物都有天敵，這樣可以透過自然淘汰保持生物的優良品種，促進生物的生存繁殖，這就是生物鏈。失去了天敵，生物鏈就被破壞了，鹿自然走向了死亡。」

這就是鏈式思維。鏈式思維法是用分支樹圖的形式，首先設計出了各種可供選擇的答案或因素，以表明它們之間的前後關係，然後從中權衡。

鏈式思維的關鍵是要想到一個事物與其他事物是形成一條鏈的，每個事物都像鎖鏈上的一個環，環環相連。只要提起一個事物，就要想到第二個事物，然後是第三個，一直想到最後一個。

例如，我們打算記憶以下10個詞語：月亮、嘴巴、雞、飛機、樹林、水桶、唱歌、籃球、日記、床。就可以透過鏈式思考來記憶。我們可以這樣聯想：

第一步，把月亮和嘴巴透過聯想聯繫起來，可以這樣想像：彎彎的月亮長著一個圓圓的嘴巴；

第二步，把嘴巴與雞聯繫起來，可以接著往下想：月亮正張開嘴巴要吃東西，突然看到一隻雞走了過來，於是嘴巴趕緊停止吃東西，想跟雞打招呼；

第三步，把雞與飛機聯繫起來，可以接著往下想：但是，雞卻不想理月亮，他坐上飛機飛走了；

第四步，把飛機與樹林聯繫起來，接著往下想：雞開著飛機來到一片樹林裡；

第五步，把樹林與水桶聯繫起來，接著往下想：樹林裡有一群伐木工人正在伐木，原來，他們要用樹木來做水桶；

第六步，把水桶與唱歌聯繫起來，接著往下想：一只只水桶做出來了，成群的水桶居然在樹林唱歌；

第七步，把唱歌與籃球聯繫起來，接著往下想：水桶唱歌的聲音把籃球給引了過來，他非常奇怪水桶居然有這麼動聽的歌聲；

第八步，把籃球與日記聯繫起來，接著往下想：籃球回到家，把自己看到的東西寫在日記上；

第九步，把日記與床聯繫起來，接著往下想：籃球寫完日記，覺得非常累，就上床睡覺了。

透過這樣的聯想，就把上面這10個詞語聯繫起來了。當然這裡的聯想有點麻煩，但是，只要你習慣以後，這種聯想在很短時間內就能完成。

■ 練 一 練 ■

一個人要過河，他隨身帶著一條狗、一隻雞和一粒白菜。河邊有一條小船，但小船一次只能讓他帶一個東西過河。問題是狗吃雞、雞吃菜，不能把它們兩樣同時放在一起，請問怎樣才能安全過河？

參考答案：

分四趟走。先帶雞過去，然後回來；再把狗帶過去，把雞帶回；接著把菜帶去，空手回來；最後把雞帶過河。

我們正在建設一個新的城市呢！──
立體思維法

有三個年輕的泥匠工人在一個工地上同砌一堵牆。

領導來視察，問道：「你們在做什麼？」

第一個工人苦著臉說：「砌牆！」

第二個工人微笑地說：「我們在蓋一幢高樓。」

第三個工人自豪地說：「我們正在建設一個新的城市呢！」

十年之後，第一個人在另一個工地上砌牆；第二個人坐在辦公室中畫圖紙，他成了工程師；第三個人則成了城市規劃師。

一位心理學家曾經出過這樣一個測驗題：

在一塊土地上種植四棵樹，使得每兩棵樹之間的距離都相等。應試的學生在紙上畫了一個又一個的幾何圖形：正方形、菱形、梯形、平行四邊形……。然而，無論什麼四邊形都不行。這時，心理學家公佈出了答案，其中一棵樹可以種在山頂上！這樣，只要其餘三棵樹與它構成正四面體，就能符合題意要求了。這些應試的學生考慮了那麼長的時間卻找不到答案，原因在於他們沒有學會使用一種創造性的方法──立體思維法。

立體思維法也叫整體思維法或空間思維法，是指對認識對象從多角度、多方位、多層次、多學科地考察研究，力圖真實地反映認識對象的整體以及這個整體和其他周遭事物構成的立體畫面的思維方法。

立體思維要求人們跳出點、線、面的限制，有意識地從上下左右、四面八方各個方向去考慮問題，也就是要「立起來思考」。

古代印度的合罕王，打算重賞西洋棋的發明者──宰相西薩。西薩向國王請求說：「陛下，我想向你要一點糧食；然後將它們分給貧困的百姓。」

國王高興地同意了。

西薩說：「陛下，請您派人在這張棋盤的第一個小格內放上一粒麥子，在第二格放兩粒，第三格放四粒……，照這樣下去，每一格內的數量比前一格增加一倍。用麥粒擺滿棋盤上所有64個格子，我只要這些麥粒就夠了。」

所有在場的人都覺得西薩很傻，連國王也認為西薩太傻了，但國王還是答應了西薩這個看起來微不足道的請求。

於是，國王派人開始在棋格上放麥粒，一開始只拿了一碗麥粒。在場的人都在笑西薩。隨著放置麥粒的方格不斷增多，搬運麥粒的工具也由碗換成盆，再由盆換成籮筐。即使到這個時候，大臣們還是笑聲不斷，甚至有人提議不必如此費事了，乾脆裝滿一馬車麥子給西薩就行了！

不知從哪一刻起，喧鬧的人們突然安靜下來，大臣和國王都驚訝得張大了嘴。因為他們發現，即使傾全國所有，也填不滿下一個格子了！

事實上，你如果計算一下就會發現，最後一格的麥粒是一個長達20位的天文數字！這樣多的麥粒相當於全世界兩千年的小麥產量。國王當然是無法實現這個諾言的。就這樣，西薩不僅顯示了自己的智慧，而且為貧困的百姓爭取到了足夠多的糧食。

■ 練 一 練 ■

一、將5棵樹種成兩條線，怎樣使每條線上都有3棵樹？

二、有一位蛋糕師傅非常聰明，他可以只切三刀就把蛋糕分成形狀一樣、大小相等的八塊小蛋糕，你知道他是怎麼切的嗎？

參考答案：

一、任意兩條線交叉就可以了。

二、先在蛋糕的中線處橫切一刀，把它分成上下兩個一樣大小的蛋糕，然後再在上面交叉兩刀就切成了八塊。

鹿旁邊是獐，獐旁邊是鹿
——模糊思考法

有人用一只大木籠，裝了一隻鹿、一隻獐，送給王元澤的父親王安石。

這時王元澤還是個小孩子。送東西的人問王元澤：

「你看，這籠子裡哪隻是鹿？哪隻是獐？」

王元澤不認識獐，也不認識鹿。他想了一下就回答說：

「鹿旁邊的是獐，獐旁邊的是鹿。」

大家聽了都拍手叫好。

你覺得為什麼王元澤的回答好呢？其實很簡單，他就好在不明確，好在含糊其詞。這就是模糊思維法。

模糊思維法是與精確思維相對立的，但是模糊思維現象並非含混不清，更不是拋開邏輯，放棄精確，而是辯證思維，以達到模糊與精確相統一，邏輯與非邏輯相結合，使之具有廣泛的實用價值。社會生活中有些問題還非得使用模糊思維不可。

在南朝時，齊高帝曾與當時的書法家王僧虔一起研習書法。有一次，高帝突然問王僧虔：「你和我誰的字比較好？」

這問題比較難回答，說高帝的字比自己的好，是違心之言；說高帝的字不如自己，又會使高帝的面子掛不住，弄不好還會將君臣之間的關係弄得很糟糕。

這時候，王僧虔巧妙地回答：「我的字臣中最好，您的字君中最好。」

雖然皇帝也聽出了王僧虔的言外之意是自己的字比較好一些，但至少他也說了皇帝的字在所有皇帝中是最好的。

高帝領悟了其中的言外之意，哈哈一笑，也就作罷，不再提這事了。

可見，在許多場合，有一些話不好直說、不能直說、也無法明說，採用模糊

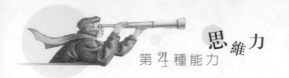

回答法就比較合適。怎樣進行模糊思考呢？

方法一：歧義模糊

在特定場合、特定情況下，如果根據需要有意識地利用歧義，製造歧義是一種機智的模糊思維法。

魯迅在廈門大學任教期間，校方召開一次專門會議，無理削減一半經費，遭到了與會人員的反對。

校長林文慶不但不予理睬，反而陰陽怪氣地說：「關於這件事，不能聽你們的。學校的經費是有錢人付出的，只有有錢人，才有發言權。」

他剛說完，魯迅即從口袋裡摸出兩個銀元「啪」地一聲拍到桌子上，鏗鏘有力地說：「我有錢，我有發言權。」校長措手不及，啞口無言。

這裡，魯迅就把有錢這個詞故意曲解了。

方法二：諧音模糊

在漢語中，諧音給理解帶來了一定的麻煩，但是利用諧音也可以在思維及與他人交流和辯論中取得有利地位。

一天，蘇東坡與和尚朋友一起泛舟赤壁。蘇東坡見一條狗在河灘上啃骨頭，馬上靈機一動，說：「狗啃河上（和尚）骨。」朋友聽蘇東坡的詩中別有含義，於是回敬道：「水流東坡詩（屍）。」

表面看來，兩人好像是吟詩寫實，稱揚風雅，但實際上兩人都在互相戲弄，互相嘲笑。

■ 練 一 練 ■

一、清代智辯家紀曉嵐和和坤分別擔當侍郎和尚書，有一次兩人同席，和坤見一條狗在桌下啃骨頭，問紀曉嵐：「是狼（侍郎）是狗？」

紀曉嵐明明知道和坤是在說自己，但又不能明說。如果你是紀曉嵐，你該怎樣還擊和坤呢？

二、幾個窮人來到財主家，對財主說：「我們有事求你幫忙，希望你不要拒

絕。」

「我盡力而為。」財主說。

窮人說：「第一，請你答應借一千金幣給我們的一個朋友，他急需錢用，我們大家都願意為他擔保。第二，請你答應，讓他一年以後歸還。」

「朋友們，如果人家擺出要求，而某人只答應一半，那也不算吝嗇吧！」財主問。

「那當然！」大家同聲回答。

如果你是這個財主，怎樣避免借錢給窮人呢？

參考答案：

一、紀曉嵐馬上回答說：「垂尾是狼，上豎（尚書）是狗。」

二、財主說：「既然這樣，那麼我就答應一半吧！我同意滿足你們的第二個要求，出於對各位的尊敬，我甚至願意把借期延長到兩年。」

海帶湯怎麼會這麼鮮？——
直覺思維法

1908年的一個晚上，日本東京帝國大學化學教授池田菊苗正在品味妻子給他做的晚餐。妻子給他做了海帶湯，池田菊苗覺得特別鮮美。突然，他站了起來，直奔實驗室。

原來，池田菊苗教授覺得海帶湯太鮮美了，直覺告訴他，海帶當中肯定含有一種特殊的鮮味物質。教授取來了很多海帶進行化學分析，經過半年多的努力，終於從10千克的海帶當中抽提出了2克谷氨酸鈉的物質。教授把它放進菜餚裡，果然，鮮味大大提升了。

這就是味精。

你是不是經常會在讀文章的時候覺得某個句子不太通順？這往往不是透過對句子進行語法分析得到的，而是直接就覺察到的，這種覺察往往說不出理由和根據，這就是直覺思維。直覺思維是在無意識的狀態下，從整體上迅速發現事物本質屬性的一種思維方法。

直覺思維雖然是在瞬間作出快速判斷，卻並非憑空而來的毫無根據的主觀臆斷，而是建立在豐富的實踐經驗和深厚的知識基礎上，運用直觀透視和空間整合方法所作出的直覺判斷。這種直覺判斷雖然不能保證絕對可靠，但一般來說，總是有一定根據的。實踐經驗愈豐富，知識累積越深厚，這種根據就越可靠，直覺判斷的可靠性也就越高。

提升直覺思維的方法有：

方法一：鬆弛。

鬆弛的目的是改善右腦的機能。你可以把右手的食指輕輕地放在鼻翼右側；也可以仰面躺在床上凝視天花板，進行自我鬆弛。

方法二：回想。

美好的回憶對促進大腦中負責貯存記憶的海馬有積極效果。你可以每天抽點時間回想以往美好、愉快的情景，如小時候唱過的歌、玩過的遊戲等，回想時盡量要形象具體，每次2至3分鐘就可以了。

方法三：想像。

根據自己的心願去想像所希望的未來前景，接著生動活潑地浮想透過哪些途徑才能成功。剛開始閉眼做，習慣之後可睜眼做。每天堅持做一次。

方法四：聽古典音樂。

聽莫札特的曲子，直接接觸他的感情，會使直覺變得敏銳。中國的「梁祝協奏曲」、「平湖秋月」等樂曲，最適合鎮定煩躁的心情和作為思考問題時的背景音樂。

方法五：自由聯想。

將空中飄浮不定的朵朵白雲，想像成各種形象，這能提升進行邏輯思維的左腦和記憶貯藏庫海馬的功能，進而提升思維的集中能力。

■ 測 一 測 ■

測測你的直覺思維如何：

（1）當電話響起時，你是不是一拿起電話就知道對方是誰？

（2）你是不是經常在別人說話之前就已經知道他要說什麼？

（3）你是不是會無緣無故地討厭一個人？

（4）你是不是會看到一件東西就非要得到它？

（5）你對朋友的印象是不是與你剛認識他們時的印象差不多？

（6）你是不是會一見到某個人就特別喜歡他（她）？

（7）你是不是經常在思念某個人的時候就會接到他的電話、收到他的信件或見到他？

如果你回答「是」占2/3以上，你的直覺思維較強；如果你回答「是」占1/3以下，你的直覺思維較差；處於中間的為一般。

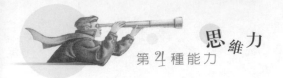
裸奔的阿基米德——
靈感思維法

阿基米德是古希臘著名的數學家、物理學家。

二千多年前，古希臘希洛王請人製造了一頂皇冠，皇冠的重量與國王交給製造者的黃金重相等，但是他懷疑製造者摻了白銀，於是請阿基米德鑑定。

由於皇冠的形狀極不規則，阿基米德冥思苦想也想不出怎樣才能得出結論。

有一天，阿基米德躺入澡盆洗澡時，由於澡盆中的水加得太滿了，水溢了出來。

突然，阿基米德跳出澡盆，赤身裸體跑向王宮，邊跑邊喊到：「找到了，我找到了……。」

原來，阿基米德從澡盆水溢出的事情中，突然得出了結論。因為一定重量的銀的體積要比同重量的黃金大，如果皇冠中摻了白銀，那麼它排出的水肯定要比同重量的黃金多。

這就是有名的阿基米德定律，即浸在液體中的物體受到向上的浮力，其大小等於物體所排出液體的重量。

靈感也稱頓悟，是指人們在久思某個問題不得其解時，由於受到某種外來訊息的刺激或誘導，忽然想出了辦法的思維過程。

英國蘇格蘭醫生鄧普祿有個兒子，每天在卵石路上騎單車，因為那時還沒有充氣的內胎，因此單車顛簸得很厲害。他一直耽心兒子會受傷。有一次他在花園裡澆水，手裡橡膠水管的彈性一下觸發了他的靈感，於是發明了內胎。

門捷列夫研究元素週期律，花了二十年的時間，簡直是如醉如痴。曾有一次，他的友人來探望他時，見到他在辦公室裡走來走去，緊皺雙眉，桌上還鋪滿

了卡片，原來門捷列夫爲了研究元素週期表，已經幾天沒出辦公室了。他嘗試了各種可能的表格形式都不成功，但是他並不氣餒。

一天夜裡，已經三天三夜沒有合眼的門捷列夫實在是倦乏不堪，他離開書房去睡覺，迷迷糊糊地很快就入睡了。夢中，他仍在繼續擺著元素表。片刻工夫，他驀地醒了過來，因爲他夢見了一張清晰的元素週期表，他迅速找到一張小紙片，把63個元素記下來，成爲一張表，這個表就是化學元素週期表的雛形。

門捷列夫興奮的對友人說：「眞有趣，我夢見了週期表，各種元素都按它們應該在的位置排好了，只需修改一處，就成爲我一直在探尋的那張週期表了。」

靈感具有瞬時突發性與偶然巧合性的特徵。詩人、文學家的「神來之筆」，軍事家的「出奇制勝」，科學家、發明家的「茅塞頓開」等，都說明了靈感的這一特點。正如一位化學家所說的：「我決定放下工作，放下有關工作的一切思想。第二天，我在做一件性質完全不同的事情時，好像電光一閃，突然在腦中出現了一個思想，這就是解決的辦法。簡單到使我奇怪怎麼先前竟然沒有想到。」

威廉·詹姆斯說：靈感的每一次閃爍和啓示，都讓它像氣體一樣溜掉而毫無蹤跡，這比喪失機遇還要糟，因爲它在無形中阻斷激情噴發的正常管道。如此一來，人類將無法聚起一股堅定而快速應變的力量以對付生活的突變。靈感似乎是很神祕的，其實掌握一定的規律，激發靈感思維是不難的。

第一步，累積一定的知識。

知識是靈感產生的基礎。柴可夫斯基說：「靈感，這是一個不喜歡拜訪懶漢的客人。」諾貝爾就是因爲對炸藥原理和性質的熟知，在看到硝化甘油滲入矽藻土的時候才靈機一動發明了安全炸藥。愛迪生設計出電燈前，也參閱了大量煤氣燈的資料。

第二步，對一個問題需要長時間集中思考。

正如科學家巴斯德所說：「靈感只偏愛那些有準備的頭腦。」愛因斯坦在創立狹義相對論之前，就已經對這個問題思考了十年。

第三步，外部訊息的刺激。

靈感往往需要外部訊息的刺激，例如牛頓從蘋果落地悟出了萬有引力。愛迪

生從竹炭上試驗出了竹絲燈泡。

第四步，在長時間思考後，將問題先放一放，放鬆思維以激發靈感的產生。

長時間緊張的思考會使身心疲憊、思維遲鈍，這時應轉移注意，放下問題去做一些散步、運動、睡覺等其他事情，放鬆自己的思維，這樣才能激發靈感思維。例如，四元數的形式及運算法則就是英國數學家哈密頓在與夫人散步時突然發現的。

第五步，當靈感來臨時要及時記下來。

靈感稍縱即逝，想到時就應該及時記下來。例如，法國物理學家安培有一次走在路上時，突然來了靈感，於是他撿起地上的小石塊，在一輛馬車的後板上演算起來。一生寫了462首樂曲，被譽為「圓舞曲之王」的史特勞斯，有一次靈感突然出現，但他忘記帶紙，便脫下襯衫，把它記在衣袖上。

偉大的畫家薩爾瓦多‧達利發現，他總是在睡覺之前會有最好的繪畫題材的構思，但睡醒後就把它忘了，爲此他發明了一個很簡單的「小勺子」方法；他在躺下睡覺的時候，把胳膊伸到床外，手裡拿著一把小勺子，地板上放著一個盤子。這個時候他可以很好地思考，構思繪畫，最亮的思想火花總是在他昏昏欲睡的時候迸發出來。當他要睡著的時候，手就自動地鬆開，小勺就掉到了盤子上，他會被勺子掉到盤子上的聲音弄醒，於是他毫不費力地就想起了剛才的想法。這就是有名的「薩爾瓦多‧達利方法」。

可見，及時記錄是捕捉靈感思維火花的一個有效方法。

■ 測 一 測 ■

測測你的靈感思維能力如何：

（1）你經常冒出許多想法嗎？

（2）你經常想到什麼就去做嗎？

（3）你經常想什麼就說什麼嗎？

（4）你說話的時候語言變化快嗎？

（5）你是不是不願意受到時間的約束？

（6）你是不是會注意到別人注意不到的事情？

（7）你會不會經常坐在房間裡冥想？

（8）你能經常把事情處理好嗎？

如果你回答「是」占2/3以上，你的靈感思維較強；如果你回答「是」占1/3以下，你的靈感思維較差；處於中間的為一般。

■ 練 一 練 ■

讀故事，回答問題。

老王的老同學到家裡來聊天，兩人在客廳裡天南地北地聊著，不知不覺已經到了用晚餐的時間。

老王5歲的兒子跑了進來，趴在老王的肩膀上咬耳朵。老王聊得正高興，很不耐煩地訓斥兒子：「真沒禮貌！當著客人的面咬什麼耳朵？有話快說！」

兒子大聲地說：「媽媽叫我告訴你，家裡沒有菜，不要留客人吃飯！」一時間，老王和老同學都愣住了，老王覺得很尷尬。如果你是老王，你怎樣來解決這種尷尬的場面呢？

參考答案：

老王伸手在兒子的小腦袋上輕輕打了一下，然後說：「小笨蛋，我不是告訴過你嗎？只有在隔壁愛嘮叨的陳大媽來的時候，才要跑出來說這句話，你怎麼弄錯了呢？」

田忌賽馬——
博弈思維法

齊國的大將田忌，很喜歡賽馬。有一回，他和齊威王約定進行一場比賽。

他們商量好，把各自的馬分成上、中、下三等。比賽的時候，要求上馬對上馬，中馬對中馬，下馬對下馬。由於齊威王每個等級的馬都比田忌的馬強一些，所以比賽結果田忌失敗了。

田忌覺得很掃興，垂頭喪氣地離開賽馬場。路上，他遇到了好友孫臏，就向他訴苦，說了賽馬的整個過程。

孫臏說：「你很想贏嗎？我可以幫你。」田忌聽了很高興，就問孫臏：「我需要換馬嗎？」

孫臏搖搖頭說：「你一匹馬也不需要換，我自有辦法。」

齊威王得勝了，正在得意洋洋地誇耀自己馬匹的時候，看見田忌陪著孫臏迎面走來，便譏諷地說：「怎麼，莫非你還不服氣？」田忌說：「當然不服氣，咱們再賽一次！」

齊威王很痛快地答應了。一聲鑼響，比賽開始。

孫臏先以下等馬對齊威王的上等馬，第一局輸了。第二場比賽，孫臏拿上等馬對齊威王的中等馬，獲勝了一局。第三局比賽，孫臏拿中等馬對齊威王的下等馬，又戰勝了一局。這下子，齊威王目瞪口呆。比賽結果是三局兩勝，當然是田忌贏了齊威王。

你喜歡下棋嗎？當你下棋的時候，你是不是非常希望取勝，於是在下棋過程中，你常常為一著棋冥思苦想，希望作出最佳的決策？也許你不知道，就在你冥思苦想要出一個好棋的過程當中實際上就包含著「博弈論」，也就是說，每走一步棋，你的腦海中必然想了好幾種方法，同時，你的大腦快速運轉，比較了你想到

的每一種方法的優劣，最終選擇了一種你認爲最好的辦法，這種思維方法就是博弈思維法。博弈思想最早產生於古代的軍事活動和遊戲活動。

在體育遊戲中，經常會出現這種情況，即甲乙雙方各出三個人進行角力比賽。甲乙雙方的領頭人不是讓自己的隊員隨意地同對方某一隊員較量，而是先瞭解清楚對方三名成員的實力，並把對方三名成員的實力同己方成員的實力作客觀對比，然後作出決定：誰打頭陣，誰在中間，誰壓軸，以自己的弱者去對付對方的最強者，以自己的最強者對付對方的次強者，以自己的次強者對付對方的最弱者，保證二比一穩贏對方。這個原理與田忌賽馬是一個道理。

博弈方法是思維方法中比較複雜、難以把握的方法。由於競爭雙方都在進行策略博弈，所以這種競爭的結果不僅仰賴於自己的抉擇和機會，也仰賴於參加競爭的所有人的行爲。一旦實施，不論對錯都無法挽回，只有一拼了。怎樣進行博弈思維呢？博弈方法需要借助於一定的心理分析。

在博弈論中有一個經典案例「囚徒困境」，說的是兩個囚犯的故事。這兩個囚徒一起做壞事，結果被員警發現抓了起來，分別關在兩個獨立的不能互通訊息的牢房裡進行審訊。在這種情形下，兩個囚犯都可以做出自己的選擇：或供出他的同夥（即與員警合作，從而背叛他的同夥），或保持沈默（也就是與他的同夥合作，而不是與員警合作）。

這兩個囚犯都知道，如果他倆都能保持沈默，就都會被釋放，因爲只要他們拒不承認，警方無法給他們定罪。但警方對他倆說：如果他們中的一個人背叛，即告發他的同夥，那麼他就可以被無罪釋放，同時還可以得到一筆獎金。而他的同夥就會被按照最重的罪來判決，並且爲了加重懲罰，還要對他施以罰款，作爲對告發者的獎賞。當然，如果這兩個囚犯互相背叛的話，兩個人都會被按照最重的罪來判決，誰也不會得到獎賞。

那麼，這兩個囚犯該怎麼辦呢？是選擇互相合作還是互相背叛？

博弈方法的基本步驟：

第一步，診斷問題所在，確定目標。

診斷問題所在，這是任何科學思維方法實際操作的前提。正如一位醫生給病

患看病，必先診斷一番，確定病因，才能對症下藥。不知問題所在，不知行動的目標爲何，一切思考和行動都將是盲目的。目標明確，行動才有成效。目標不明確，或行動中途爲了一些小事情而忽略了目標，情況就會變得非常糟糕。例如，「囚徒困境」中的目標是盡量減少自己的痛苦和損失。

第二步，探索和擬定各種可能的備選方案。

目標明確之後，就要圍繞目標尋找各種可能的方案，並盡可能安全。因爲每一種可能的方案都有可能成爲最後的決策。

「囚徒困境」中，從表面上看，兩個囚犯應該互相合作，保持沈默，因爲這樣他們倆都能得到最好的結果：自由。

但他們不得不仔細考慮對方可能採取什麼選擇。A犯不是個傻子，他馬上意識到，他根本無法相信他的同夥。同夥很有可能會向警方提供對他不利的證據，然後帶著一筆豐厚的獎賞出獄，讓他獨自坐牢。但他也意識到，他的同夥也會這樣來設想他。

第三，從各種備選方案中選出最合適的方案。

透過各種分析，A犯的結論是，唯一理性的選擇就是背叛同夥，把一切都告訴警方，因爲如果他的同夥笨得只會保持沈默，那麼他就會是帶著那筆獎金出獄的幸運者。而如果他的同夥也根據這個邏輯向警方交代了，那麼A犯反正也得服刑，起碼他不必在這之上再被罰款。所以其結果就是，這兩個囚犯得到了最糟糕的報應：坐牢。

博弈思維在生活中也經常用到，尤其是在重大事情的選擇上。所以，一定要注意權衡利弊得失，注重長遠的眼光。既要善於選擇，還要學會放棄。

■ 練 一 練 ■

一、經濟學中「智豬博弈」是這樣的：

豬圈裡有兩頭豬，一頭大豬，一頭小豬。豬圈的一邊有個踏板，每踩一下踏板，在遠離踏板的豬圈的另一邊的投食口就會落下少量的食物。如果有一隻豬去

踩踏板,另一隻豬就有機會搶先吃到另一邊落下的食物。當小豬踩動踏板時,大豬會在小豬跑到食槽之前剛好吃光所有的食物;若是大豬踩動了踏板,則還有機會在小豬吃完落下的食物之前跑到食槽,爭吃到另一半殘羹。那麼,兩隻豬各會採取什麼策略?爲什麼?

二、歐拉是數學史上著名的數學家,他在數論、幾何學、天文數學、微積分等好幾個數學的分支領域中都取得了出色的成就。

小時候的歐拉並不討老師喜歡,因爲他經常問一些稀奇古怪的問題。有一次,歐拉因爲問了一個與上帝有關的問題而被學校開除了。

歐拉被開除後,就幫助爸爸放羊,成了一個牧童。於是,他一面放羊,一面讀書。他讀的書中,有不少數學書。

爸爸的羊群漸漸增多了,達到了100隻。原來的羊圈有點小了,爸爸決定建造一個新的羊圈。他用尺量出了一塊長方形的土地,長40公尺,寬15公尺,他一算,面積正好是600平方公尺,平均每一頭羊占地6平方公尺。正打算動工的時候,他發現他的材料只夠圍100公尺的籬笆,不夠用。若要圍成長40公尺、寬15公尺的羊圈,其周長將是110公尺(15＋15＋40＋40＝110)父親感到很爲難,若要按原計畫建造,就要再添10公尺長的材料;要是縮小面積,每頭羊的面積就會小於6平方公尺。

小歐拉卻向父親說,不用縮小羊圈,也不用擔心每頭羊的領地會小於原來的計畫,他有辦法。父親不相信小歐拉會有辦法,沒有理他。小歐拉急了,大聲說:「只要稍稍移動一下羊圈的樁子就行了!」後來,父親終於同意小歐拉來試試,沒想到小歐拉移動一下木樁就成功了。你知道歐拉是怎樣移動的嗎?

參考答案:

一、小豬將選擇舒舒服服地等在食槽邊;而大豬則爲一點殘羹不知疲倦地奔忙於踏板和食槽之間。

因爲小豬踩踏板將一無所獲,不踩踏板反而能吃上食物。對小豬而言,無論大豬是否踩動踏板,不踩踏板總是好的選擇。對大豬來說,明知小豬是不會去踩

動踏板的，自己親自去踩踏板總比不踩來得好，所以只好親力親為了。

二、歐拉以一個木樁為中心，將原來的40公尺邊長截短，縮短到25公尺。又跑到另一條邊上，將原來15公尺的邊長延長，又增加了10公尺，變成了25公尺。經這樣一改，原來計畫中的羊圈變成了一個25公尺邊長的正方形。這樣，籬笆也夠了，面積也夠了。

■ 視 覺 遊 戲 ■

你看見一堆黑色的東西嗎？

愛迪生搬光救媽媽——
移植思考法

愛迪生11歲那年，媽媽突然生病了，醫生說需要立即做手術。但是當時愛迪生的家裡很窮，住不起醫院。於是請求醫生在家裡替媽媽做手術。當時天色已晚，愛迪生的家裡只有煤油燈，光線太暗，醫生為難地說：「光線太暗無法進行手術啊。」

媽媽痛得在床上打滾，爸爸和醫生也想不出更好的辦法來。這時，愛迪生看著窗戶外的月光，突然想起白天和小朋友一起玩陽光反射的遊戲。他興奮地說：「爸爸，我有辦法了！」

他讓爸爸把大衣櫃上的鏡子拆下來，又到鄰居家借了好幾塊大鏡子和煤油燈。他把鏡子和煤油燈都放在床的周遭，調整一下角度，使鏡子裡反射出來的光聚合在一起。這時，床上頓時明亮起來了。

在愛迪生的幫助下，醫生的手術進行得十分成功，愛迪生的媽媽得救了！

愛迪生的這種思維方法其實就是移植思維法，他把太陽光的反射原理移植到了燈光的反射當中，從而用「微弱」的燈光照亮了醫生的手術台。從思維方法角度看，移植思維法是透過聯想、類比、綜合，力求從表面上看彷彿是毫不相關的事物和現象之間，發現它們的聯繫。

但丁有一次路過一家鐵匠作坊門口，意外地聽到裡面的鐵匠一邊在打鐵，一邊唱著他的詩歌。但丁聽到鐵匠任意縮短和加長自己的詩句，感到十分惱怒。他本來想進去跟鐵匠理論，但想到鐵匠根本就不會明白他的想法，而且也無法與鐵匠進行溝通，就停住了腳步。

過了一會兒，但丁想出了一個辦法。他逕自走進鐵匠的作坊，二話不說拿起鐵匠的錘子、鉗子等工具，一件一件地扔到了街上。

鐵匠氣壞了向他撲去，氣憤地質問：「做什麼？你瘋了嗎？為什麼亂扔我的工具，讓它們受到了損壞？」

但丁理直氣壯地答道：「那你為什麼唱我的詩歌卻不按我寫的格式去唱？你把我的作品全部破壞了！」鐵匠一聽就明白了但丁的意思，不好意思地向但丁道了歉。

移植思維的關鍵是要發現不同問題之間類似的地方。具體的方法有：

方法一：原理移植。

在醫學史上，奧地利醫生奧恩布魯格，其父親是個酒商，奧恩布魯格經常看見他父親用手指上下敲酒桶的木蓋，從木製酒桶發出的聲音判斷酒桶內是否有酒，有多少酒。有一次奧恩布魯格給一個病患看病，但一直到這個病患死了，還沒有診斷出患的是什麼病。後來，經過對死者屍體的解剖，才發現病患胸腔已化膿，積滿了水。在這種情況下，奧恩布魯格經過思索與研究，就把其父親用手指叩擊木桶蓋聽聲音來判斷桶內酒量多少的方法移植到醫學上，經過臨床的觀察、試驗，終於發明了叩診法。

方法二：手段移植。

在技術革新和發明創造中，人們把冶金、化工中的冷卻技術，直接移植、應用於發電機和閘流體技術系統中，發明出雙水內冷發電機和水冷閘流體新技術；建築師們把爆破技術引進了技術領域內，發明了定向爆破技術；泌尿科醫生把微爆破技術引進醫療臨床技術中，發明了一種新的清除腎結石的爆破醫療技術法等等。這些都是透過技術手段的移植獲得成功的。

方法三：功能移植。

在早先研究潛艇速度時，發現潛艇速度總不能提升。由此人們想到了游得很快的海豚，究竟是什麼原因使海豚有那麼快的游泳速度？經研究發現，其關鍵之一在於皮膚的特殊架構，於是人們發明創造了類似海豚皮的潛艇蒙皮，便很快地提升了潛艇的速度。又如，日本一家公司將婦女燙髮用的吹風機技術，經過改型設計，用於烘乾被褥，結果發明了一種被褥烘乾機。

■ 練 一 練 ■

1945年，中國著名漫畫家廖冰兄在重慶展出漫畫《貓國春秋》，當時在重慶的許多文化名人如郭沫若、宋雲彬、王琦等都應邀前往，參加首展剪綵儀式。席間，郭沫若問廖冰兄：「你的名字為什麼這麼古怪，自稱為冰兄？」

版畫家王琦搶話代為解釋：「他妹妹名冰，所以他名叫冰兄。」這種說法顯然是錯誤的。但是，明著指出對方的錯誤也是不明智的。這時，郭沫若回了一句話，引得滿堂賓客捧腹大笑。他說的是什麼話？

參考答案：

郭沫若聽後，哈哈大笑道：「噢，我明白了，郁達夫的妻子一定叫郁達，邵力子的父親一定叫邵力。」

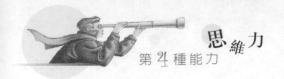
祿東贊智娶文成公主——
假設思維法

唐朝的時候，唐太宗為了「和蕃」，將文成公主下嫁吐蕃王松贊干布，這是歷史上的美談。

據說在決定嫁出文成公主之前，曾有來自各地的四位少數民族使者，請求唐太宗將文成公主嫁給他們的國君。唐太宗十分為難，為求公平，他出了五道難題讓各國使者來比賽，哪國使者贏了，公主就嫁給該國國君。吐蕃王松贊干布的使者祿東贊也是其中的一個使者。

有兩道難題是這樣的：

第一題，太監拿來一顆孔內有九道彎的「九曲明珠」，讓大家分別用一根很細的絲線穿過去。使者們不停地用手去穿線，絲線一直穿不過去。這時只見祿東贊找人捉來了一隻大螞蟻，將絲線輕輕拴在螞蟻身上放入孔內，而在另一個孔端抹上一些蜜糖。很快地，螞蟻就由這一端爬到另一端，而將絲線也帶了出去。

第二題，馬廄的兩邊各關100匹母馬和100匹小馬。太監要使者們輪流辨認出每匹小馬的媽媽。

使者們將柵欄打開，讓小馬到母馬堆裡，認為小馬總是對母馬會比較親近。但是，事實並不如此，因為母馬看也不看小馬一眼，小馬也自顧自地玩耍。許多使者只好根據馬身上的花紋隨便亂猜亂配。

最後輪到祿東贊來辨馬時，他要僕役將小馬關上一天，並且不給水喝。第二天僕役打開了柵欄，渴極的小馬紛紛奔向自己的媽媽找奶吃，於是祿東贊輕而易舉地辨認出小馬的媽媽。

就這樣，聰明的祿東贊為他年輕的吐蕃國君松贊干布娶回了文成公主。

祿東贊的聰明在於，他是先假定問題是可以解開的。

　　首先，第一題中，他假定絲線像有眼睛似的走過九道彎，順利地由另一端出去，於是再動腦筋想什麼東西可以鑽過小孔，又長眼睛？又怎麼引誘它走出去？然後就想到了螞蟻，以及用蜜糖來引誘螞蟻。

　　第二題中，他假定小馬都會自動奔向母馬，用什麼方法去誘導它們呢？當然是小馬的天性，即吃奶！這種假設思考幫助祿東贊由結果往前推理，從而順利地解開了難題。

　　這種為了解決問題而提出一些假設、圍繞假設再進行質疑的思考問題的方法就是假設思維法。假設思維法的主要特徵是「有目標性的質疑」，這樣就容易得到解決問題的辦法。

　　據說愛因斯坦設計過這樣一個智力測驗的題目：

　　有一個土耳其商人，想要雇用一名得力的助手，他想到了一個測試方法，在前來應徵的兩位應徵者之中，選取一位最聰明的人作為助手。

　　他帶兩個應徵者來到一間黑室，房間內只有一個大盒子。商人指著盒子對二人說：「這裡面有5頂帽子，有2頂是紅色的，3頂是黑色的，等一下我把電燈關上，我們三個人每人從盒子裡拿出一頂帽子戴在頭上，然後我再打開燈，你們要盡快說出自己頭上戴的帽子的顏色，誰說得快且準確，誰就能成為我的助手。」

　　說完，商人就把燈關了，三個人分別拿了帽子戴在自己的頭上。商人又打開了燈。兩個應徵者都看到商人的頭上是一頂紅帽子，兩人對望了一會兒，都遲疑地不敢說出自己頭上的帽子是什麼顏色。

　　忽然，應徵者甲叫道：「我戴的是黑帽子！」就這樣，他成了商人的助手。

　　為什麼呢？因為應徵者甲採用了假設思維法。由於商人的頭上戴的是紅帽子，那麼就還剩下1頂紅帽子和3頂黑帽子。他先假設自己頭上是紅帽子，那麼對手應徵者乙就會馬上說自己頭上戴的是黑帽子，但是應徵者乙遲疑地回答不出來，這說明他看到應徵者甲的頭上不是紅帽子，那麼應徵者甲頭上的帽子就是黑色的。

　　應徵者甲就是透過假設自己頭上是紅帽子，但是發現對方不應遲疑，從而得到了答案。

假設思維時，首先要提出假設，例如，應徵者甲首先假設自己頭上戴的是紅帽子。一般來說，提出假設要遵循三個原則，一是要有一定事實根據，不能妄想臆測；二是力求正確；三是多假設原則。應徵者甲就是根據5頂帽子的數量和顏色來假設的，因為先假設自己頭上是紅帽子的話，對手就可能快速地說出帽子的顏色。

其二，假設提出後，就要對假設進行驗證，才能得出相應的結論。驗證假設可用提問法，即對所作的假設提出四個問題：一，為什麼？即追究原因；二，怎麼辦？即提供對策；三，可能嗎？即作出選擇；四，怎麼樣？即預測後果。例如，應徵者甲在假設自己頭上戴的是紅帽子後，就推測對手能夠快速說出帽子的顏色，如果對手確實很肯定，那麼自己戴的就是紅帽子；如果對手遲疑，那麼自己戴的就是黑帽子。之所以要先假設紅帽子，是因為能夠透過對手的反映來判斷真正的顏色。

當然，在驗證假設的過程中，要注意幾個原則：一是，假設要根據客觀事實來確定是否正確；二是，當事實證明假設是錯誤的時候，要及時推翻原有的假設。就像應徵者甲一樣，當他發現對手出現遲疑的時候，就大膽判斷自己的假設是錯誤的，及時推翻假設，作出新的判斷，從而取得正確的答案。

■ 練 一 練 ■

一、閱讀故事，回答問題。

有一個淘氣的小男孩，他的父親為了讓他保持安靜，就想出了一個辦法。

父親把他叫過來，拿出100元，對他說：

「只要你能猜中我心裡在想什麼，我就把這100元給你。」

「真的嗎？爸爸。」小男孩高興地問。

「當然是真的，只要你能猜中。」父親得意地說。

父親心想，這下孩子可以安靜一段時間了。果然，接下來的幾天

裡，小男孩都安靜地想著這個問題。

第三天，小男孩認真地對父親說：

「爸爸，我猜到你心裡在想什麼了！」

父親有點驚訝地問：「我在想什麼呀？」

小男孩說了一句話。這時，父親只好把100元給了小男孩。小男孩說了一句什麼話？這是為什麼？

二、荷蘭有一座城市過去曾發生「垃圾問題」，即人們不願意使用垃圾桶。衛生局為此大傷腦筋，他們曾提出許多方法與設想，如罰款，亂丟垃圾者罰款25～50元，但收效甚微；增加巡邏進行監督，仍不理想。後來有人提出，假設人們把垃圾投入桶內可以得到錢呢？例如說在垃圾桶上裝一電子感應器，「一次將垃圾倒入桶內可拿到10元」。這顯然是不合邏輯的荒唐之舉，但是這種可笑的「假設」卻可以給你更多的啟發來治理垃圾問題。你有沒有更合理、更有效果的辦法呢？

參考答案：

一、小男孩說：「你不想給我100元。」

小男孩先假設自己能得到這100元，這樣的話，要麼是爸爸願意給他；要麼是爸爸不願意給他。如果爸爸心裡想的是把100元給小男孩，他就會把100元給小男孩；如果爸爸不想把100元給小男孩，那麼代表小男孩猜中了爸爸的想法，那爸爸就必須根據原先約定把這100元給小男孩。

二、設計一種裝感應器的電子垃圾桶，每當垃圾投入桶內，就會自動播出一則事先錄好的笑話或一段音樂，不同的垃圾桶中笑話或音樂不同，每二週更換一次。這樣，人們就會自動自發地將垃圾投入桶內了。

數數有多少張臉？

第5種能力

想像力

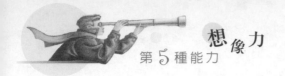

■ 趣味閱讀 ■

小朋友的想像力

一次，老師問幼稚園的小朋友：「花兒為什麼會開花啊？」

有的小朋友說：「花兒睡醒了，想出來看太陽。」

有的小朋友說：「花兒想跟小朋友比一下，看誰的衣服最漂亮。」

有的小朋友說：「太陽出來了，花兒想伸個懶腰，結果把花朵頂開了。」

有的小朋友說：「花兒想聽聽小朋友唱什麼歌。」

當老師把同樣的問題問高中生時，同學們異口同聲地回答：「因為天氣暖和了！」

當你看到天上白雲的時候，你可能會想到一群群綿羊、一朵朵棉花或奇異的雪山；當你看到綠色草地的時候，你可能會想到綠色的地毯、遼闊的草原。這種聯想的現象，就是想像。想像力是智力活動的翅膀，是發明創造的先導，沒有想像就很難創造。

想像也是人的一種思維活動，它是人腦對已有的表象進行再造，而創造出新形象的過程。想像不是憑空產生的，想像所需要的材料都來自生活，來自人的經驗。無論多麼新奇、多麼古怪的想像，都建立在已有的訊息基礎上。

著名發明家愛迪生常接受記者們提出的各種刁鑽古怪的問題，而他的回答也往往顯示了他非凡的智慧與幽默。

一次，有人問愛迪生是否需要給某個修建中的教堂安裝避雷針。愛迪生回答說：「一定要裝，因為上帝往往是很大意的。」

記者問他是如何想像上帝的，愛迪生回答：「沒有重量、沒有質量、沒有形狀的東西是不能想像的。」

想像在發明創造中起了至關重要的作用，直接推展了人類的進步。

馬可尼發明了無線電，是驚人想像的實現。這個實現，使得航行在驚濤駭浪中的船隻一旦遭到災禍，便可利用無線電，發出求救信號，由此拯救了千萬生靈。

電報在沒有被發明之前，也被認為是人類的想像，但摩斯竟使這個想像實現了，有了電報後，世界各地消息的傳遞從此變得非常便利。

史蒂文生透過想像發明了火車，使人類的交通工具大為改觀，人類的運輸能力也大大提升。萊特兄弟透過想像發明飛機，實現了人類長久以來想飛越歐洲大陸的夢想。

可見，想像在科學、藝術、文學領域都是非常重要的。

想像分為有意想像和無意想像。無意想像是沒有特定目的、不自覺的想像。例如，隨著別人的講述而不由自主地想像故事情景、看到天上的雲朵而想像那是什麼動物在奔跑等。有意想像是有目的、自覺的想像。例如，按老師的要求，想像地球怎樣繞太陽旋轉、月球怎樣繞地球旋轉，想像三個平面怎樣相交於同一條直線等。夢是無意想像的極端情況，科幻小說中的人物和故事情節等是有意想像的極端情況。

有意想像又包括再造想像、創造想像和幻想。再造想像指的是根據語言的表述或條件的描繪（圖樣、圖解、說明書等），在腦中形成這一事物的形象。創造想像的特點是不依據現成的描述而獨立創造出新的形象。例如，畫家、演員根據《西遊記》這部書中對孫悟空、豬八戒、唐僧等人物形象的語言描繪，將其再現於紙面和舞台上，靠的是再造想像。而《西遊記》的作者吳承恩及其以前的民間藝人對上述人物的塑造，靠的則是創造想像。

想像力需要不斷訓練，否則會逐漸喪失。就像上例中的孩子們，入學時像個問號，總愛問為什麼，畢業時卻像個句號，大部分想像力已經喪失了。

當然，也有許多少年非常具有想像力，但是我們要告訴你，僅有想像是不夠的，有了想像，還要有實現想像的堅強毅力和決心。如果徒有想像，而不能拿出力量來實現願望，這也是不足取的。有了想像以後，只有努力不懈，才可使想像

實現。

■ 測一測 ■

　　每個人的想像力都是非常豐富的，被稱為中國古代傑出長篇童話的《西遊記》，其想像力就達到了出神入化的境界，它所創造的幻想世界，是一個以想像為基本內容的神奇天地，達到了高度的藝術真實，形成了高度的藝術美，充分體現了審美想像的創造力。

　　安徒生在《小美人魚》中對「小人魚」的美妙的想像也完全是依據「人魚」的特點來進行合理的想像。小人魚的上半身是人，下半身是魚尾。它原本可以在海底王國中快快樂樂地享受三百年的榮華富貴，但她卻憧憬人間的愛情生活。為了使自己獲得人類的靈魂，她寧願忍受無情的折磨。最後，當非要以另一個人的生命作代價才能換取她的愛情時，她毅然放棄了這唯一的道路，毀滅了自己，成全了他人，展現了她人性崇高的精神境界。在這部作品中，安徒生巧妙地利用了人性與物性結合的童話幻想特點，從而使這部童話在優美絢麗的動人情節中表現出驚心動魄的矛盾衝突，深化了這齣愛情悲劇的永恆意義。

　　根據下列句子所描述的情形，想一想自己是怎樣的，不要再三揣摩題目的答案，因為沒有正確答案，只有最符合自己的情形。

　　（1）你是不是經常幻想自己想知道的事情？

　　（2）你是不是經常想像自己的未來？

　　（3）當你與別人爭執時，你是否會想像對方是怎樣思考的？

　　（4）每當你看到一個新的事物時，你是否會覺得它與你知道的某些東西有相似的地方？

　　（5）當你來到一個新的地方，你是否會想像自己居住在這裡的情景？

　　（6）當你要與父母討論一件事情時，你是否會先想好父母可能想到的幾種想法？

　　（7）你是否經常會有好的想法得到老師父母的誇獎？

（8）你是否經常會做出一些新穎的舉動吸引同學們的注意？

（9）每次出去玩的時候，你是否會比較喜歡選擇不同的地方？

（10）你看電視的時候會哭嗎？

（11）聽鬼故事的時候，你會不會毛骨悚然？

（12）當你受到批評時，你是不是覺得自己做事總是不對的？

（13）看小說的時候，你是不是會把自己想像成故事中的某個人？

（14）和同學一起出去玩的時候，你是不是經常會有好主意？

（15）你幻想的時候是不是經常有故事情節？

（16）當你向別人講起自己的某個經歷時，會不會故意誇大其詞，以便吸引別人的注意？

（17）看《賣火柴的女孩》時，你是不是覺得小女孩應該有更好的結局？

（18）在與一個陌生人交談之前，你能想像自己可能會怎樣與他交談嗎？

（19）當老師沈著臉走進課堂時，你能想像到老師為什麼會這樣嗎？

（20）爸爸很晚還沒回家，你是否會想像爸爸可能在做什麼？

（21）你喜歡玩拼圖嗎？

（22）你喜歡想一些不會在自己身上發生的事情嗎？

（23）你喜歡想像自己有一天成為心目中的人物嗎？

（24）你會把歌詞改成自己喜歡的詞嗎？

（25）你是不是經常會回想別人與你聊過的事情？

評分標準：

答「是」記1分，答「否」不記分。如果你的得分在0～8分，說明你的想像力不太好，你似乎一點也不能進入想像的世界，是一個比較實際的人；如果你的得分在9～17分，說明你有一定的想像力，你能夠站在別人的立場上去思考問題，但是你卻經常把想像認為是一種空想，盡力想要避免想像；如果你的得分在18分以上，說明你的想像力非常出色，具有一定的藝術天賦，但是有時候容易想像過於豐富，從而導致對外界事物過於敏感。

　　培養想像力要加強想像訓練。例如，經常想像自己的未來會怎樣；經常想像如果別人的事情發生在自己身上會怎樣；經常想像自己有了孩子後，怎樣來管教孩子；經常想像自己曾經去過的地方，回憶一些美好的事物；經常想像以前的同學和朋友；經常想像社會會怎樣發展等等，想像訓練可以使人產生積極的心理變化，增強人的心理承受力，提升自信心，戒除不良習慣，產生良好的心理狀態。

　　想像訓練還可以達到調節精神、愉悅身心的目的。例如，想像蔚藍的天空，使人胸襟開闊、寧靜爽朗；想像藍天與草原，令人心曠神怡、舒暢豪放；想像白雲，有舒服安逸之感；想像七彩霞光，給人溫暖、安寧和美好的聯想；想像青山幽谷，使人神清氣爽；想像長江黃河，令人神情激盪，促人奮進……，透過經常性的想像，你的想像能力在不知不覺中就會有所提升。

■ 視 覺 遊 戲 ■

哪個人最高？

包法利夫人死了？——
再造想像法

福樓拜是19世紀法國現實主義作家，他對沒落的資本主義非常不滿，於1856年創作了長篇小說《包法利夫人》。

有一次，福樓拜的一個朋友去探望福樓拜，走到門口就聽到屋裡有人在哭，朋友敲了好幾次門都沒人答應，於是就推門進去。

走進房間，看到福樓拜正坐在地板上哭，朋友感到很奇怪，就走上前扶起福樓拜，問道：「什麼事哭得這麼傷心？」

福樓拜痛心地說：「包法利夫人死了！」

「哪個包法利夫人？我怎麼沒聽說？」朋友驚奇地問。

福樓拜指了指桌上的一大疊稿子，稿子的首頁寫著《包法利夫人》。原來，福樓拜哭的是自己作品中的主人公。

當你聽到包法利夫人死了，你會怎麼想？你會像福樓拜那樣傷心嗎？如果你想到包法利夫人死亡時的場面，那麼這種根據語言或文字描述或圖樣的示意，在腦中再造出相應的新形象就是再造想像。

許多作者的再造想像都非常強。著名的法國作家巴爾札克就是其中之一。他一拿起筆來寫作，就像著了魔似的，常常對他要寫的東西達到產生幻覺的地步。

有一次，一個朋友到巴爾札克的家去。他敲了敲門，聽見巴爾札克好像正在和什麼人爭吵：「你這個惡棍，我要給你點顏色瞧瞧！」這個朋友急忙推門入內，但進門後卻只看到巴爾札克一個人。原來，巴爾札克在痛罵作品中一個他正在揭發的人物的卑劣行為。

又有一天，另一個朋友去探望巴爾札克。突然，巴爾札克走到他面前，激動地痛斥：「你，你，使這個不幸的少女自殺的就是你！」他的朋友大吃一驚。原來，巴爾札克所說的少女是他正在寫的一部小說中的人物。

一般來說，再造想像的人物、事物形象不是自己創造出來的，而是根據別人的描述和示意再造出來的。同時，由於每個人的思維活動是不同的，想像出來的形象也會有所不同。正如恩格斯所說的：「一千個觀眾，就有一千個哈姆雷特。」

為了提升自己的再造想像力，可以在上國文課時，對描寫景色的句子，例如清清的河水、綠油油的田野、燦爛的陽光等詞語，邊朗讀邊想像山清水秀，紅綠相映，充滿生機，一派欣欣向榮的景象。

對於描寫人物的小說等，可以把自己想像成小說中的某個人物，想像這些故事情節要是發生在自己身上會怎樣，當你完全融入在故事當中時，你的再造想像就已經體現出來了。

■ 想 一 想 ■

一、有位哲人說過，假如能夠倒過來活，至少有一半人能夠成為偉人。請你想像一下，假如人類的生命歷程發生了倒轉，一個人不是從嬰兒長到老者，而是從老者長到嬰兒，那麼世界將會發生什麼變化？

二、在腦中想像一下以下這個問題：

有一張很大很大的正方形紙，你把它從正中摺疊一次，紙的面積就縮小了一半，而厚度則增加了一倍。再從正中摺疊一次，紙的面積又縮小了一半，厚度又增加了一倍。如此不斷地摺疊下去，一直摺疊50次。請問，這張紙的厚度將達到多少？

答案：

二、2的50次方，將達5000萬公里。

韓信智取兵權——
創造想像法

一天，劉邦想試試韓信的智謀，他拿出一塊五寸見方的布帛，對韓信說：「給你一天的時間，你在布帛上盡量畫上士兵，你能畫多少兵，我就給你帶多少兵。」

旁邊的蕭何很為韓信著急，誰知韓信卻毫不遲疑地接過布帛走了。

第二天，韓信按時交上了布帛。劉邦一看，一個兵也沒有，但是卻不得不佩服韓信的智謀。

原來，韓信在布帛上畫了一座城樓，城門口戰馬剛露出頭來，一面「帥」字旗斜出，雖未見一個士兵，但是卻讓人感覺到了千軍萬馬之勢。於是，劉邦就將兵權交給了韓信。

想想韓信真是聰明，他運用自己的智謀贏得了劉邦的信任，順利地拿到了兵權。他這種智謀就是創造想像力。創造想像法往往根據一定的目的和希望，對腦中已有的表象進行加工而獨立創造出新形象的方法。例如，唐代大書法家張旭，看了舞蹈家公孫大娘輕盈的舞姿，矯健的步伐，飛快的劍法，不禁如醉如痴，產生創造想像，把舞蹈神韻改造成書法神韻，創造了名垂千古的「張草」書體。著名音樂家貝多芬受到一位盲姑娘的感動，在靜謐迷人的月夜，他想像自己面對月光下的大海，大海時而水平如鏡，時而波瀾壯闊，由此創作了世界名曲《月光奏鳴曲》。與再造想像不同的是，創造想像法是不依靠現成的描述的。

創造想像的關鍵是要突破現有事物，創造出新的形象。在日常生活中，你可以對寓言、童話、民間故事等文章的結局進行延伸想像。

例如，《野狼和小羊》的最後一句：「說著就往小羊身上撲去。」這時候，你可以合上書本進行想像：小羊最後被野狼吃掉了嗎？為什麼呢？

不管你想到了什麼，你都把它記下來，你會發現許多故事結尾都是非常生動有趣的。這其實就是一種積極的創造性想像。

■ 想 一 想 ■

一、古代京城的畫院，曾用「深山藏古寺」為題來考畫師，許多畫師畫了深山裡林木環抱，中間有一座寺廟；也有的畫成密林深處露出寺廟的一角。結果這些畫師都沒有考上。如果讓你來畫，你會怎麼畫呢？

二、老師讓孩子們用想、活潑、變成三個詞造句，以下是樂樂的回答，你覺得樂樂的造句正確嗎？為什麼？

想──我想聽花開的聲音。

活潑──河裡的水很活潑。

變成──冬天的雪融化後變成了春天。

三、你能在下面的圖形上增加幾筆，讓它成為你所知道的東西嗎？

 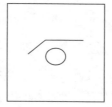

斯坦麥茨的願望——
願望想像法

斯坦麥茨一生下來就左腿不能伸直，背部隆起。一歲的時候，母親又去逝。斯坦麥茨失去了母愛。但是，斯坦麥茨的奶奶對他很好，她總是給斯坦麥茨講故事。

有一次，奶奶不在家，斯坦麥茨用積木搭起了一座宮殿，他想讓自己的宮殿金碧輝煌，於是點了一個小蠟燭放在搭好的宮殿裡面。剛開始宮殿確實明亮了起來，斯坦麥茨非常高興，但是不一會兒，宮殿著火了。斯坦麥茨嚇壞了，他不知道該怎麼辦。這時候，奶奶回來了。奶奶沒有罵斯坦麥茨，她用水澆熄了火。這時候，斯坦麥茨的心裡有了這樣一個願望。那就是一定要發明一種光亮既可以照亮宮殿又不會把它燒成灰燼。

這個願望一直激勵著斯坦麥茨。後來，斯坦麥茨成為一個機電工程師，專門研究電能的工作。他以卓越的數學才能科學地闡述了電流滯後定律，形成了系統的電學理論。根據他的理論，人們建造了發電廠，斯坦麥茨童年的願望也實現了。

斯坦麥茨的這種方法就是願望想像法。願望想像法就是透過想像美好的願望來激勵自己實現理想，幫助自己產生預見力和洞察力。例如，在美術課上，老師對怎麼畫蘋果作了一番精心的指導後，便安排學生進行繪畫，交作業的時候，老師發現有個學生畫的蘋果是方形的，覺得很奇怪，便問這位學生：「蘋果都是圓形的，為什麼你要畫成方形的呢？」

學生回答說：「因為媽媽把蘋果放在桌上時經常會滾到地上，如果蘋果是方形的，那就不會掉到地上了。」這位學生就是根據「不讓蘋果再掉到地上」這個目的和希望創造出了方形的蘋果，這就是願望想像法。

【名人名言】只要自然科學在思維著，它的發展形式就是假說。——德國社會主義哲學家恩格斯

願望想像要求你從小樹立自己的理想，並把各種思想都納入願望的範疇，凡事都從願望去考慮。例如，你的目標是成爲一個成功的企業家，那麼從現在開始你就要想像自己是一個企業家，並以這種願望來激勵自己。當自己學習時，一定要注意學習一些與企業家有關的知識，當你與同學交往時，一定要注意與人爲善，搞好與他人的關係等等。

■ 想 一 想 ■

認眞地坐下來，想像一下自己的目標與理想。然後把它寫下來，貼到牆上。每天想像自己已經實現了願望，不斷激勵自己朝著這個願望去努力。

■ 視 覺 遊 戲 ■

倒轉過來看看

異想天開的齊奧爾科夫斯基──
自由想像法

齊奧爾科夫斯基是前蘇聯的科學家，他小時候是個異想天開的孩子。

八歲時，齊奧爾科夫斯基的母親送給他一個大氫氣球，氫氣球能在空中自由飄動，這引起了他極大的興趣。他常常聚精會神地仰望天空思索：能否乘坐氣球去航行呢？

十歲那年，齊奧爾科夫斯基患了猩紅熱引起併發症，完全失去了聽覺。但是，齊奧爾科夫斯基沒有失去信心。他白天到圖書館刻苦自學，一到晚上，他就盡情地想像，設想出種種理想客體，來實現飛行的願望。

齊奧爾科夫斯基想：是否可以製造出一個永遠懸在天空中的金屬氣球呢？是否能發明一種航行飛行器呢？是否能利用地球旋轉的能量呢？

當時有很多人把他貶為「無用的空想家」和「狂妄的設計師」。但是，這一切都沒有阻擋他探索攀登的步伐。

有志者，事竟成。1883年，他闡明了太空船的設計方案。1903年，他發現了著名的齊奧爾科夫斯基公式──火箭運動公式。他首次提出液體燃料火箭的思想，並設計了世界上第一枚液體火箭發動機的構造示意圖。1929年，他首次提出了多節火箭的設想。他還提出了建立星際太空站的大膽設想。現在，這些設想都已經成為現實。

你是不是經常會天馬行空地想一些與事實不符的東西，就好像做白日夢一樣？當別人說你想法不切實際的時候，千萬不要灰心，其實你這種不著邊際的想像就是自由想像法。它能夠提升一個人的想像力。

自由想像要突破常規思維的限制，例如，「○」是什麼？是圓圈，是地球，是硬幣，這些答案都是正確的。因為與「○」形狀相似的東西實在是很多，所以你需要分類進行想像。

果實類：蘋果、葡萄、柚子、西瓜等；

器皿類：碗口、圓罐、盤子、臉盆等；

天體類：太陽、滿月、地球、衛星等；

……

自由聯想的時候，千萬不要在乎自己想像的東西是否與現實相符合，否則，你的想像就容易中斷，想像的火花就不可能激發出來。電影《雙胞胎》中有一個鏡頭：雙胞胎中的哥哥就是這樣踩踏板的，他的車走走停停，停停走走。他的弟弟告訴他只用一隻腳，這樣他的車才順利動了起來。可見，想像要一氣呵成，不要停停走走。

1937年，亞歷克斯・奧斯本發明了集體自由討論法。你可能知道其規則：沒有批評，歡迎各種觀點。你在工作和上學時可能在團體中使用過這種方法。你一定要讓團體成員不提任何批評意見，然後同心協力產生創造性的點子和方法。

爲什麼不給你自己同樣的支持，同樣的慷慨和自由，就像你曾給別人的那樣？如果可以有集體自由討論，一定也有個人自由思考。不要自我批評。如果你否決你的想法，你的想像就會中止。

請進行以下的練習：

端坐在椅子上或平躺在床上，靜下心來，在腦中想像一塊白色的畫布，接著，想像在腦中的白布上畫畫。

第一步，畫圖形。先畫一個圓，然後在圓的旁邊畫一個三角形，在三角形的旁邊畫一個正方形。

第二步，塗顏色。給圓形塗上紅色，給三角形塗上綠色，給正方形塗上金黃色。

第三步，圖形變化。想像剛才那個紅色的圓形，先把它不斷放大，直到很大很大，再把它不斷縮小，直到很小很小；然後是綠色的三角形，最後是金黃色的正方形。

自由聯想是天才最好的朋友。天才的感知力就是在每個事物中看到其他所有的事物！這就是爲什麼天才能看到普通人看不到的實質。

■ 想 一 想 ■

這個想像力的練習是3M公司的洛伊絲·多納講到的。題目是這樣：

你和全體機組成員一直以來都在探索距離地球1.2萬光年的星系的第四等星。你看到了太陽系附近有一顆M級（類地級）行星。這顆行星被命名為RD1-M5。

按常規，所有M級行星都要探索一下。你們的飛船在RD1-M5行星上著陸。你首先看到的是一隻很有趣的動物。請把這隻動物畫在下圖中。

畫完後，請根據下面的評分標準檢驗一下你的想像力。

（1）如果這隻動物的腦袋並不是圓形的，得1分。

（2）如果這隻動物的上肢多於或少於兩個，得1分。

（3）如果這隻動物的下肢多於或少於兩個，得1分。

（4）如果這隻動物的尾巴多於或少於一個，得1分。

（5）如果這隻動物的眼睛多於或少於兩隻，得1分。

（6）如果這隻動物的耳朵多於或少於兩隻，得1分。

（7）如果這隻動物的鼻子多於或少於一隻，得1分。

（8）如果這隻動物有某些奇異的特徵，如有溝通或防禦裝置，得1分。

你共得了多少分？

得分超過7分表明你有較好的創造力，得分低於5分表明你的創造力還有待提升。

假如我是秦始皇——
假設想像法

　　1910年的一天，年輕的德國氣象學家阿爾弗雷德‧魏格納在偶然翻閱世界地圖時，發現一個奇特現象：

　　大西洋的兩岸——歐洲和非洲的西海岸遙對北南美洲的東海岸，輪廓非常相似，這邊大陸的凸出部分正好能和另一邊大陸的凹進部分湊合起來；如果從地圖上把這兩塊大陸剪下來，再拼在一起，就能拼湊成一個大致上吻合的整體。

　　這難道是偶然的巧合？這位青年學家的腦海裡突然掠過這樣一個念頭：非洲大陸與南美洲大陸是不是曾經合在一起，也就是說，從前它們之間沒有大西洋，到後來才破裂、漂移而分開的？

　　魏格納結合他的考察經歷，提出了一個大膽的假設：

　　在距今三億年前，地球上所有的大陸和島嶼都連結在一塊，構成一個龐大的原始大陸，叫做泛大陸。泛大陸被一個更加遼闊的原始大洋所包圍。後來從大約距今兩億年時，泛大陸先後在多處出現裂縫。每一裂縫的兩側，向相反的方向移動。裂縫擴大，海水侵入，就產生了新的海洋。相反地，原始大洋則逐漸縮小。分裂開的陸塊各自漂移到現在的位置，形成了今天人們熟悉的陸地分佈狀態。

　　經過驗證，魏格納的假設是正確的。

　　赫胥黎說：「一切科學都始於假說。」確實，人類許多發明創造都來自於科學的假設，如天文學中的哥白尼太陽中心說；地質學中的大陸飄移說、板塊架構說、海底擴張說；醫學中的克山病因假說、癌症病因假說；數學中的「歌德巴赫猜想」等等。假設可以提升自己的想像力。圍繞假設進行想像的方法就是假設想像法。

　　經常向自己提出一系列的「假如……」，並努力去回答它們，就能夠激發你的想像，提升你的想像力。假設的答案越多越好，這樣可以幫助你想像得更加全面。例如「假如我是秦始皇」，你可以想像自己當了秦始皇後的生活情形，也可以想像當了秦始皇後在治理國家時採取什麼政策，還可以想像怎樣避免秦國的滅亡等等。只要你覺得跟秦始皇有關的內容都可以進行想像。

　　進行假設想像時，假設的問題可以自己設計，設計得越奇特越好，這可以激發你的創新想像力。你還可以邀請你的同學朋友一起來討論問題的答案，答案也是越奇特越好。

■ 練 一 練 ■

　　請根據以下一些假設進行想像，想像的內容越細緻越好。

　　假如每人都能活到200歲……。

　　假如我是外星人……。

單車與牛？——
聯想法

畢加索有一輛廢棄不用的破單車。有一天，畢加索對著這輛破單車凝視了片刻，在腦中浮現了一幅構思巧妙的藝術形象。

畢加索把單車的座墊和把手拆下來，重新拼合在一起，便構成了一個維妙維肖的牛頭：座墊的前部是牛的嘴巴，後部是牛的額頭，車把手則是兩隻牛角。

經過畢加索的重新組合，原先破舊的單車有了新的形象，這個形象有著巨大的藝術魅力。

你是不是經常看到一件東西就會想到另一件東西？不錯，這就是聯想，聯想是透過賦予若干對象之間一種微妙的關係，從中展開想像而獲得新的形象的心理過程。

人們在日常生活中對事物產生的美感形成了特有的印象，而對視覺形象的記憶又隨著人的思維活動形成了知覺與感覺形象的聯繫。因此，當某個對象出現時，人們的大腦會立即興奮起來，隨著它進行一系列的聯想。例如，由「速度」這個概念，人們腦中會閃現出呼嘯而過的飛機、奔馳的列車、自由下落的重物等，隨之還會產生「戰爭」、「爆炸」、「閃光」、「粉碎」等一系列聯想，這些聯想引導我們去體驗它的力度、色彩和線條的組合。

以圖形創意訓練為例，我們選取自然界中的一片樹葉作為創作題材，透過藝術家的觀察、思考和一系列的聯想，創作出眾多別具特色的藝術造型。由葉產生形的聯想，如手、花、小鳥和山脈等；由葉的質感產生意的聯想，如輕柔、飄逸、旋轉、甜美、潤澤和生命等。

■ 練一練 ■

仔細看看，這是什麼？是樓梯嗎？不錯，從哪裡上呢？

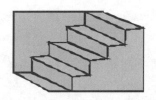 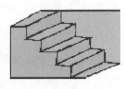

答案：

樓梯從左下到右上，或者從右下到左上。

【名人名言】想像是最傑出的藝術本領。——德國哲學家黑格爾

追光的愛因斯坦——
幻想法

愛因斯坦13歲的時候對光速問題十分著迷，有一次，他躺在一個小山頭上，瞇起眼睛向上看，這時，有千萬道細細的陽光穿過他的睫毛，射進了他的眼睛。

愛因斯坦好奇地想，如果能乘一條光線去旅行，那將是什麼樣子呢？

他想像著自己在作一次宇宙旅行。想像力把他帶進了一個神奇的場所，這個場所無法用經典物理學的觀點來解釋。

回到家裡，愛因斯坦對舅舅說：「我努力想像自己在追趕一束光線，如果能追上，我想看看這種波是什麼樣子的。」

在這個想像的指引下，愛因斯坦發現了接近光速運動的物體，在空間上縮短和在時間上變慢的效應，並提出了一種新的理論以解釋他的想像。這就是震驚世界的廣義相對論。

你一定看過科幻小說吧？科幻小說家凡爾納曾預言，在美國的弗羅里達將設立火箭發射站，並發射飛往月球的火箭，結果，在一個世紀後，美國真的在弗羅里達發射了第一顆載人太空船。

凡爾納具有極強的幻想力，當時潛水艇、雷達、直升機等還未出現的事物，在他的科幻小說中早就出現了。可見，幻想是創造想像的特殊形式，它往往脫離現實，能跨越時空創造出未來事物的新形象。幻想越大膽，可能出現的錯誤也越多，但其創新價值也是不可估量的。

其實，幻想是十分可貴的。正如郭沫若在《科學的春天》中指出：「科學需要創造，需要幻想，有幻想才能打破傳統的束縛，才能發展科學。」因此，你平時要多幻想，並以此來鍛鍊自己的想像力。

■ 想 一 想 ■

一、幻想人能長出一雙翅膀，像鳥兒那樣在天空飛翔；幻想人能長一對鰓，像魚兒那樣在水中漫游……。

二、假如地球引力忽然沒了，將會發生什麼事情？

■ 視 覺 遊 戲 ■

音樂家還是女孩的臉？

流動的水？

天才少年的
成功法則

高智商不等於成功

宋朝的時候，有個小孩叫方仲永，出生在農家。他五歲的時候，突然哭著向家裡人要紙墨筆硯，說想寫詩。他父親感到十分驚訝，馬上從鄰居那裡借來筆墨紙硯，方仲永拿起筆便寫了四句詩，而且還給詩寫了個題目。

同鄉的幾個讀書人知道了這件事，都跑到方仲永家來看，一致認為他寫得很好。於是這件事很快傳開了，因此，人們都叫他「神童」。

由於方仲永的詩文采和立意都很好，並且只要指定題目，他就能立即作詩。因此，很多人想見識見識，紛紛邀請他和他的父親到家中做客，擺酒設宴盛情款待，指定題目，讓方仲永當場作詩。方仲永的父親覺得這樣很風光，因此十分願意接受邀請，經常帶著方仲永四處拜訪權貴，參加各種宴會，炫耀兒子的才華，卻從不讓方仲永拜師，花更多的時間看書學習。

就這樣，日子一天天地過去了，方仲永一天天地長大，但他的才藝卻仍停留在五歲時的水準，絲毫沒有進展。當十七、十八歲時，他和同齡的孩子已經沒有什麼區別了。

這就是因為方仲永的父親不去引導他的聰明才智，加以適當的教育，只將方仲永當作一種榮耀，到處作秀的結果。宋朝大文學家王安石為此寫了一篇散文《傷仲永》，感慨這件事。

人人都渴望成功。那麼，成功是什麼？簡單的說，「凡是可以滿足個人或是他人的需求」，我們就可以稱為成功。例如，我順利地做完了一件事；我考了第一名；我幫助他人完成了一項任務等都是成功。

成功的體驗主要來自兩個方面，即外在的成功和內在的成功。

外在的成功就是「我們所做的事情，已經被社會所公認或肯定」。這是一般社

會大眾所普遍認同的成功。例如我在數學競賽中得了獎。

內在的成功包括凡是只要能夠實現「自我理念」的事情，我們都可以稱爲成功。例如，我實現了成爲公務員的目標。

成功，往往是一個人一生中的最大夢想。爲了圓這個夢，許多人時時刻刻都在想盡各種辦法，甚至是不擇手段，其目的就是要獲得成功！當你問自己是否成功時，就要考慮到外在的成功和內在的成功兩個方面，千萬不能只以智商爲衡量標準。

成功與智商之間是不能劃等號的，如果你的智商很高，只能說明你有天賦，並不能說明你一定會成功。如果你的智商不高，你就必須用後天的努力來提升自己的智商。要想成功不僅需要較高的智商，還需要堅強的意志、吃苦耐勞的精神。當然一個天資平凡的人，如果有良好的教育環境和不斷的主觀努力，挖掘出智力潛能，同樣也會獲得成功。

■ 視 覺 遊 戲 ■

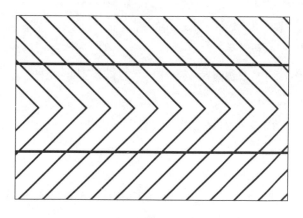

是平行線嗎？

成功＝
正確的方法＋艱苦的努力＋少說廢話

一個愛說空話而不用功的年輕人，要求科學家愛因斯坦公開成功的秘訣。愛因斯坦終於同意了，信手寫了個公式：

A=X+Y+Z

那位年輕人看了迷惑不解地問：

「這個公式我還沒學過。請問這是什麼意思？」

「A代表成功，X代表正確的方法，Y代表艱苦的努力……。」愛因斯坦說。

「Z代表什麼呢？」年輕人急不可耐地問。

「代表少說空話！」愛因斯坦說。

有人問一位智者：「請問，怎樣才能成功呢？」智者笑笑，遞給他一顆花生：「用力捏捏它。」

那人用力一捏，花生殼碎了，只留下花生仁。

「再搓搓它。」智者說。

那人又照著做了，紅色的表皮被搓掉了，只留下白白的果實。

「再用手捏它。」智者說。

那人用力捏著，卻怎麼也沒法把它毀壞。

「再用手搓搓它。」智者說。

當然，還是什麼也搓不下來。

「雖然屢遭挫折，卻有一顆堅強且百折不撓的心，這就是成功的祕密。」智者說。

每一位成功者都知道，要想成功就要有一種持之以恆、不達到目的誓不罷休的精神。一鍬挖不成水井，成功需要累積，成功需要堅持。

　　齊白石是中國近代畫壇的一代宗師，齊老先生不僅擅長書畫，還對篆刻有極高的造詣，但他也並非天生具備這門藝術，而是經過了非常刻苦的磨練和不懈的努力。

　　年輕時候的齊白石就特別喜愛篆刻，但他總是對自己的篆刻技術不滿意。他向一位老篆刻藝人虛心求教，老篆刻家對他說：「你去挑一擔礎石回家，要刻了磨，磨了刻，等到這一擔石頭都變成了泥漿，那時你的印就刻好了。」

　　於是，齊白石就按照老篆刻師的意思去做。他挑了一擔礎石來，一邊刻，一邊磨，一邊拿古代篆刻藝術品來對照琢磨，就這樣夜以繼日地刻著。刻了磨平，磨平了再刻。手上不知起了多少個血泡，但他仍然堅持不懈地刻個不停。

　　日復一日，年復一年，一擔礎石終於都變成泥漿了。這堅硬的礎石不僅磨礪了齊白石的意志，而且他的篆刻藝術也在磨練中不斷進步，達到了爐火純青的境界。

　　著名畫家列賓也是一位持之以恆的人。他作畫一向都是嚴謹認真、勤奮不懈的。他的每一幅畫差不多都要從頭到尾畫過十來遍，最後才定稿。

　　有一次，列賓為普希金作畫像，他先後畫了至少一百餘幅，歷時二十年才定稿，這就是《涅瓦河邊的普希金》。列賓的認真、謹慎和堅持不懈終於讓他成功了！

　　沒有人會告訴你：「我現在批准你成功！」每一個人的成功必定有很多磨難，很多辛酸，「冰凍三尺，非一日之寒」，凡事貴在堅持，放棄就是失敗。成功的果實是在奮鬥的過程中一點一滴累積起來的！

我是最棒的！

一位賽車手在比賽中得了第二名，他非常興奮地跑回家，想把這個好消息告訴媽媽。他一衝進家門就叫道：「媽媽，有35輛車參加比賽，我得了第二名！」

「這值得高興嗎？要我說的話，是你輸了！」母親回答道。

「媽媽，你不認為第一次就跑第二名很了不起嗎？而且有這麼多輛車參加比賽。」他抗議著。

「你用不著跑在任何人後面。如果別人能跑第一，你也能！」母親嚴厲地說。

這句話深深地刻進了兒子的腦海中。

接下來的20年，他稱霸賽車界，成為運動史上贏得獎牌最多的賽車選手。他就是理查·派迪。

理查·派迪的許多項紀錄到今天還保持著，沒人能打破。二十多年來，他一直未忘記母親的責備——你用不著跑在任何人後面！母親的這句話讓他明白了一個道理，那就是一個人需要不斷地鼓勵自我：「我是最棒的！」

我是最棒的！這句話表現的是一個人的心態，這種心態非常重要。態度決定成敗，勇於嘗試，行動才會有力量。成功學家卡內基認為，如果你堅持只要最好的，往往都能如願，生活的快樂與否，完全取決於個人對事物的看法如何：因為，生活是由思想造成的。這句話是非常正確的。

請你運用你的想像力想像一下，一個人如果飽受以下打擊，結果會怎樣？

20歲——失業；

22歲——角逐州議員落選；

24歲——生意失敗；

26歲——妻子逝世；

27歲——精神崩潰；

34歲——角逐聯邦眾議員落選；

36歲——角逐聯邦眾議員再次落選；

45歲——角逐聯邦參議員落選；

47歲——提名副總統落選；

49歲——角逐聯邦參議員再次落選。

終於，經過31年的不斷努力，在52歲時，他當選爲美國第十六任總統。他就是林肯總統。這說明，世上不如意的事十有八九，只要你心中有目標，敢於向目標努力，不輕言放棄，成功始終會屬於你的。最可怕的是，你對自己沒信心，這時候，明明成功就在眼前，你也無法達到。

有人曾經做過這樣一個實驗：

他往一個玻璃杯裡放進一隻跳蚤，發現跳蚤立即輕易地跳了出來。再重複幾遍，結果還是一樣。根據測試，跳蚤跳的高度一般可達它身體的400倍左右。

接下來實驗者再次把這隻跳蚤放進杯子裡，但在放進杯子的同時，立即在杯上加一個玻璃蓋，結果「蹦」一聲，跳蚤重重地撞在玻璃蓋上了。跳蚤十分困惑，但是它不會停下來，因爲跳蚤的生活模式就是「跳」。一次次被撞，跳蚤開始變得聰明了，牠開始根據蓋子的高度來調整自己跳的高度。再一陣子後，這隻跳蚤再也沒有撞擊到這個蓋子，而是在蓋子下面自由地跳動。

一天後，實驗者把這個蓋子輕輕拿掉了，這隻跳蚤還是在原來的高度繼續地跳。三天以後，情況還是一樣。一週以後，這隻跳蚤還在這個玻璃杯裡不停地跳著，這時候的跳蚤已經無法跳出這個玻璃杯了。

你在生活和學習中，經常會遇到困難和挫折，失敗後，你的態度會怎樣呢？

是抱怨這個世界的不公平，還是努力提升自己的水準？是懷疑自己的能力，還是努力追求卓越？

你的態度其實就決定了你所能取得的成就。如果你像那隻跳蚤一樣，不是千方百計地追求成功，而是一再地降低成功的標準，即使原有的一切限制已取消，

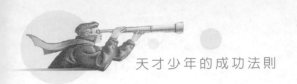

你也很難取得真正的成功了。就像限制跳蚤的「玻璃蓋」雖然被拿掉，但跳蚤早已經被撞怕了，再也跳不上新的高度。

難道跳蚤真的不能跳出這個杯子嗎？當然不是。只是因為牠已經在心裡默認了這個杯子的高度是自己無法逾越的。

人有些時候也是這樣。很多人不敢追求成功，不是因為追求不到成功，而是因為他們的心裡默認了一個「高度」，認為成功是不可能的，這是沒有辦法做到的。這樣，你就會因為害怕追求成功而不得不忍受失敗者的生活。

其實，要讓這隻跳蚤再次跳出這個玻璃杯的方法十分簡單，只需拿一根小棒子突然重重地敲一下杯子；或者拿一盞酒精燈在杯底加熱，當跳蚤熱得受不了的時候，它就會「蹦」的一下，跳出杯子。

拿破侖‧希爾所說：「記住！你唯一的限制就是你自己腦海中所設立的那個限制。」可見，事情發生與否並不完全取決於我們的主觀判斷，我們認為不可能的事情往往會變為可能。每種事情都有發生的可能，我們千萬不要給自己設限。

告訴自己，我是最棒的！這就是你的目標和方向。正如卡內基說，如果你要的是二流或三流的，你就不會去尋找獲得一流事物的方法，你也永遠與一流事物無緣。如果你堅持要最好的，你就會留心觀察一流事物，模仿一流的表現，探尋一流的解決方法。

埋葬「我不能」

　　唐娜是密西根小學的資深老師，再過兩年便要退休了。她志願參加全市教職員在職訓練。這個訓練主要是借助一些表達的方式，來鼓勵學生對自己有信心，進而愛惜自己的生命。唐娜的工作則是借助參與訓練，進而將這些理念實現。

　　這一天，著名的教育學家默門到密西根小學採訪唐娜老師並訪查這些活動。唐娜帶的是四年級，默門剛走進教室就覺得彷彿有件神祕的事情要發生。

　　默門在班級後面的一個空位子坐下來。每個學生都坐在位子上絞盡腦汁地寫著什麼。有個小朋友偷偷告訴默門，她要在紙上填寫所有她自認「做不到」的事情。

　　她的紙上寫著：「我無法將足球踢過第二條底線。」「我不會做三位數以上的除法。」「我沒辦法讓黛比喜歡我。」她非常認真地填寫，即使已寫了半張紙，她仍舊沒有停下來的意思。默門沿著各排巡視每個學生，每個人都在紙上寫下他們所不能做的事。諸如：

　　「我沒辦法做十次的仰臥起坐。」

　　「我發球無法超過左邊的球網。」

　　「我不能只吃一塊餅乾就停止。」

　　這個活動引起默門的好奇心，默門決定去看看唐娜在做些什麼。默門接近她的時候，發現她也忙著填寫：「我無法不用體罰的方法好好管教亞倫。」

　　大家又寫了十分鐘。大部分人填滿了一整張紙，甚至有人開始寫第二張。這時，唐娜告訴學生，把寫完的這張紙對折，依次投到一個空的鞋盒內。

　　把所有學生的紙張收齊之後，唐娜也把自己的投了進去。她把盒

子蓋上，塞在腋下，帶頭走出教室，沿著走廊走。學生跟著老師走了出去，而默門則尾隨其後。

唐娜帶著學生來到守衛室，找出鐵鏈的鐵鍬，大家一起來到運動場最遠的角落邊。唐娜帶領大家開始挖了起來。原來，他們打算埋葬「我不能」。每個孩子要輪流挖，十分鐘後，洞有三呎深了，他們將盒子放進洞，立刻用泥土把盒子完全埋葬，這些「我不能」就被埋在三呎泥土下了。

這時，唐娜說：「小朋友，現在手牽手，低頭默哀。」31個小孩子很快牽手圍繞著「我不能」先生的墓地，個個低頭默哀，唐娜念道：

「各位朋友，今天很榮幸能邀請各位來參加『我不能』先生的葬禮。他在世的時候，參與我們的生命，甚至比任何人影響我們還深。他的名字，我們幾乎天天掛在嘴邊，出現在各種場合，如學校、市政府、議會，甚至白宮。」

「現在，希望『我不能』先生能平靜地安息，並為他立下墓碑，上面刻著墓誌銘。死者已矣，來者可追，希望你的兄弟姊妹『我可以』、『我願意』能繼承你的事業。雖然他們不如您來得有名、有影響力。如果你地下有知，請幫助他們，讓他們對世界更有影響力。」

「願『我不能』先生安息，也希望他的死能鼓勵更多人站起來，向前邁進。阿門！」

孩子們靜靜地聽著，唐娜的這種正面鼓勵深刻地印在了每個孩子的心上。

然後，唐娜帶領學生回到教室。大家一齊吃餅乾、爆米花、果汁，慶祝他們越過了「我不能」的心結。唐娜則用紙剪下墓碑形狀，上面寫著「我不能」，中間加「安息吧」三個字，再把日期填上。

從那天開始，這個紙墓碑一直掛在唐娜的教室裡。每當有學生說出「我不能……」這句話時，唐娜只要指著這個象徵死亡標誌，孩子

們便會想起「我不能」已經死了，進而想出積極的解決方法。

　　每個人都會遇到自己不能做的事情，而且生活中，你也會經常聽到別人告訴你「這是你不能做的」，這時候，你會怎麼評價自己呢？其實，「能」與「不能」完全取決於你的信念，你認為自己行，你就能行！

　　事實上，幾乎每一個偉大的構想在開始的時候，沒有幾個人能想到它真的可行。在飛機發明之前，科學家認為飛行是不可能的；在麻醉藥發明之前，醫生堅信無痛手術是不可能的；在原子彈發明之前，科學家也都相信原子是不可能分裂的，原子彈的構想根本是無稽之談。在蒸汽機發明之前，就有人數落富爾頓：「先生，你有沒有搞錯？你要在甲板下生一團火，讓船能夠乘風破浪地航行？」但結果富爾頓不但實現了目標，還因此發明了蒸汽機。

　　可見，「能」與「不能」全在你的態度，從今天開始埋葬「我不能」先生，讓自己成為凡事都「能」的人！

■ 視 覺 遊 戲 ■

面孔還是杯瓶？

再試一次，成功就在眼前！

　　1943年，美國的《黑人文摘》創刊時，前景並不被看好。它的創辦人約翰遜爲了擴大該雜誌的發行量，積極地準備做一些宣傳。

　　他決定撰寫一系列「假如我是黑人」的文章，請白人把自己放在黑人的地位上，嚴肅地看待這個問題。他想，如果能請羅斯福總統夫人埃莉諾來寫這樣一篇文章就最好不過了。於是約翰遜便寫了一封非常誠懇的信給她。

　　羅斯福夫人回信說，她太忙，沒時間寫。但是約翰遜並沒有因此而氣餒，他又寫了一封信給她，但她回信還是說太忙。以後，每隔半個月，約翰遜就會準時寫一封信給羅斯福夫人，言辭也愈加懇切。

　　不久，羅斯福夫人因公事來到約翰遜所在的芝加哥市，並準備在該市逗留兩日。約翰遜得此消息，喜出望外，立即發了一份電報給總統夫人，懇請她在芝加哥逗留期間，爲《黑人文摘》寫那樣一篇文章。

　　羅斯福夫人收到電報後，沒有再拒絕。她覺得，無論多忙，她再也不能說「不」了。

　　這個消息一傳出，全國都知道了。直接的結果是，《黑人文摘》雜誌在一個月內，由2萬份增加到了15萬份。後來，他又出版了黑人系列雜誌，並開始經營書籍出版、廣播電台、婦女化妝品等事業，終於成爲聞名全球的富豪。

　　成功學家陳安之說：「你到底是想要成功，還是一定要成功？想要跟一定要有絕對的差別，世界最頂尖的成功人士都決定一定要，而一般沒有成功的人都只是想要而已。我認爲，成功有三個最重要的秘訣：第一是有強烈的慾望，第二還是要有強烈的慾望，第三還是要有強烈的慾望。」

　　事實上，成功從來就不會是一條風和日麗的坦途，面對每一次挫折與失敗，我們應該始終懷有「再試一次」的勇氣與信心，也許再試一次，我們就聽見了成功的腳步聲。正如陳安之所說：「不管做什麼事，只要放棄了就沒有成功的機會；不放棄就會一直擁有成功的希望。如果你有99％想要成功的慾望，卻有1％想要放棄的念頭，這樣是沒有辦法成功的。人們經常在做了90％的工作後，放棄了最後讓他們成功的10％。這不但輸掉了開始的投資，更喪失了經由最後的努力而發現寶藏的喜悅。」是呀，不放棄就會有機會，再試一次，成功就會在眼前！

■ 視 覺 遊 戲 ■

是不是正方形？

只追一隻兔子

巴斯德是法國微生物學家和化學家。他對工作的認真態度和對問題追根究柢的精神是非常令人折服的。

他總喜歡在生活中為自己尋找難題，有一次，他突發奇想，對優酪乳的形成產生了興趣。他不時拿起桌上的一瓶優酪乳，凝神思索著：優酪乳的發酵，是由於化學變化呢，還是微生物的作用？當時，世界上沒有一個人能回答這個問題。

為了解決這個問題，他終日將自己關在一個狹小而悶熱的實驗室，房間內四處堆滿實驗用的瓶子、玻璃管、蒸餾器、煤氣燈、怪形的烘爐、各種氣味難聞的化學藥品。由於他終日沈迷在他的實驗當中，他的手經常是髒的，他的額頭也因為常常用手摸擦而變得烏黑，他的衣服更是佈滿了污垢。他時而呆立不動，時而狂奔疾走，時而喃喃自語。見到他的人都說：巴斯德瘋了。

巴斯德堅定地對自己說：「揭開這個謎，對推進科學的發展是多麼重要啊！難道就沒有辦法找出答案嗎？一定有一種方法的，我一定要找出來不可！」

不知經歷了多少個不眠之夜，巴斯德一直廢寢忘食地進行著他的實驗。終於有一天，被人稱作瘋子的巴斯德突然發出了爽朗的笑聲：「我成功了！」他用有力的科學實驗證明：優酪乳的發酵是由於微生物的作用，而不是化學作用。

一個人往往會有許多目標，但是，如果你想成功，你就得鎖定一個目標，努力去實現這個目標。好獵人只追一隻兔子，如果獵人面前有好幾隻兔子，他不能專心追捕一隻兔子，而是一會兒追這隻，一會兒追那隻，也許最後他一隻兔子也追不著。

　　法國著名作家巴爾札克年輕的時候，曾經營出版、印刷業，但由於經營不善，他的企業破產了，並欠下了巨額債務。債權人經常半夜來敲他的家門，警察局發出通緝令，要立即拘禁他。那時的巴爾札克居無定所，後來實在沒有辦法，在一個晚上，他偷偷搬進了巴黎貧民區卜西尼亞街的一間小屋裡。

　　他隱姓埋名，周遭的難民根本沒有注意到這位有些落魄、卻躊躇滿志的年輕人，他終於從原先浮躁不安的心志中平靜下來，他坐在書桌前，認真地反思著，多年以來，自己一直游移不定，今天想做做這，明天又想改行做別的，始終沒有集中精力來從事自己最喜歡的文學創作。他突然間頓悟，驀地站起來，從儲物櫃裡找出拿破崙的小雕像，立在書架上，並貼了一張紙條：「彼以劍鋒創其始者，我將與筆鋒競其業。」意思就是，拿破崙想用武力征服全世界，他沒做到，而我卻要用筆征服全世界。事實上，他成功了！

　　可見，人要專心致志，一心一意地做一件事情，不要今天要當銀行家，明天又想做貿易家，後天又想成為藝術家，那麼你最終將無所適從，一事無成。

珍惜你的時間

　　在富蘭克林報社前面的書局裡，有一天來了一位客人。這位客人想買一本書，但又覺得貴。他猶豫了將近一個小時，終於開口問店員：「這本書多少錢？」

　　「一美元。」店員回答。

　　「一美元？」這位客人又問，「能不能便宜點？」

　　「它的價格就是一美元。」

　　這位客人又看了一會兒，然後問道：「富蘭克林先生在嗎？」

　　「在，他在印刷室忙著呢。」

　　「那好，我要見見他。」這位客人堅持要見富蘭克林。

　　於是，富蘭克林就被找了出來。

　　這位客人問道：「富蘭克林先生，這本書你能出的最低價格是多少？」

　　「一美元二十五美分。」富蘭克林不假思索地回答。

　　「一美元二十五美分？你的店員剛才還說一美元一本呢！」

　　「這沒錯。」富蘭克林說，「但是，我情願倒貼你一美元也不願意離開我的工作。」

　　這位客人驚訝了，最後，他妥協地說：「好吧，你說這本書最少要多少錢吧？」

　　「一美元五十美分。」富蘭克林回答。

　　「怎麼又變成一美元五十美分？你剛才不是還說一美元二十五美分嗎？」客人大叫了起來。

　　「對。」富蘭克林冷冷地說，「我現在能出的最低價格就是一美元五十美分。」

　　最後，這位客人只好默默地把錢放在櫃檯上，拿起書走了出去。這位著名的物理學家、政治家給他上了終生難忘的一課：對於有志

者，時間就是金錢。

假如有一家銀行，每天早晨向你的帳戶撥款86400元。你在這一天內可以隨心所欲，想用多少就用多少，用途也沒有任何規定。條件只有一個：用剩的錢不能留到第二天再用，也不能結餘歸己。在這種情況下，你將怎樣用這筆錢？

也許你會把這筆錢都用於吃喝玩樂；也許你會把這筆錢一分不少地還給銀行；也許你會把這筆錢拿去投資，用錢生錢。如果這家銀行就是時間銀行，86400就是86400秒鐘呢？你想過怎樣利用這些時間嗎？

事實上，你每天得到86400秒鐘，隨便你怎麼利用。如果你不好好利用這些時間，最後也不會回來。你可以不去利用時間，把時間白白浪費掉；也可以把時間用於個人享受；還可以把時間用於學習，對自己大腦進行投資。

著名的物理學家愛因斯坦認為，人與人之間的最大區別就在於怎樣利用時間。在我們每個人出生時，世界送給我們最好的禮物就是時間。不論對窮人還是富人，這份禮物是如此公平：一天24小時，我們每一個人都用它來投資經營自己的生命。有的人很會經營，一分鐘變成兩分鐘，一小時變成兩小時，一天變成兩天……，他用上天賜予的時間做了很多的事，最終換來了成功。

事實上，每個人對於金錢的開支，大多比較留心，但對於時間的支出，卻往往不大在意。據法國《興趣》雜誌對人一生在時間的支配上做的調查顯示，一個人的時間分配是這樣的：「站著，30年；睡著，23年；坐著，17年；走著，16年；跑著，1年75天；吃著，7年；看電視，6年；閒聊，5年258天；開車，5年；生氣，4年；煮菜，3年195天；穿衣，1年166天；排隊，1年135天；過節，1年75天；喝酒，2年；入廁，195天；刷牙，92天；哭，50天；說『你好』，8天；看時間，3天。」

這份帳單上的時間開支，有一些是非花銷不可的，但有的卻完全可以節省。每個人在生活的每一天都必須清楚：我該為哪些事花費時間？哪些事可以忽略或縮短？只有像對金錢那樣計較時間，我們才能在有限的人生中做更多有意義的事。

【名人名言】智慧，不是死的默念，而是生的沈思。──荷蘭哲學家斯賓諾莎

其實，許多偉人諸如元首、科學家、發明家、文學家等等，最成功之處就是運用時間的成功，他們都是運用時間的高手。

德國著名的文學家歌德一生勤奮寫作，作品極爲豐富，有劇本、詩歌、小說、遊記，一生留下的作品共有140多部，其中世界文學瑰寶《浮士德》，長達12111行。歌德爲什麼能取得如此驚人的成就？原因就在於他一生非常珍惜時間，把時間看作是自己的最大財產。他在一首詩中這樣寫道：「我的產業多麼美，多麼廣，多麼寬！時間是我的財產，我的田地是時間。」歌德是這樣說的，也是這樣做的。他一生中把一個鐘頭當60分鐘用，視時間爲生命，從不浪費一分一秒，直到1832年2月20日，這位將近84歲的老人在臨死前還伏在桌上專心致志地寫作。

法國著名科幻作家凡爾納每天早上五點鐘起床後，就一直伏案寫到晚上八點。在這15個小時中，他只在吃飯時休息片刻。當妻子送飯來時，他按按酸麻的手，拿起刀叉，很快填飽肚子，抹抹嘴，又拿起了筆。他的妻子關切地說：「你寫的書已不少了，爲什麼還那麼拼命？」凡爾納笑著說：「你記得莎士比亞的名言嗎？放棄時間的人，時間也放棄他。哪能不拼命呢？」在四十多年的寫作生涯中，他記了上萬冊筆記，寫了104部科幻小說，共有七八百萬字，這是一個多麼驚人的數字！一些感到驚訝的人就悄悄地詢問凡爾納的妻子，想打聽凡爾納取得如此驚人成就的秘訣。凡爾納的妻子坦然地說：「祕密嗎，就是凡爾納從不放棄時間。」

那麼，應該怎麼來管理時間呢？

首先要有一個明確的目標。時間管理的起始點就是設立明確的目標。當你設立了明確的目標以後，你還要爲達到目標制定詳細的計畫。你不僅要制定一年的計畫、一個月的計畫，你還要制定一週的計畫、一天的計畫。有了詳細的行動計畫，你才知道怎樣合理地安排時間，你才不會無所事事。

其次，你要遵循一個非常重要的原則。那就是在精力最旺盛的時候做最重要的事。什麼是最重要的事？最重要的事就是能給你帶來最高回報的事，最能幫助你實現目標的事。

不要後悔自己的選擇

幾個學生問哲學家蘇格拉底：

「人生是什麼？」

蘇格拉底把他們帶到一片蘋果樹林，對大家說：「請你們從樹林的這頭走到那頭，每人挑選一顆自己認為最大最好的蘋果。記住，不許走回頭路，不許選擇兩次！」

學生們興高采烈地往蘋果林走去。在穿過蘋果林的過程中，每個人都認真仔細地挑選自己認為最好的果實。

等大家走出蘋果林時，蘇格拉底已經在那裡等候他們了。他笑著問學生：

「你們都挑到了自己最滿意的蘋果了嗎？」

大家你看看我，我看看你，似乎很難回答。

蘇格拉底見狀，就問道：「怎麼啦，難道你們對自己的選擇不滿意？」

「老師，讓我再選擇一次吧，」一個學生請求道，「我剛走進果林時，就發現了一個很大很好的蘋果，但我還想找一個更大更好的。當我走到果林盡頭時，才發現第一次看到的那個就是最大最好的。」

另一個學生緊接著說：「我和他恰好相反。我走進果林不久，就摘下了一個我認為是最大最好的蘋果，可是後來我又發現了更好的。所以，我有點後悔。」

「老師，讓我們再選擇一次吧！」其他學生也不約而同地請求。

蘇格拉底笑了笑，然後堅定地搖了搖頭，語重心長地說：「孩子們，這就是人生——人生就是一次次無法重複的選擇。」

人生就是一個又一個的選擇，你的選擇往往決定了你的生活。

在義大利威尼斯城的一座小山上，住著一個天才老人。據說他能回答任何人提出的問題。當地有兩個小孩想愚弄這個老人，他們捕捉了一隻小鳥，問老人：

「小鳥是死的還是活的？」

老人不假思索地說：「孩子，如果我說小鳥是活的，你就會勒緊你的手把牠弄死。如果我說是死的，你就會鬆開你的手讓牠飛掉。你的手掌握著這隻鳥的生死大權。」

你手中握著失敗的種子，也握著邁向成功的潛能。你有權選擇成功，也有權選擇平庸，沒有任何人或任何事能強迫你，就看你如何去選擇了。

有一位老建築師準備退休，他告訴老闆，他要離開建築業，回家與妻兒享受天倫之樂，請老闆付給他退休金。老闆捨不得讓這位技藝高超的老人走，但又不便挽留他，於是問他是否願意幫忙再建一幢房子，老建築師同意了。

但是大家都看得出，老建築師的心思已不在工作上，他用的是粗料，做的是粗工。房子建好的時候，老闆把大門的鑰匙遞給他：

「這是我送給你的禮物，也是你的退休金。」

老建築師震驚得目瞪口呆，羞愧得無地自容。如果他知道是在建自己的房子，怎麼會這樣呢？現在他只能住在自己親手建的這幢粗製濫造的房子裡。而這正是他自己的選擇，他怪不得別人。因此，選擇時一定要謹慎，一旦選擇就不要後悔。

失敗時，自己拯救自己！

在美國緬因州，有個伐木工人叫巴尼‧羅伯格。一天，他在林子裡伐木，突然大樹朝他倒了下來，他來不及逃跑，右腿被沈重的樹幹壓得死死的，血流不止。

面對自己伐木生涯中從未遇到的失敗和災難，他的第一個反應是：「我該怎麼辦？」

此時此刻，他面臨一個嚴酷的現實：周遭幾十里沒有村莊和居民；10小時以內不會有人來救他；不久之後，他會因為流血過多而死亡。

他不能等待，必須自己救自己。他用盡全身力氣抽腿，可是怎麼也抽不出來。他摸到身邊的斧頭，開始砍樹。但因為用力過猛，才砍了三、四下，斧柄就斷了。他向四周望了望，發現在不遠的地方，放著他的電鋸。他用斷斧柄把電鋸弄到手，想把壓著腿的樹幹鋸掉。可是他發現樹幹是傾斜的，一旦拉動鋸子，樹幹就會把鋸條夾得死死的。

正當他快要絕望的時候，他忽然湧出一個大膽的決定：把自己被壓住的大腿鋸掉！他當機立斷，毅然鋸斷了自己的大腿！終於，他成功地拯救了自己的生命。

一位哲學家面對一個失敗者說過這樣的話：「人生免不了失敗。失敗降臨時，最好的辦法是阻止它、克服它、扭轉它。如果仍然無濟於事，那就換一種思維，設法讓失敗改道，變大失敗為小失敗，在失敗中尋找成功。」

大都會文化圖書目錄

●CHOICE系列			
入侵鹿耳門	280元	蒲公英與我—聽我說說畫	220元
入侵鹿耳門（新版）	199元	舊時月色（上輯＋下輯各）	180元
●FORTH系列			
印度流浪記—滌盡塵俗的心之旅	220元	胡同面孔—古都北京的人文旅行地圖	280元
尋訪失落的香格里拉	240元		
●FOCUS系列			
中國誠信報告	250元		
●禮物書系列			
印象花園 梵谷	160元	印象花園 莫內	160元
印象花園 高更	160元	印象花園 竇加	160元
印象花園 雷諾瓦	160元	印象花園 大衛	160元
印象花園 畢卡索	160元	印象花園 達文西	160元
印象花園 米開朗基羅	160元	印象花園 拉斐爾	160元
印象花園 林布蘭特	160元	印象花園 米勒	160元
絮語說相思 情有獨鍾	200元		
●工商管理系列			
二十一世紀新工作浪潮	200元	化危機為轉機	200元
美術工作者設計生涯轉轉彎	200元	攝影工作者快門生涯轉轉彎	200元
企劃工作者動腦生涯轉轉彎	220元	電腦工作者滑鼠生涯轉轉彎	200元
打開視窗說亮話	200元	文字工作者撰錢生活轉轉彎	220元
挑戰極限	320元		
30分鐘行動管理百科（九本盒裝套書）	799元		
30分鐘教你自我腦內革命	110元	30分鐘教你樹立優質形象	110元
30分鐘教你錢多事少離家近	110元	30分鐘教你創造自我價值	110元
30分鐘教你Smart解決難題	110元	30分鐘教你如何激勵部屬	110元
30分鐘教你掌握優勢談判	110元	30分鐘教你如何快速致富	110元
30分鐘教你提昇溝通技巧	110元		
●精緻生活系列			
女人窺心事	120元	另類費洛蒙	180元
花落	180元		
●CITY MALL系列			
別懷疑！我就是馬克大夫	200元	愛情詭話	170元
唉呀！真尷尬	200元	就是要賴在演藝圈	180元
●親子教養系列			
孩童完全自救寶盒（五書＋五卡＋四卷錄影帶）	3,490元（特價2,490元）		
孩童完全自救手冊-這時候你該怎麼辦（合訂本）	299元		
我家小孩愛看書—Happy學習easy go！	220元		
天才少年的5種能力	280元		
●新觀念美語			
NEC新觀念美語教室	12,450元（八本書＋48卷卡帶）		

您可以採用下列簡便的訂購方式：

◎請向全國鄰近之各大書局或上大都會文化網站www.metrobook.com.tw選購。

◎劃撥訂購：請直接至郵局劃撥付款。

　帳號：14050529

　戶名：大都會文化事業有限公司

（請於劃撥單背面通訊欄註明欲購書名及數量）

天才少年的5種能力

作　　　者	崔華芳
發 行 人	林敬彬
主　　　編	楊安瑜
責任編輯	吳青娥
美術編排	粉橘鮭魚
封面設計	粉橘鮭魚

出　　　版	大都會文化　行政院新聞局北市業字第89號
發　　　行	大都會文化事業有限公司
	110台北市信義區基隆路一段432號4樓之9
	讀者服務專線：（02）27235216
	讀者服務傳真：（02）27235220
	電子郵件信箱：metro@ms21.hinet.net
	網　　　址：www.metrobook.com.tw

Metropolitan Culture Enterprise Co., Ltd.
4F-9, Double Hero Bldg., 432, Keelung Rd., Sec. 1,
Taipei 110, Taiwan
Tel:+886-2-2723-5216　Fax:+886-2-2723-5220
E-mail:metro@ms21.hinet.net
Website:www.metrobook.com.tw

郵政劃撥	14050529　大都會文化事業有限公司
出版日期	2006年01月初版一刷
定　　　價	280元
I S B N	986-7651-56-1
書　　　號	CS-008

大都會文化
METROPOLITAN CULTURE

國家圖書館出版品預行編目資料

天才少年的5種能力 / 崔華芳著 · 初版
臺 北 市: 大都會文化 , 2006〔民95〕
面； 公分.—
ISBN　986-7651-56-1(平裝)
　1. 資賦優異教育

529.61　　　　　　　　　　94020051

天才少年的 5 種能力

北 區 郵 政 管 理 局
登記證北台字第9125號
免　貼　郵　票

大都會文化事業有限公司

讀者服務部收

110台北市基隆路一段432號4樓之9

寄回這張服務卡（免貼郵票）
您可以：
◎不定期收到最新出版訊息
◎參加各項回饋優惠活動

大都會文化　讀者服務卡

書號：CS008天才少年的5種能力

謝謝您選擇了這本書！期待您的支持與建議，讓我們能有更多聯繫與互動的機會。

日後您將可不定期收到本公司的新書資訊及特惠活動訊息。

A. 您在何時購得本書：_____ 年_____ 月_____ 日

B. 您在何處購得本書：_____ 書店（便利超商、量販店），位於_____（市、縣）

C. 您從哪裡得知本書的消息：1. □書店2. □報章雜誌3. □電台活動4. □網路資訊

　　5. □書籤宣傳品等6. □親友介紹7. □書評8. □其他_____

D. 您購買本書的動機：（可複選）1. □對主題和內容感興趣2. □工作需要3. □生活需要

　　4. □自我進修5. □內容為流行熱門話題6. □其他_____

E. 您最喜歡本書的：（可複選）1. □內容題材2. □字體大小3. □翻譯文筆4. □封面

　　5. □編排方式6. □其他_____

F. 您認為本書的封面：1. □非常出色2. □普通3. □毫不起眼4. □其他_____

G. 您認為本書的編排：1. □非常出色2. □普通3. □毫不起眼4. □其他_____

H. 您通常以哪些方式購書：（可複選）1. □逛書店2. □書展3. □劃撥郵購4. □團體訂購

　　5. □網路購書6. □其他_____

I. 您希望我們出版哪類書籍：（可複選）1. □旅遊2. □流行文化3. □生活休閒

　　4. □美容保養5. □散文小品6. □科學新知7. □藝術音樂8. □致富理財9. □工商管理

　　10. □科幻推理11. □史哲類12. □勵志傳記13. □電影小說14. □語言學習（_____ 語）

　　15. □幽默諧趣16. □其他_____

J. 您對本書（系）的建議：_____

_____

K. 您對本出版社的建議：_____

_____

讀者小檔案

姓名：_____ 性別：□男□女　生日：___年___月___日

年齡：□20歲以下□20～30歲□31～40歲□41～50歲□50歲以上

職業：1. □學生2. □軍公教3. □大眾傳播4. □服務業5. □金融業6. □製造業

　　　7. □資訊業8. □自由業9. □家管10. □退休11. □其他_____

學歷：□國小或以下□國中□高中／高職□大學／大專□研究所以上

通訊地址：_____

電話：（H）_____ （O）_____ 傳真：_____

行動電話：_____ E-Mail：_____

◎如果您願意收到本公司最新圖書資訊或電子報，請留下您的E-Mail信箱。